Le Traître
et le Juif

Dans la même collection :

La République de poutine, François Dallaire

Les Indépendantistes, André D'Allemagne

Thèses ou foutaises,
ouvrage collectif sous la rédaction de
Louis-Philippe Rochon et Angéline Fournier

Données de catalogage avant publication (Canada)
Delisle, Esther, 1954-
    Le traître et le Juif : Lional Groulx, le Devoir et le délire du nationalisme d'extrême droite dans la province de Québec, 1929-1939
    (Pluralisme)
    Présenté à l'origine comme thèse (de doctorat de l'auteur— Université Laval), 1992 sous le titre : Antisémitisme et nationalisme d'extrême droite dans la province de Québec, 1929-1939.
    Comprend des réf. bibliogr.

    ISBN 2-89019-240-7

    1. Antisémitisme - Québec (Province) - Histoire - 20e siècle. 2. Groulx, Lionel, 1878-1967. 3. Extrême droite - Québec (Province) - Histoire - 20e siècle. 4. Nationalisme -Québec (Province) - Histoire - 20e siècle. 5. Québec (province) - Histoire - 1897-1936. 6. Le Devoir. I. Titre II. Titre : Antisémitisme et nationalisme d'extrême droite dans la Province de Québec, 1929-1939. III. Collection : Pluralisme (Montréal, Québec).

    FC2924.9.N3D44 1992   305.8'9240714   C92-097062-1

    F1055.J5D44 1992

Pour recevoir notre catalogue complet, il suffit de nous en adresser la demande à l'adresse suivante :
L'Étincelle éditeur, CP 702, Outremont, QC, Canada H2V 4N6

Esther Delisle

Le Traître
et le Juif

Lionel Groulx, *Le Devoir,* et le
délire du nationalisme d'extrême droite
dans la province de Québec 1929-1939

L'ÉTINCELLE ÉDITEUR

*plura*lisme

D I F F U S I O N

Canada:

Médialiv-Dimedia
539 Bd Lebeau
St-Laurent, Québec H4N 1S2
Tél. [514] 336-3941 FAX 331-3916

France - Belgique

Quorum-Magnard Diffusion
5 Bvd Marcel Pourtout
92500 Rueil Malmaison
Tél. 47.49.59.99 FAX 47.14.97.92
Distribution : Dilisco

Suisse

Diffulivre
41, Jordils
1025 St-Sulpice
Tél. 921) 691-5331 FAX 691-5330

ISBN 2-89019-240-7

1   2   3   4   5   6   7   1992   1993   1994   1995   1996

À Pierrette

«J'ai participé à cette assemblée où j'ai beaucoup parlé des politiciens et peu des Juifs — ce qui était encore trop. **Car nous avons prononcé d'affreux discours. L'un d'entre nous est allé jusqu'à déclarer: «qu'il est impossible de piler sur la queue de cette chienne de juiverie, sans qu'on entende japper au Canada.»**

«Au moment où Hitler s'apprêtait à tuer six millions de Juifs, ils (les Jeune-Canada) parlaient très sincèrement d'une "supposée persécution", de "prétendues persécutions", qu'ils opposaient aux mauvais traitements — "très réels ceux-là" — que les Canadiens français subissaient ici. **Je me revois et m'entends gueulant de mon mieux à cette assemblée, tandis qu'un Juif allemand arrache par l'exil sa famille à la mort...»**

André Laurendeau: «Personne n'est hostile. Pourquoi nous rappeler à chaque instant qu'il est juif?» Dans: *Ces choses qui nous arrivent. Chronique des années 1961-1966.*, Montréal, HMH, Collection aujourd'hui, 1970. (Les caractères gras sont de nous.)

Avant-propos

La réalisation de cette thèse de doctorat n'aurait pas été possible sans l'aide de plusieurs personnes et de plusieurs organismes. Je tiens à remercier mon directeur de recherche, le professeur Jacques Zylberberg, pour avoir accordé son entier appui à ce projet, dont le sujet pouvait paraître, il y a quelques années, hétérodoxe. Je considère comme un privilège d'avoir pu bénéficier, durant plusieurs années, de ses conseils et de sa liberté d'esprit, laquelle demeure la caractéristique à laquelle on reconnaît l'intellectuel et le chercheur authentiques.

Je remercie aussi tous ceux qui ont rendu possible mon séjour à l'Université hébraïque de Jérusalem: le professeur Yehudah Bauer, président de l'International Center for the Study of Antisemitism, et son directeur, M. Schmuel Almog, pour les bourses que le Centre m'a accordées pendant trois ans, ainsi que pour les nombreux séminaires qu'il a organisés et qui m'ont permis de mieux comprendre les nombreuses voies d'analyse de l'antisémitisme; le professeur Arye Sachar et M. Daniel Ben-Nathan, du programme d'études canadiennes de l'Université hébraïque de Jérusalem, pour leur grande gentillesse et pour les bourses accordées; l'Université hébraïque et l'United Israel Appeal of Canada pour m'avoir remis la bourse Pulver; et, enfin, les Amis canadiens de l'Université hébraïque de Jérusalem pour leur aide financière.

Je veux remercier tout spécialement le professeur Zeev Sternhell, du département de science politique de l'Université hébraïque de Jérusalem, qui s'est intéressé à mes travaux, et qui a eu l'obligeance de m'inviter à l'un des séminaires annuels de l'Institute of Advanced Studies de l'Université hébraïque. Je remercie chaleureusement la Fondation de l'Université Laval, qui, par les bourses qu'elle m'a accordées, m'a permis de terminer mes études de doctorat. Les mots deviennent bien maladroits lorsqu'il s'agit d'exprimer sa gratitude envers les ami(e)s de toujours, tous ceux et celles qui m'ont aidée dans cette entreprise, de multiples manières, comme ils l'ont toujours fait depuis que nous nous connaissons: en tout premier lieu, je remercie Pierrette Pageau, dont le soutien sans réserve ne s'est jamais démenti, et aussi Céline Villeneuve, Suzanne Auclair, Ann Lamontagne, Diane Béchade, Suzanne Harnois, Michel Lambert. Enfin, je veux exprimer toute ma gratitude à l'endroit de ma marraine, Mme Yvette R. Gagnon, dont l'ombre protectrice m'accompagne depuis mon enfance.

Chapitre 1

À propos d'un débat...

«Etes-vous juive?»

«Ennemie du Québec! »

Traître ou juive, en somme. La province de Québec est probablement le dernier carré du monde occidental où la clameur effrayée d'une certaine élite rende possible pareille entrée en la matière. Les réactions à ma thèse de doctorat, présentée à l'Université Laval (Québec), sont tellement révélatrices du climat intellectuel qu'elles ont valeur de caricatures.

La question des origines ethniques, d'abord. Plusieurs personnes avec qui je me suis entretenue de mes recherches, des plus hostiles aux plus sympathiques, m'ont demandé si j'étais juive. Le malaise, la mauvaise conscience qui accompagnait la question amenaient des détours et des précautions oratoires presque comiques. On s'enquérait de ma généalogie, espérant secrètement entendre que mon grand-père était un personnage important dans un ghetto de Pologne avant que les mauvais vents de l'histoire ne le fassent débarquer à Montréal. Ou à Toronto. Les suggestions malhabiles sur mon prénom étaient une autre variation sur le même thème.

« Esther, c'est un prénom juif, n'est-ce pas?»

—Ah oui?»

—Oui, oui!»

—Alors?...»

Ou encore:

«*Are you a true French Canadian?*», la sous-question implicite concernant évidemment ma religion.

La vérité est tout autre: ni la recherche universitaire, ni les sujets piquant la curiosité intellectuelle n'obéissent à un déterminisme ethnique. Les anthropologues étudiant des groupes amérindiens ou inuit ont-ils une ascendance parmi eux? Qu'est-ce qui explique qu'un médecin devienne oncologue ou cardiologue? Les origines ethniques? Le célèbre sociologue Max Weber tournait en dérision les prétentions de plusieurs à expliquer les travaux scientifiques et les sociétés par des facteurs raciaux et/ou ethniques: «Je me trouve dans un embarras très personnel; en effet, je me sens au carrefour de plusieurs races, ou tout au moins de plusieurs ethnies(...). Je suis pour une partie Français, et pour une autre partie Allemand, et en tant que Français je suis certainement mâtiné de sang celte[1]...» Les raisons commandant l'intérêt d'une personne pour une discipline ou un sujet varient à l'infini et n'apportent rien à la compréhension de ses travaux. Je me suis intéressée à l'antisémitisme et au nationalisme d'extrême droite dans la province de Québec parce que les utopies totalitaires qui éclosent au 20ième siècle après une longue gestation me fascinent. Un coup d'œil sur les rayons de n'importe quelle bibliothèque confirme que cet intérêt est partagé par un nombre considérable de personnes qui appartiennent — est-il besoin de le dire? — à plusieurs nationalités, plusieurs religions, plusieurs catégories d'âge et seulement deux sexes.

Derrière les questions sur mes origines ethniques se dissimulait malhabilement la conviction que seule une Juive pouvait s'intéresser à l'antisémitisme. Très improbable qu'une Québécoise ait l'idée de se pencher sur pareil sujet. Il était implicitement entendu qu'une étudiante juive n'est pas québécoise. Une personne de religion juive appartient à la constellation des communautés culturelles dont on ignore en quoi elles consistent exactement mais dont l'existence est réaffirmée comme une évidence par toute une armada de clercs et de fonctionnaires.

Quand cesse-t-on d'appartenir à une «communauté culturelle» et devient-on québécois? Combien de générations doivent s'écouler et quelles caractéristiques convient-il d'acquérir? Nul ne le sait. J'ai demandé un jour à un Juif depuis combien de temps il vivait au Québec. Piqué au vif, il m'a répondu que sa famille était établie ici depuis six générations. Le plus drôle c'est que je ne puisse en dire autant, malgré mon incertaine inclusion dans la catégorie floue des «pure laine». J'ai appris récemment, à mon grand amusement, que mon arrière-grand-mère était américaine. Cette subtilité de mon arbre généalogique a d'ailleurs bien failli m'échapper. Deux de mes tantes devisaient autour d'une table de cuisine quand l'une demanda à l'autre si elle possédait une photo de Lésée. S'ensuivit un long échange sur la mystérieuse Lésée jusqu'à ce que je m'enquiers de son identité. «Mais voyons, répondirent à l'unisson mes deux tantes, il s'agit de notre grand-mère Elisabeth!» Lorsque la brave Elisabeth vint s'établir dans le petit village de Saint-Prosper de Beauce, elle a vraisemblablement demandé aux gens de la place de l'appeler «Lizzie», diminutif courant de son prénom. Dans la parlure des villageois, Lizzie est devenue Lésée. Son cousin, Arthur, est devenu «Ate» et c'est sous cet impossible prénom que son souvenir est évoqué durant les soirées de famille.

Le mythe des origines de la nation canadienne-française est probablement le legs le plus important de toute l'œuvre de Lionel Groulx. Ce mythe nourrit la certitude d'un grand nombre de personnes que la majorité de la population francophone du Québec descend en droite ligne des colons venus de France, ces derniers étant évidemment catholiques et francophones.

Groulx déploie des efforts désespérés pour établir le caractère catholique et français des premiers groupes venus de France. «Homogénéité ethnique, sociale, religieuse, morale, homogénéité et valeur intrinsèque, rien ne lui manque pour constituer un noyau d'élite», écrit-il dans *La naissance d'une race*. «Cette phalange choisie», pour reprendre son expression, provient de toutes les régions de France bien que ceux originaires de Normandie dominent, non par le nombre, mais par l'influence décisive qu'ils auraient exercé en leur qualité de premiers arrivants. Groulx peut donc conclure, dans *Notre maître le passé*, que dès 1680, les caractéristiques essentielles de la jeune race sont à jamais fixées. La Nouvelle-France sera normande ou elle ne sera pas.

L'insistance que met Groulx à affirmer la suprématie des Normands vient de ce qu'il doit à tout prix amoindrir l'apport de groupes ne parlant manifestement pas le français, comme les Bretons, ou tièdes chrétiens, comme les gens de La Rochelle. Les prisonniers de guerre anglais, les Allemands, les Suisses, et les Portugais ne s'établissent pas en Nouvelle-France ou ne le font qu'en un nombre qualifié «d'infime poussière»; même chose pour les esclaves noirs et panis. La véhémence avec laquelle Groulx repousse l'idée que ces gens aient pu s'établir dans la colonie montre bien qu'il savait le contraire être plus proche de la vérité.

Selon l'historien Marcel Trudel, plus de 1 500 esclaves noirs auraient vécu en Nouvelle-France et Marcel Fournier, dans son livre *Les Européens au Canada des origines à 1765* identifie plus de 1 500 immigrants qui, des origines à 1765, seraient venus de 24 pays autres que la France. Groulx avait donc vraiment de gros moutons à balayer sous le tapis.

Selon toute vraisemblance, même les gens venus de France ne parlaient pas, pour la plupart, le français. Pour la bonne et simple raison, qu'à cette époque, le français était un idiome inconnu de la plupart des Français, ainsi que le rappelle Eugen Weber dans son livre *La fin des terroirs. La modernisation de la France rurale 1870-1914.* C'était la langue du roi, et son usage était circonscrit aux affaires publiques. Dans le traité des Pyrénées (1659), Louis XIV assure à ses nouveaux sujets le droit d'utiliser «la langue qu'ils souhaitent, que ce soit le français ou l'espagnol, le flamand ou autres.»

Franciser la France donnera bien du fil à retordre à l'État. Si les bourgeois des grandes villes, les hommes de loi, les nobles et les clercs sont, pour des raisons évidentes, les premiers à ajouter le français à leur patois d'origine, le reste de la population se montre résolument réfractaire ou se désintéresse de la question. Le français coexistera avec une multitude de patois pendant un peu plus de deux siècles. Souvent, l'usage du français sera réservé à l'école: à la maison et dans la rue, les activités se déroulent en patois. En 1858, par exemple, la Vierge qui apparaît à Bernadette Soubirous s'adresse à elle partiellement dans le dialecte pyrénéen de Lourdes, et le grand-père d'André Malraux, un armateur de Dunkerque mort en 1909, ne s'exprimait qu'en flamand. Eugen Weber, qui rapporte ces faits, conclut qu'aussi tard que sous la troisième République, environ la moitié de la population ignorait le français.

La suprématie incontestée de ce dernier dans tout l'Hexagone n'adviendra qu'au lendemain de la Première Guerre mondiale.

Il serait donc logique de supposer qu'en Nouvelle-France, à l'instar de la mère patrie, le français a d'abord été la langue des élites administratives et cléricales. Ce que reconnaît Groulx lui-même, de manière oblique:

«De France nous vinrent des migrations mélangées; mais sur la terre canadienne, les hasards de la colonisation les dispersèrent. Par les mariages, les types provinciaux se fondirent très vite dans un type unique. Par la force des choses, l'on ne dut parler, pour s'entendre, que la langue commune, et ne garder, des formes dialectales, que les formes les plus universelles. Or la langue commune, c'était le français, langue aussi de l'Église, langue de l'administration, langue de nos écoles[2].»

D'une manière ou d'une autre, l'usage du français a éventuellement prédominé parmi les vagues d'immigrants qui, des débuts à nos jours, ont peuplé la province de Québec. Allemands, Écossais, Irlandais, Hollandais, Espagnols, Portugais, Slaves faisaient partie des 1 500 immigrants venus de 24 pays autres que la France recensés par Marcel Fournier. Après 1765, rappelait Marcel Trudel dans une entrevue parue dans Le Devoir du 24 février 1992, il y a la grande vogue des mariages entre anglophones et francophones — ce que Groulx qualifiera de «trahison du sang» — puis, il y a l'arrivée massive des mercenaires allemands venus à la rescousse de l'Angleterre aux prises avec les rebelles américains, 2 400 d'entre eux s'établissent au Canada, dont plus de 1 300 au Québec. Dans le livre qu'il leur consacre, Jean-Pierre Wilhelmy raconte un curieux échange de bons procédés entre ces soldats nouvellement arrivés et leurs futures épouses du terroir:

«En fait, environ la moitié de ces soldats sont de pratique religieuse protestante lors de leur arrivée au pays et, bien que la chose nous paraisse curieuse, il semble bien que ce sont les belles de chez nous qui, aveuglées par l'amour, et malgré l'emprise importante qu'exerce sur elles l'Église catholique d'alors, oublient momentanément leurs devoirs religieux et se marient sans autorisation dans la religion de leurs futurs époux[3].»

La transgression accomplie, les fautives, peut-être pour des raisons d'ordre pratique, reviennent au catholicisme, y entraînant leurs nouvelles familles:

«(...)il est remarquable, peut-être en raison du nombre limité à cette époque des lieux de culte protestant chez nous, de constater par les actes de naissance des enfants issus d'un tel mariage, qu'un très grand nombre de ces Québécoises retournent à leur ancienne pratique religieuse et entraînent avec elles l'époux et les autres membres de la famille[4].»

Accommodants, les époux francisent leurs noms et leurs prénoms.

Au 19ième siècle, rappelait Marcel Trudel dans la même entrevue, les Irlandais arrivent en masse, suivis, au 20ième siècle, par des Hongrois, des Grecs, des Asiatiques, des Antillais. Au 19ième siècle, rapporte un anthropologue américain, il aurait été fréquent pour des jeunes hommes de la Beauce, à la recherche de meilleurs salaires, d'aller travailler dans le Maine[5], ce qui expliquerait comment mon arrière-grand-père a rencontré son épouse américaine.

Bref, de conclure l'historien: «Bien rares sont aujourd'hui les Québécois que l'on pourrait dire, avec une connotation raciste, «pure laine», c'est-à-dire qui pourraient allonger une généalogie où il n'y aurait toujours et uniquement que des Français de France.» Qui ne parlaient pas français.

Si Lionel Groulx n'avait qu'amoindri l'influence et le nombre de groupes humains qui nuisent à son image d'Épinal de la Nouvelle-France, s'il s'en était tenu à tirer des héros du néant — Dollard des Ormeaux étant le plus célèbre —, à inventer des traditions- comme les pèlerinages à Carillon et au Long-Sault- et à promouvoir des symboles nationaux -comme le drapeau fleurdelisé- il ne resterait plus qu'à inscrire son nom parmi la longue liste des intellectuels engagés dans la création et la diffusion de mythes et de symboles légitimant l'État-nation moderne.

Il ne s'en tient pas à cette opération. Dès l'élaboration du mythe des origines, Groulx dérape vers un des thèmes qui nourrira son fascisme: celui de la pureté de la race. Non seulement nie-t-il tout métissage entre la population française et les esclaves noirs - «inutile de dire que cet élément inférieur ne s'est guère mêlé à notre population», écrit-il dans *La naissance d'une race*, mais il applique un procédé semblable aux populations amérindiennes. Ignorant volontairement que la reproduction humaine puisse s'accomplir sans la bénédiction de l'Église catholique romaine, — ce dont les coureurs des bois ne se sont pas privés — Groulx rassure ses lecteurs en affirmant qu'il n'y a eu, en l'espace de deux siècles, que 94 mariages entre Français et Amérindiennes. Ceci bien établi, il assène le coup final aux descendants de ces unions éparses: «Il y a plus: ces métis n'ont laissé parmi nous aucune descendance, leurs enfants étant tous morts avant la fin du 18ième siècle. Voilà sur cette affaire le dernier mot de la science irrécusable: il nous venge glorieusement[6].» Il écrit ailleurs: « O, je veux bien que le déshonneur ne soit pas si grand d'avoir communié, par le mélange des sangs, à l'âme des vieilles races indigènes.(...) Il suffit à notre fierté d'avoir dans les veines le sang de France et de n'avoir que celui-là[7].» Par vengeance et par fierté, Groulx biffe d'un coup de plume l'existence des métis.

La pureté de la race chez Groulx s'inscrit dans le courant intellectuel européen qui, à la fin du siècle dernier, confond le fait sociologique avec le fait biologique, le premier tenant souvent d'explication pour le second. À l'intérieur de ce large courant, nichent plusieurs mouvements politiques et c'est le nationalisme d'extrême droite, largement mâtiné de fascisme, qui sera le chant des sirènes de Groulx. Paris est alors le pôle d'attraction intellectuel de toute la droite extrémiste européenne et Groulx, à l'instar de tant d'autres idéologues du continent en réaction violente contre le libéralisme, se tourne vers Charles Maurras et l'Action française, vers Maurice Barrès et vers Gustave LeBon. À partir de ces deux derniers, il défend et illustre une thèse brutale dans sa simplicité: les caractères socio-psychologiques se transmettent par le sang et toute union entre gens de «races» différentes engendre: 1) la dégénérescence des individus; 2) à une plus grande échelle, celle de la «race» elle-même.

Gustave LeBon, héraut de la droite révolutionnaire française, auteur des *Lois psychologiques de l'évolution des peuples*, un des plus gros succès de librairie de la fin du siècle passé, dont Groulx conservait un exemplaire «rempli de remarques approbatives[8]» dans sa bibliothèque, est abondamment cité dans le roman *L'appel de la race* de Groulx, une somme du racisme.

> «Croiser deux peuples, c'est changer du même coup aussi bien leur constitution physique que leur constitution mentale... Les caractères ainsi restent au début très flottants et très faibles. Il faut toujours de longues accumulations héréditaires pour les fixer. Le premier effet des croisements entre des races différentes est de détruire

l'âme de ces races, c'est-à-dire cet ensemble d'idées et de sentiments communs qui font la force des peuples et sans lesquels il n'y a ni nation, ni patrie... C'est donc avec raison que tous les peuples arrivés à un haut degré de civilisation ont toujours évité de se mêler à des étrangers[9].»

Cette citation est aussi révélatrice à d'autres égards: qu'il emploie les termes nation, race, ethnie ou culture, Groulx renvoie toujours à l'idée d'une transmission biologique de caractères psycho-sociologiques. Dans les références à l'âme, on discerne la prégnance de schèmes de référence religieux dans le racisme. Cependant, les différentes dénominations chrétiennes ont toujours maintenu des rites de conversion, tandis que l'idéologie raciste, en dressant la barrière du sang, exclut irrémédiablement l'Autre.

Dans L'appel de la race, Groulx prête ces réflexions au héros du nom bien canadien-français de Jules de Lantagnac:

«Involontairement, il s'était rappelé le mot de Barrès: «Le sang des races demeure identique à travers les siècles!» Et le malheureux père se surprenait à ruminer souvent cette pénible réflexion: «Mais il serait donc vrai le désordre cérébral, le dédoublement psychologique des races mêlées[10].»

C'est la constatation à laquelle il arrive, en observant ses enfants issus de son mariage avec une Canadienne-anglaise protestante.

«Trente ans après la parution de son livre L'esclavage au Canada français, écrivait le journaliste Clément Trudel, toujours dans l'édition du 24 février 1992 du Devoir, Marcel Trudel se surprend toujours qu'on se surprenne d'entendre parler d'un phénomène [le métissage] qui ne cadre pas trop bien avec les mythes fondateurs d'une colonie «sans mélange de race» (François-Xavier Garneau) où vivait «un peuplement

de population blanche, française, rien comme ailleurs
en Amérique, d'une population mixte, semi-indigène...
un seul type s'avère possible, une colonie de race
blanche».(Lionel Groulx, dans son premier tome de
Histoire du Canada)

Il demeure en effet curieux que le mythe des ancêtres catholiques, français et francophones se porte si
bien dans la gent intellectuelle québécoise alors qu'en
France, par exemple, aucune personne un tant soit peu
sérieuse — et aucun intellectuel sensé — ne croit plus
au mythe de «nos ancêtres les Gaulois». Les Gaulois,
d'ailleurs, ne deviennent les ancêtres de la nation française qu'à la Révolution de Juillet, qui consacre la victoire de la bourgeoisie sur la noblesse du pays. La
bourgeoisie revendiquait une ascendance gauloise
comme preuve de son droit à gouverner tandis que la
noblesse, elle, appuyait une prétention similaire sur
ses origines franques. Les mythes des origines ont souvent une saveur politique.

La figure symbolique qui domine le mythe des origines est celle du Héros, de la race pure et physiquement saine. La description que Groulx en fait est
troublante. Pour décrire cette race «d'excellente qualité
physique[11]» il emploie un langage de maquignon, écri-
vant, par exemple, que n'entrent au pays que des «uni-
tés d'un choix irréprochable[12]», ce qui ne surprend
guère quand on sait que «L'Église et l'État interdisent
l'entrée à la marchandise suspecte[13]». Il n'y a pas de
place en Nouvelle-France pour les «colons de rebut[14]».
Le sort des déchets physiques ou moraux qui sont par-
venus à s'établir en Nouvelle-France est promptement
réglé par un chanoine parfaitement à l'aise dans le rôle
de Dieu le Père, disposant du droit de vie et de mort sur

tout un chacun: «Aucun de ces rebuts n'a fait souche au Canada. Et nous passons[15]!»

Dans cette fictive Nouvelle-France, le Héros partage la scène avec une autre figure symbolique, fort discrète pour l'instant, mais qui, dans la description que Groulx fera du Québec contemporain, éclipsera complètement le Héros: il s'agit du Traître, ce Canadien français épris d'individualisme qui, de dégénérescence en compromissions, cessera d'appartenir à l'humanité.

Alors même qu'il s'affaire à peindre une Nouvelle-France idyllique, agricole, rurale, de mœurs chastes, d'où le crime est absent, il décrit, dans un même souffle, une situation parfaitement opposée. Dans *La naissance d'une race*, il impute à l'individualisme des habitants leur folie de dispersion qui entraîne un exode vers la France et qui envoie la moitié des hommes mariés de la colonie courir les bois. «C'en est fait», écrit le chanoine, dépité. «La course des bois devient une sorte de profession, avec les conséquences que l'on devine pour les mœurs de la jeunesse canadienne, pour la culture des terres et pour l'évangélisation des indigènes poussés à l'alcool ou scandalisés par les coureurs[16].» Voilà pour l'absence de métissage entre Européens et Amérindiennes!

Une fois dessinés par Groulx, le Héros et le Traître n'ont jamais complètement quitté le paysage idéologique du Québec, heureusement confinés, la plupart du temps, à l'attirail de quelques purs et durs d'un certain nationalisme. Installé lui-même au panthéon des héros de la nation, Lionel Groulx est devenu l'objet d'un culte parmi une minuscule cohorte de dévots. La mystification conçue par ces dévots repose sur une équation absolue entre Groulx et le Québec. Il représente l'incarnation achevée de la nation. Quiconque le critique, ne serait-ce qu'en lui jetant à la figure ses propres citations, s'en prend à la nation et trahit.

Il revient à Jean Éthier-Blais d'avoir énoncé le plus clairement et le plus succinctement l'équation Groulx=le Québec et la trahison de ceux qui diffèrent d'interprétation avec lui.

> «Maintenant on monte en épingle l'anti-sémitisme[sic] de l'abbé Groulx. Ses propos anti-sémites! Il les trouvait dans son bréviaire. Ça n'a rien d'un phénomène particulier au Québec. (...) Tous ceux qui l'ont connu le savaient profondément anti-hitlérien, contre les camps de concentration. Mais les ennemis du Québec avaient besoin d'un épouvantail[17].»

Je devrais éprouver quelque fierté ou quelque embarras à quitter aussi abruptement les rangs des humbles tâcherons du doctorat pour venir grossir ceux des ennemis déclarés et officiels de la nation. Qui n'ont qu'une idée en tête, si l'on en croit le même Éthier-Blais: détruire le Québec. Rien de moins.

> «Si on réussit à battre l'abbé Groulx, à détruire le mythe, le Québec est fini. On veut le raser, comme le collège de Sudbury...en oubliant de le situer dans une autre époque, un autre langage. L'abbé Groulx a écrit sur les Québécois eux-mêmes des choses beaucoup plus dures que sur les Juifs. Était-il pour autant anti-québécois[18]?»

Groulx serait donc un mythe? Le langage et l'époque de Groulx sont ceux de la montée du nationalisme d'extrême droite, du fascisme et du nationalsocialisme. Baladant sa plume à l'intérieur de ce spectre, il emprunte aux uns et aux autres des thèmes, un certain vocabulaire, des tics de langage.

Ainsi, pour ne citer qu'un exemple, en rejetant les Canadiens français hors de l'humanité, il ressemble à l'Action française de Paris qui, au fil des ans, exclut de la nation puis de l'humanité l'ensemble des Français acquis au régime républicain et autres ennemis de l'intérieur. C'est-à-dire, au bout du compte, la quasi-totalité de la nation. Si l'Action française prévoyait la répression, voire l'exécution des traîtres, Groulx, lui, ne voit de salut que dans la rééducation politique et nationale de tout le peuple. Peut-être alors recouvrirat-il une certaine humanité... Le thème de «La terre et les morts» qui est au centre de l'œuvre de Maurice Barrès, est repris par Groulx qui s'en sert, à l'occasion, pour stigmatiser les siens: «Notre peuple, qui ne sait rien de la patrie, qui est incapable de vibrer pour elle, pour sa terre et ses morts (...), mais qui sait se passionner jusqu'à la folie hystérique pour le mythe du parti et pour des fantoches de forum[19].»

L'intention imputée de détruire le Québec est le paroxysme des attaques suscitées par ma recherche de doctorat. Peu de personnes sont allées aussi loin dans l'outrage, mais quelques-unes s'en sont rapprochées. Un certain Stéphane Stapinsky m'accusait, dans Le Devoir du 22 janvier 1992, d'être une Vichinsky intellectuelle qui s'en prenait à Groulx pour mieux attaquer le nationalisme québécois. Le même refrain a été repris avec quelques bémols par tous ceux qui placent leur action sous le haut patronage du chanoine.

C'est ainsi qu'après avoir établi une bonne fois pour toutes que Groulx est le Québec, ses apologistes déclarent qu'il en va de même pour eux. Ils se confondent avec la nation. Distribuant les excommunications avec une générosité qui aurait plu au chanoine luimême, ils appliquent avec fidélité la leçon du maître: ce n'est pas la langue, ni la religion qui fait le Canadien français. Eh non! C'est l'idéologie. La juste idéologie, il va de soi. «Nous le savons tous: parler un français quelconque où l'on arrive à se comprendre est

parfaitement compatible avec une âme de trans-
fuge[20].» Parler français suppose un esprit français, des
âmes françaises, précise encore Groulx dans *Orientations*. Une école, avertit-il solennellement, qui enseigne une langue sans la fierté de la parler est une
école qui trahit:

> «De même, le tout, ni le principal dirai-je, n'est pas de
> garder le français à l'école, mais bien davantage de nous
> inquiéter des idéologies, des fins, des intérêts suprêmes
> dont vit l'école. (...) Il y eut une époque où l'on parlait le
> gaélique et le breton, mais où cependant la conviction
> n'existait plus ou n'existait qu'à demi sur l'honneur ou
> l'opportunité de rester Breton ou Irlandais. Vous avouerez
> que quand on en est là, l'enseignement de la langue ma-
> ternelle à l'école revêt assez peu d'importance, et que l'é-
> cole est bien près d'être sur le chemin de la trahison[21].»

Apprenant que le nombre de personnes qui parlent
et écrivent mieux le français croît, Groulx se désole de
ce que «le nombre grandit davantage de ceux qui ont
perdu le sens du français[22]». Groulx n'est pas le porte-
parole de l'identité française et catholique d'alors:
cette identité est indéfinie parce qu'indéfinissable.
C'est une essence, comme le sont toutes les catégories
symboliques du racisme. Groulx ne pouvait imaginer
raisonnement plus adéquat pour exclure des rangs de
la nation, le temps venu, l'ensemble des Canadiens
français et pour maintenir à l'écart tout immigrant désireux d'apprendre le français. Cette essence, héritière
de l'âme telle que conçue par la théologie chrétienne,
mais sans le recours du baptême — qui trouverait sa
traduction laïque dans l'acquisition de la langue française — qui autorise des exclusions irréversibles, sans
appel.
   Entrelacée au mythe des origines, la définition idéologique du Canadien français/Québécois n'a pas encore

perdu toute sa force de frappe. Pour certains, tout se juge à l'aulne de l'ethnie. Il y a des sujets de recherche plus «juifs» que «québécois». À une journaliste qui me disait que l'écrivain Mordecai Richler n'était guère représentatif de sa communauté, j'ai demandé si je l'étais de la mienne ou si elle-même pouvait nourrir pareille prétention. Plus méchamment, d'autres ont cru que Mordecai Richler était susceptible de représenter à ce point les anglophones et/ou les Juifs de la province qu'ils ont sommé les leaders de ces deux groupes de se dissocier publiquement de son livre *Oh! Canada Oh! Quebec. Requiem for a divided country*.

Il s'en est trouvé pour porter la controverse autour de l'œuvre de Lionel Groulx sur le terrain ethnique, ce qui dépasse mon entendement. Et de souhaiter pieusement l'établissement d'un «véritable dialogue avec les communautés culturelles», dialogue entravé, selon l'inénarrable Stapinsky, par des recherches comme la mienne. Le chantage n'était pas très subtil: si vous voulez qu'on vous parle, soyez «parlables» et dissociez-vous de pareilles entreprises. Et ne les accomplissez jamais vous-mêmes. Ma recherche, est-il besoin de le dire, ne représente personne d'autre que son auteur, n'engage que sa seule responsabilité et s'adresse à quiconque s'y intéresse. Point à la ligne.

Une version édulcorée de l'obsession ethnique et de la responsabilité collective qui s'y rattacherait consistait à rappeler que les Canadiens français des années trente n'avaient pas été les seuls à faire preuve d'antisémitisme. Au contraire, soulignait-on avec emphase dans les journaux anglophones et francophones du Québec, les Canadiens anglais avaient été également coupables. L'Université McGill exigeait des notes supérieures pour l'admission des étudiants juifs et restreignait leur nombre de toute manière; les clubs privés les refusaient comme membres et la Bourse comme courtiers, etc.

Le fait est que nulle part dans ma thèse il n'est question de l'antisémitisme des Canadiens français. Il n'y est question que de l'antisémitisme de Lionel Groulx, de l'Action nationale, des Jeune-Canada et du Devoir de 1929 à 1939. Locuteurs qu'il ne faudrait pas confondre avec l'ensemble de la population canadienne-française de cette époque. Cette précaution méthodologique est ignorée par les analyses qui, pressées d'absoudre Groulx et consorts de leur antisémitisme, font d'eux la voix d'un peuple opprimé, obsédé par sa survivance qui, à la recherche d'un bouc-émissaire, tombe dans l'antisémitisme. Mais tout le peuple n'a pas versé dans ce type de racisme. Le contexte historique, sur lequel on a tant glosé en me reprochant de l'ignorer, n'explique pas le délire de haine d'un petit groupe. Même la crise économique ne leur vaudra pas l'adhésion populaire.

En serais-je venue à la conclusion que le Québec des années trente était une société percluse d'antisémitisme, où serait le drame? Il y a aussi quelque chose d'infantile à pointer du doigt le voisin en criant: «Lui aussi! Lui aussi!» et à souligner l'évidence: en Europe, il y avait aussi de l'antisémitisme. Bien sûr. Je n'ai jamais prétendu que le Québec était un cas d'espèce sur la planète.

Groulx, l'Action nationale, les Jeune-Canada et Le Devoir représentent un courant idéologique minoritaire dans le Canada français des années trente. Ils diffèrent de leurs concitoyens, entre autres, par leur niveau élevé d'instruction. Lionel Groulx est un prêtre qui enseigne l'histoire à l'Université de Montréal; les

Jeune-Canada sont surtout des étudiants de la même université; l'Action nationale et Le Devoir s'adressent à un public averti. Il y a d'ailleurs quelque chose d'ironique, de grotesque, à voir ce groupuscule de l'intelligentsia éructer ce long délire de haine envers un Juif imaginaire — le Juif de l'antisémite est toujours un objet symbolique — cherchant désespérément à convaincre le bon peuple de la réalité de ce délire tandis que le bon peuple, frustre, n'y comprend que dalle.

Un exemple entre mille: Le Devoir s'évertue sans succès à prévenir les gens contre le journal à grand tirage La Presse, haut lieu du complot juif mondial dans la province. En effet, rappelle un rédacteur du Devoir: «La Presse eut jadis un rédacteur en chef israélite. Si on n'avait que cela à lui reprocher[23].» La suite des reproches paraît dans l'édition du lendemain: «M. Helbronner est mort, mais 40% de La Presse [sic], partie publicité, reste aux mains des Juifs. Et l'éditorial n'est-il pas 100% sémitophile[24]?»

M. Jules Helbronner a bel et bien été rédacteur en chef de La Presse au tournant du siècle. Juif, né à Paris en 1844 et venu s'établir à Montréal en 1874, il s'illustra surtout par ses chroniques hebdomadaires sur la condition ouvrière qu'il signait du pseudonyme symbolique de Jean-Baptiste Gagnepetit. Publiées dans La Presse de 1884 à 1894, ces chroniques où Helbronner dénonçait, entre autres, le travail en usine des enfants et les mauvaises conditions qu'on y faisait aux adultes, lui gagnèrent la faveur d'un public bousculé par l'industrialisation accélérée de Montréal. Il participa à la Commission royale d'enquête sur les relations entre le capital et le travail créée en 1886 par le gouvernement MacDonald. Ses commentaires acérés sur la corruption de l'administration municipale et ses dénonciations de l'insalubrité des logements dans les quartiers populaires attirèrent l'attention des classes qui ne se frottaient que depuis peu aux réalités de la vie urbaine. Selon l'historien du journal La Presse, Cyrille Felteau, les articles, chroniques et éditoriaux de Jules Helbronner firent de lui «un des journalistes les plus influents de son époque, non seulement dans le Québec, mais dans tout le pays[25]».

Les Montréalais de ce temps n'ont pas tenu rigueur à La Presse d'avoir embauché un journaliste juif, puis de l'avoir promu rédacteur en chef, myopie ou inconséquence que souligne rageusement Le Devoir, phare de la conscience nationale canadienne-française. La Presse, rappelle un de ses rédacteurs, encore une fois sous un pseudonyme, se prostitue aux Juifs:

«La Presse n'est-elle pas là pour nous donner des mots d'ordre à la Saint-Jean-Baptiste? Il est vrai que le reste de l'année, elle est la porte d'entrée, la passerelle qui conduit à la maison de commerce juive, la racoleuse en chef d'Israël. Mais n'importe, elle fait de bien beaux articles le jour où nous opposons notre mouton à leur veau d'or[26].»

L'emprise du Juif sur les médias écrits s'étend à d'autres journaux. Le Soleil ne subirait-il pas la censure insidieuse des annonceurs juifs?, s'interroge Pamphile[27] «Jérusalem ne veut pas que Québec sache qui gouverne deux de ses trois journaux français. Les puissances occultes s'aident[28].» Si les journaux à grand tirage de la province boudent Le Devoir, la faute en revient à la puissance juive internationale, incarnée au Québec en la personne du petit camelot posté aux coins des rues:

«Le Juif est à bonne école. Il a une expérience universelle. Il est essentiellement cosmopolite, il est le véhicule naturel de l'internationalisme en toutes choses. Il sait donc comment le cousin de Francfort ou de Varsovie, camelot comme lui, s'y est pris pour boycotter le journal qui ne faisait pas son affaire, ni celle de sa race: il sait aussi comment l'oncle Jacob, de Vienne, qui a fait fortune dans la friperie, s'y prenait pour mater les journaux qui acceptaient sa prose payée[29].»

Aveugle, ignorant la terrible menace posée par le petit camelot, le peuple achète, insouciant, les grands journaux de la province. Dans les années trente, *Le Devoir* n'aurait compté en moyenne que 15 000 abonnés. Il oscille quelques fois au bord du gouffre financier et lance maintes campagnes d'abonnement[30] sous le mot d'ordre «Il faut hâler avec Le Devoir!» Ses lecteurs se recrutent parmi les membres du clergé, les universitaires, les fonctionnaires et les membres des professions libérales[31]. Durant la même décennie, Groulx, alors au faîte de son influence, ne rallie qu'une minorité composée d'intellectuels, de jeunes et de militants nationalistes[32].

Il est aussi intéressant de noter qu'en 1934, ce sont les internes de cinq hôpitaux francophones de Montréal, outrés par l'embauche d'un collègue juif, Samuel Rabinovitch, qui déclenchent une grève. Samuel Rabinovitch, sorti premier de sa promotion, faisait partie de cette poignée d'étudiants juifs admis à l'Université de Montréal, où nous apprend Le Devoir en 1933, «...on exige le maximum des étudiants étrangers et particulièrement des étudiants juifs. Ainsi, en médecine, l'an dernier, sur environ 160 candidats juifs, 7 seulement ont été acceptés[33]». Au moment où tout le personnel médical des cinq hôpitaux menace d'emboîter le pas au débrayage, l'entêté Rabinovitch, qui avait tenu bon jusque-là, cède et démissionne.

Le sociologue américain Everett Hughes mentionne que des étudiants de Montréal auraient attaqué des débits de journaux et des libraires juifs accusés de distribuer de la littérature communiste et des «obscénités américaines[34]». Le Devoir affichait de gros titres tels: **«Le père du journalisme jaune fut le Juif Pulitzer[35]»,** qu'il assortissait de propos comme: «Le père du jaunisme, c'est Pulitzer, un juif hongrois venu aux États-Unis. Traiter des journaux de "feuilles jaunes", c'est en somme, les traiter de feuilles juives. On pourrait difficilement dire quelque chose de plus insultant sur leur compte. Mais qui le dit[36]?» Cela n'était pas pour calmer les esprits...

En autant que je sache, aucun incident de nature similaire ne s'est produit parmi les classes populaires. Même parmi les élites, Lionel Groulx, l'Action nationale, les Jeune-Canada et Le Devoir ne font pas l'unanimité: Le Canada, sous la direction d'Olivar Asselin et l'Autorité, puis Le Jour, sous la direction de Jean-Charles Harvey, s'opposent à l'antisémitisme[37]. La Presse, semble-t-il, n'embrassera pas le délire antisémite tandis que l'Action catholique le vocifère avec une ardeur peu commune[38].

Ce serait pourtant une erreur que de réduire ces locuteurs à l'insignifiance absolue, ce qui est une manière de nier qu'un courant de pensée violemment antidémocratique et antisémite ait pu exister au Québec en dehors du parti fasciste d'Adrien Arcand. L'importance rétrospective accordée à Groulx et au Devoir, le premier sacré «historien national», dont l'œuvre serait la quintessence de la conscience nationale, le second présenté comme le défenseur infatigable des droits du Canada français, explique peut-être la controverse soulevée par ma recherche et le malaise qu'elle a provoqué.

D'autres avant moi avaient pourtant remarqué le racisme du Chanoine Groulx: «On peut conclure que

l'historien du Canada français eut des attitudes ra-
cistes, ne serait-ce que par son opposition au mariage
mixte. C'est l'idée maîtresse de son premier roman[39]»,
écrit Jean-Pierre Gaboury. À propos de l'Action nationale, des Jeune-Canada et du Devoir, André-J. Bélanger
écrit: «L'Action nationale et les Jeune-Canada tombent
d'accord pour s'attaquer férocement à la communauté
juive installée au Québec. Autant que Le Devoir, ils
font flèche de tout bois[40].»

Déjà, dans les années vingt, *avant la crise économique*, Groulx et le mouvement d'Action française qu'il
dirige dénoncent l'urbanisation à qui ils imputent la
dénatalité et la propagation de mœurs douteuses[41].
L'Action française s'en prend à la presse populaire, au
théâtre et au cinéma, lesquels «aux mains des métèques», n'importent que des mœurs étrangères[42] et baptise du nom d'«américanisation» cette constellation de
dangers derrière laquelle se profile le Juif: «*Whether vi-
sibly occupying positions that were the prerogative of
French-Canadians or invisibly manipulating the sordid
scenes of the cinema and the press, the Jew was an
unwelcome figure for the Action française[43].*»

Le Devoir, allié idéologique de Groulx durant cette
décennie et la suivante, reproduit maints articles de
l'Action française de Paris[44] et ouvre largement ses
pages au plus célèbre — et tonitruant — des antisémites français, Edouard Drumont[45], auteur de «La
France juive», un des best-sellers de la fin du siècle
passé. Plus tôt, en 1910-1911, Joseph Denais, le directeur de La Libre parole de Drumont, devenait le correspondant à Paris du Devoir[46].

Selon Michael K. Oliver, il ne fait pas de doute que
l'antisémitisme constitue un aspect important du nationalisme des années vingt et trente[47].

Le rejet, par l'Action française, de plusieurs aspects de la vie quotidienne dans une société moderne et industrialisée, s'accompagne d'un refus de la démocratie et du parlementarisme[48]. Jean-Pierre Gaboury relève l'attraction qu'éprouvait Groulx pour le fascisme: «(...) il voulait faire rétrograder les siens de l'État libéral à l'État fasciste en qui il retrouvait le régime autoritaire et féodal de la Nouvelle-France. Tel est l'aboutissement de cet antilibéralisme dicté par des critères purement moraux[49].» Et il ajoute: «Le Canada français, bien qu'il fût lui-même peu attaché à la démocratie, refusa de s'aliéner les libertés individuelles et les réformes propagées par l'abbé Groulx connurent l'échec[50].»

La perspective privilégiée de cette recherche diffère de celle adoptée par les auteurs qui ont écrit sur le nationalisme et /ou l'antisémitisme des années vingt ou trente en ce que l'antisémitisme est son objet premier. Le cadre théorique a été développé à partir d'études classiques ou plus récentes du racisme et de l'antisémitisme qui soutiennent et confirment que les objets du racisme sont des constructions symboliques. Ils n'existent pas hors du délire fantasmatique qui les crée et les fait vivre. Décortiquer le contexte historique n'apporte rien à la compréhension du délire et ne fournit aucune clé pour le pénétrer. La réalité du complot juif mondial n'existe que dans la tête de Lionel Groulx, de l'Action nationale, des Jeune-Canada et du Devoir. Nous n'assistons pas à un dialogue d'un œcuménisme dévoyé, sur fond de petits fours rancis, entre deux groupes également homogènes et unifiés, les Canadiens français et les Juifs. Les rédacteurs du Devoir - qui ne représentent pas l'ensemble des Canadiens français- ne «dialoguent» pas avec les Juifs: ils crachent au visage d'un objet symbolique. Comme l'écrivait Pierre Sorlin à propos de l'antisémitisme du journal français La Croix:

> «Il [leur antisémitisme] a ceci de particulier qu'il est absolument indépendant des Juifs. Les rédacteurs de la Bonne Presse ne connaissent pas d'Israélites et n'en ont pas besoin: il leur faut un épouvantail, qui résume en lui toutes les craintes, et non des individus auxquels on pourrait imputer n'importe quel méfait[51].»

Le Juif de l'antisémite est une figure déréalisée, comme le sont toutes les constructions symboliques issues du racisme. Pour cette raison, le traquer dans la réalité demeure absurde et peine perdue. Ainsi que l'écrivait Michel Herszlokowicz: «On veut nous faire découvrir le vrai Juif, celui que nul ne connaît empiriquement[52].» André Laurendeau fournit un exemple éclatant de la vérité de cette assertion lorsqu'il écrit: «Les Juifs, qui peuvent être et sont souvent de fait, de paisibles citoyens, ne représentent pas moins un rêve chimérique et dangereux qu'il faut à tout prix étouffer: le messianisme[53].»

Ce Juif est doté d'une essence différente dont le corps est le siège. Scruter la communauté juive afin de comprendre l'antisémitisme est une grossière erreur de perspective doublée d'une absurdité. Cette perspective inversée est aussi pernicieuse, en ce qu'elle suggère que les Juifs en chair et en os ont un lien quelconque — pis, une responsabilité — avec les crimes imputés à la terrifiante figure du Juif telle que dessinée par l'antisémite.

L'antijudaïsme devint antisémitisme au moment où les adhérents à une religion méprisée devinrent les membres d'une race inférieure, explique Léon Poliakov, «(...) comme si la rouelle ou le chapeau conique de jadis était désormais gravé, "intériorisé" dans leur chair, comme si la sensibilité de l'Occident ne pouvait se passer de la certitude d'une distinction qui devint, une fois effacés *les signes visibles* identifiant les Juifs, *une invisible essence*[54]».

L'antisémitisme faisait partie de l'arsenal idéologique du nationalisme d'extrême droite et des idéologies de contestation radicale de la société libérale. Dans ces idéologies, suggèrent plusieurs auteurs, le Juif ne se comprend que dans sa relation avec la Nation/Race, auquel il servirait de support négatif. Autrement dit, en symbolisant l'Anti-nation, il permettrait à l'identité nationale/raciale de se définir et de s'affirmer. Mais nous savons maintenant, par l'analyse qu'a faite Colette Peter-Capitan de l'idéologie de l'Action française[55], que cette opposition binaire ne tient pas complètement l'eau: la nation trahissant, elle ne peut plus incarner le Bien absolu face au Mal absolu. Les deux constructions symboliques sont homothétiques à la société libérale. La principale différence entre le Traître et le Juif se dessine dans le projet utopique: le Traître, rééduqué, y est admis alors que le Juif en est à tout jamais exclu. L'Ancien Homme est mort, il cède la place à l'Homme Nouveau.

Pour Lionel Groulx, l'Action nationale, les Jeune-Canada et Le Devoir, capitalisme, démocratie, parlementarisme et modernité forment une totalité maléfique dont les deux suppôts sont le Traître et le Juif. Le capitalisme, «cette puissance abominable de l'or qu'aucun principe ne domine[56]», s'acoquine avec la démocratie pour exploiter le peuple. Il y a pis: le capitalisme, via la démocratie, inocule chaque jour «le germe virulent des pires chancres sociaux[57]» dans le corps de la nation. Le vocabulaire de la décomposition, de la purulence, de la maladie et de la mort, écho puissant de l'imaginaire nazi, sert à décrire la société contemporaine. Microbes, fièvres, poisons assaillent la nation. Nous sommes en présence «d'un mal fatal, envahissant, que nul cordon sanitaire ne saurait artificiellement enrayer[58]».

Puisque, soutient Groulx:

«Une nation se détruit elle-même, de ses propres mains; elle meurt par le suicide, par la pourriture morale, par l'abdication volontaire, fruits de doctrine de lâcheté et de dissolution. Ce qui importe, c'est de rester une nation saine[59].»

Ce sont les Canadiens français eux-mêmes qui hâteront leur fin en se vautrant dans la pourriture morale. La noblesse et la bourgeoisie trahissent après la conquête, en mêlant leur sang à celui du vainqueur; les politiciens foulent aux pieds les intérêts de la nation afin de promouvoir les intérêts de leurs partis et les leurs propres; le Parti libéral du Québec, oligarchie à la botte des puissances financières, est devenu en 1936, «ce que les spécialistes du cancer appellent «la cellule géante», «le chancre de l'État[60]». Peuple «rongé jusqu'aux moelles par toutes les maladies du parlementarisme», tout ce peuple trahit. Anathèmes et excommunications pleuvent et n'épargnent personne: cultivateurs, instituteurs, intellectuels, ouvriers, tous ignorent leurs devoirs de dévotion à la nation.

«Des classes entières ont séparé leur action du service patriotique: nos «professionnels » s'enferment dans la profession; nos hommes d'affaires, nos commerçants reconnaissent à peine le devoir de l'argent; nos ouvriers pactisent avec l'étranger; nos cultivateurs passent nos frontières comme si la patrie n'était plus rien[61].»

Le geste le plus trivial devient une trahison. Ils préfèrent qui, assister aux parties de hockey, qui jouer au golf ou adhérer au club Rotary, qui faire de la petite prose cosmopolite, et que sais-je encore, jusqu'à ce que le verdict tombe: il n'y a pas de Canadiens français. Comme il n'y a d'humanité possible que dans l'appartenance à une ethnie/nation/race, les Canadiens français déchoient de l'humanité. Pis, ils l'insultent à sa face même: où qu'il tourne le regard, Groulx ne voit:

> «(...) que des Canadiens français comme il en circule trop dans la rue: êtres sans consistance, sans dignité, sans fierté, qu'on dirait d'aucune race, d'aucun pays, moqueries d'hommes qui sont une insulte à l'homme et d'abord une insulte à l'éducation catholique[62]».

Les mêmes dénonciations du capitalisme, de la démocratie, du parlementarisme et de la modernité entraînent les mêmes conclusions chez les autres locuteurs. La dictature économique d'un petit groupe d'étrangers, écrit Hermas Bastien de l'Action nationale, transforme les Canadiens français en déchets physiques et moraux qui encombrent des faubourgs où s'étalent toutes les lèpres. La démocratie qui divise le peuple et fomente la guerre civile, est appelée «esprit de parti» ou «partisannerie politique», et qualifiée de «plaie hideuse que nous portons au front et qui gangrène tout notre organisme[63]» par un Jeune-Canada. Elle a mené la nation loin «dans la décadence morale et la veulerie politique[64]», écrit un rédacteur du Devoir.

Sans rejeter la nation hors des rangs de l'humanité, tous s'accordent à dénoncer la trahison des leurs. Dans le charnier de la médiocrité où les Canadiens français achèvent de se putréfier, écrit Guy Frégault dans l'Action nationale, s'agitent les politiciens, personnages-vedettes du cirque parlementaire, «marionnettes soumises à l'action ténébreuse des puissances

de perdition», écrit Roger Duhamel dans la livraison de
l'Action nationale de septembre 1938. Et le peuple de
n'y voir que du feu, épris de «partisannerie politique» et
aveuglé par l'individualisme.

Le capitalisme, souvent dénoncé sous le vocable
de «trusts», est tout entier manipulé par l'Autre: l'A-
méricain, l'Anglo-canadien, le Syrien, le Juif. Ils sont
tout-puissants. Ils font danser peuple, politiciens, journaux. Mais très vite l'Autre s'incarne dans la figure du
Juif. André Laurendeau, des Jeune-Canada, avertit
dans les pages du Devoir:

> «L'action du trust, c'est-à-dire du capital étranger, se fait
> sentir partout. Le trust est maître à Ottawa. Il est maître
> à Québec. L'heure n'est pas aux tergiversations. Que l'on
> craigne l'indignation, la colère d'un peuple qui sort de sa
> profonde léthargie. (...) un jour, on fera ici des trustards
> ce qu'on a fait des Juifs en Allemagne. On les boutera de-
> hors. Et tant pis s'ils ne se relèvent pas indemnes outre
> quarante-cinquième[65].»

Anatole Vanier, de l'Action nationale, s'émeut, en
septembre 1933, du sursaut de l'Allemagne nouvelle
qui est en germe partout où les Juifs sont considérés
comme envahissants. «Et où, peut-on se le demander,
sont-ils jugés autrement?», demande-t-il.

Le Traître ne rôde pas bien loin, en la personne de ce
peuple sans conscience nationale qui enrichit le cinéma juif, la finance juive. La latitude accordée au Juif
pour agir à sa guise a multiplié le nombre de traîtres,
déclare Lambert Closse: «Il faut le reconnaître, nous
les avons toujours traités [les Juifs] comme quantités
négligeables et inoffensives: c'est pourquoi nous avons
chez nous un si grand nombre de traîtres[66].»

Les lignes de force du délire emportant le Traître et
le Juif dans une même spirale de haine sont posées. La
violence, la grossièreté des propos sur les Juifs, leur ca-

ractère ordurier, constituent un véritable tout-àl'égoût idéologique qui laisse le lecteur pantois. Le Devoir, par exemple, emploie les qualificatifs suivants et la liste n'est pas exhaustive: métèques, circoncis, criminels, malades mentaux, rebuts des nations, Tartares infectés de sémitisme, malodorants — ils empestent l'ail —, habitant des ghettos pouilleux, arborant des chevelures luisantes et des poitrines ballottantes, pourvus de gros nez crochus et sales. Très sales même. «Nuremberg a dû commencer par décréter le bain obligatoire pour les Israélites, mais ayant découvert qu'ils y prenaient goût, car tout change, même les mœurs de race les plus fortement marquées, elle ordonne aujourd'hui à sa police: Otez-y le bain, ils aiment ça[67]!»

Je suis interloquée de ce que l'on ait pu affirmer que Le Devoir n'avait jamais tenu à l'endroit des Juifs un langage offensant ou fait usage d'épithètes insultantes, que le français des leaders de la communauté juive était trop imparfait pour qu'ils puissent juger de ce qui s'écrivait dans Le Devoir, et que les préoccupations éthiques nuancées de ce dernier, couplées à sa facture relevée, le mettait hors d'atteinte des pauvres immigrants juifs de Montréal[68]. Lorsque les dirigeants du Congrès juif canadien dénonceront l'antisémitisme du Devoir, c'est qu'ils comprendront très bien la teneur de ce qui s'écrit dans ses pages. Plus exactement, de ce qui s'étale en première page. Des 1007 articles du Devoir amassés pour cette recherche, 800 concernent les Juifs et ils apparaissent presque tous en première page. L'antisémitisme du Devoir n'est ni discret, ni honteux: il s'affiche à la vue de tous. Seule la campagne d'Achat chez nous et la polémique qu'elle déclenche avec H.M. Caiserman, secrétaire général du Congrès juif canadien en 1935, sont reléguées en pages 6 ou 8, encore qu'elles fassent l'objet de quelques éditoriaux signés par Omer Héroux.

Les articles sur l'Achat chez nous sont intéressants, entre autres, en ce qu'ils reprennent un préjugé grossier, qui a, par la suite, tenu d'explication à l'attitude de ce courant nationaliste envers les Juifs. Puisque les Juifs et les anglophones, comme chaque groupe ethnique du reste, achètent exclusivement chez les leurs, il est temps que les Canadiens français, malheureuse exception à la règle, en fassent autant. Et certains de disserter doctement sur l'admiration qu'auraient nourrie Groulx et consorts pour la solidarité admirable des Juifs. Des phrases telles: «Mais les Juifs auraient inventé la politique d'Achat chez nous que j'en serais le dernier surpris. (...) Car à Berlin, comme à Paris, à Londres ou à Montréal, on trouve des centaines et des milliers de marchands juifs qui vivent et s'enrichissent grâce à la population autochtone et jamais le contraire[69]» auraient pourtant dû les informer du caractère fictif et raciste de cette prétendue solidarité des Juifs à l'intérieur de la province.

Cette inébranlable solidarité prêtée aux Juifs et aux autres groupes ethniques, jamais prouvée du reste, n'est qu'une autre facette du racisme. Elle n'est que l'envers du mépris. Les Juifs deviennent un groupe d'une solidarité sans faille, animés par une volonté collective qui ne fléchit jamais. Ce Juif n'existe qu'en relation avec l'image du Traître, du Canadien français dépourvu de toute solidarité. Ainsi que l'écrit un Jeune-Canada: «Comment l'individualisme à outrance du Canadien français peut-il résister à une pareille puissance collective[70]?»

Étranger à toute nation, inassimilable, pire virus des traditions nationales et religieuses du Canada français, courroie de transmission du capitalisme et de la démocratie, ferment du communisme, le Juif que Groulx, l'Action nationale, les Jeune-Canada et Le Devoir désignent à la vindicte populaire n'est jamais assez terrible, assez terrifiante la menace qu'il représente.

Ils n'hésitent pas, d'ailleurs, à recourir au plus célèbre faux du 20ième siècle, les *Protocoles des Sages de Sion* (écrit en fait au 19ième siècle par un agent provocateur de la police secrète russe), pour convaincre les masses distraites de la réalité du complot juif mondial. J'ai en ma possession un livre intitulé *La réponse de la race. Le catéchisme national des Canadiens français*, signé du pseudonyme de Lambert Closse. Dédié à l'abbé Groulx, il comprend une préface d'Arthur Laurendeau, pilier de l'Action nationale. Il est assorti de textes de Georges Pelletier, le directeur du Devoir à partir de 1932 et de Fadette, qui signait la chronique féminine dans les pages du même journal, d'Esdras Minville et du père Papin Archambault, s.j., autres collaborateurs émérites de l'Action nationale, sans oublier, bien sûr, Lionel Groulx lui-même. L'imprimatur du cardinal J.-M. Rodrigue Villeneuve, archevêque de Québec, daté du 8 mai, 1936, figure au tout début du livre, à côté d'une illustration de Jésus-Christ pointant du doigt son cœur resplendissant. Fait significatif entre tous, la maison d'édition du catéchisme national est passée sous silence[71].

Ce livre emprunte surtout la forme d'un catéchisme :

257. Comment doit-on considérer un enfant qui n'aime pas sa mère ?
C'est un monstre.
258. Et celui qui n'aime pas sa patrie ?
C'est un monstre national.

259. Quest-ce que la patrie pour un Canadien français?
C'est une mère[72].

La dernière partie, consacrée à «nos ennemis» (p. 506-539) et signée du pseudonyme de Lambert Closse, contient de larges extraits des Protocoles des Sages de Sion, y compris les 22 résolutions par lesquelles les Juifs entendent dominer le monde. Voici quelques-unes de ces résolutions:

1. Corrompre la jeune génération par des enseignements subversifs.

2. Détruire la vie de famille.

3. Dominer les gens par leurs vices.

17. Accorder le suffrage universel, afin que les destinées des nations soient confiées à des gens sans compétence.

19. Abolir toute forme de constitution afin d'y substituer le despotisme absolu des bolchévistes.

22. Préparer l'agonie des États; épuiser l'humanité par les souffrances, les angoisses et les privations, car LA FAIM CRÉE DES ESCLAVES.

8. Empoisonner les esprits par des théories néfastes; ruiner le système nerveux par le vacarne[sic] incessant et affaiblir le corps par l'inoculation de diverses maladies.

À propos de maladies, on apprend que:

«Comme l'on ne semblait pas réussir le «Protocole» n° 2, "détruire la vie de maille[sic] par les enseignements du libéralisme", on décida d'employer les "grands moyens". La police saisit dans les laboratoires, chez les juifs, des bacilles de microbes, germes de maladies vénériennes, que l'on appliquait sur des serviettes sanitaires. Est-ce assez criminel[73]?»

La perfidie des Juifs étonne bien que nous connaissions déjà le commandement du Talmud qui veut que

«7. Le juif n'est pas tenu de respecter les femmes chrétiennes[74].»

La franc-maçonnerie est un autre paravent des noirs desseins des Juifs, que Lambert Closse désigne sous le vocable de «judéo-maçonnerie» et qui avait infiltré l'Institut canadien au siècle dernier[75]. La franc-maçonnerie ayant bos dos, il lui rattache aussi les clubs Rotary[76], «où l'on voit jusqu'à des prêtres catholiques, fanatiques du Rotarisme, se tutoyer, s'appeler par de nouveaux noms convenus et échanger de nouveaux serments qui se superposent dans leur esprit aux promesses de baptême et à leurs engagements sacerdotaux[77].»

Qui se cache derrière le pseudonyme de Lambert Closse ? Les pseudonymes québécois colligés par M. Bernard Vinet indiquent que l'abbé Jean-Baptiste Beaupré aurait utilisé le pseudonyme de Lambert Closse[78]. L'information est exacte. L'obscur abbé a rédigé deux inoffesives monographies de paroisses en se dissimulant derrière l'identité d'un contemporain de Dollard des Ormeaux. Je ne crois pas, cependant, qu'il soit l'auteur de *La réponse de la race*. Il n'avait pas ses entrées parmi le gratin ultra-nationaliste de l'époque et il serait pour le moins étrange qu'il ait accompli le saut quantique des monographies de paroisses à la rédaction en collaboration d'un catéchisme national de 539 pages. Il pourrait bien s'agir de Lionel Groulx bien que je ne puisse le prouver pour le moment. Car ce livre est on ne peut plus mystérieux. Parmi les bibliographies consacrées au prolifique chanoine et celles accompagnant les études sur le nationalisme des années trente, une seule mentionne *La réponse de la race* sans toutefois lui en atttribuer la paternité. Mais, qu'importe, cet ouvrage est collectif et tous ceux qui ont participé à sa rédaction en porte la responsabilité.

Deux rédacteurs du Devoir ont aussi fait un abondant usage de pseudonymes. Il vaut la peine de les mentionner car on retrouve fréquemment leurs signatures :

Paul Anger : Louis Dupire
Pierre Kiroul : Georges Pelletier
Jean Labrye : Georges Pelletier
Le Grincheux : Louis Dupire
Nemo : Louis Dupire
Nessus : Louis Dupire
Pamphile : Georges Pelletier
Paul Poirier : Georges Pelletier.

Pour en revenir au caractère fictif et terifiant de la figure symbolique juive, il existerait une telle chose, selon Le Devoir, que «la finance judéo-américaine à sympathies bolchévisantes[79]», avec le support de laquelle «les Juifs règnent en Russie comme à Hollywood[80]». Communiste et capitaliste, démocrate et dictateur, le Juif ne nourrit qu'une seule ambition: «Les Israélites aspirent — tout le monde sait cela — au jour heureux où leur race dominera le monde. Ils ne sont d'aucun peuple, mais ils sont de tous les pays; partout, par la puissance que communique l'argent, ils dirigent la politique jusqu'au jour où, par un vivant sursaut, le peuple s'en délivre et les dépouille[81].»

La finance et la presse internationales, les gouvernements de toutes obédiences politiques tombent sous l'emprise juive. Hitler aura fort à faire dans la guerre ouverte qu'il mène au Juif, soupire Paul Anger du Devoir:

«Hitler, en s'attaquant au Juif, s'est attaqué à la plus formidable puissance de mensonge au monde: car les Juifs contrôlent non seulement des journaux dans toutes les villes importantes du monde entier, mais aussi de nombreuses agences de presse qui sont comme les artères de l'information[82].»

Le cinéma, la mode vestimentaire, la publicité sont aussi l'œuvre du Juif. Le jazz possède cette double tare d'être nègre et sémite: le jazz «...qui est d'invention nègre. Plus tard, il fut modifié par des auteurs américains, notamment le Juif Berlin. C'est donc un cocktail de nègre et de sémite. Je n'aime pas moi non plus, cette cuisine[83].»

Le délire, lassant, ne lasse jamais ceux qui l'énoncent. Dans ce labyrinthe dessiné par la haine, défiant toute raison et toute logique, ils naviguent parfaitement à l'aise, démontrant l'assurance de ceux qui ne doivent rien ni à la réalité, ni à la vérité. L'hydre juive enserre la province de Québec comme elle le fait pour le reste de la planète. Le Québec ploie sous une dictature commerciale juive, en vertu de ce que Groulx appelle «l'internationalisme juif». Cet internationalisme, rappellera un jour l'Action nationale, n'est pas le fait de la religion ou de la nationalité juive, mais bel et bien d'un «esprit»juif. Un Juif sans les Juifs, quoi! Ce qui est, quand on y réfléchit deux secondes, la caractéristique de l'antisémitisme.

Le Juif, c'est aussi la démocratie honnie. Les deux circonscriptions de l'île de Montréal représentées au Parlement provincial par des députés de religion juive, Saint-Laurent par Josef Cohen et Saint-Louis par Peter Bercovitch, deviennent «des fiefs électoraux juifs», des incarnations de «l'esprit de parti», de la démocratie néfaste aux intérêts de la nation. Il est cependant intéressant d'apprendre, par l'entremise du Devoir du 14 décembre 1935, que les fiefs électoraux juifs, bastion et fleuron de l'esprit de parti, sont en réalité habités par des électeurs bons canadiens-français et bons chrétiens! Ainsi, indifférente au complot juif mondial, aveugle et sourde au péril imminent, une majorité de «pure laine» élit deux députés du camp ennemi...

Le Juif, c'est la Ville, c'est Montréal, dont il pourrit des quartiers entiers et dont il encombre les tramways. Comme le Traître, ses gestes les plus triviaux deviennent autant de crimes.

Même son «intégration», pour reprendre un terme à la mode, est porté à son passif. Quoi qu'il fasse, il est vilipendé. Aaron Hart, citoyen émérite de Trois-Rivières, est ainsi décrit par André Laurendeau:

> «Ce petit Juif, dont on imagine les allures obliques, les roulements de tête et les gestes verbeux, avait le génie du négoce. Non content de ravir aux Trifluviens de haute gomme leurs domaines avec leurs pécules, il gagna parfois leur estime par-dessus le marché. Les religieuses Ursulines, notamment, ne parlaient jamais sans respect de ce bon M. Hart. Lui, pendant ce temps, des calculs sans nombre s'élaborent dans sa tête, il a les prévisions, le flair, les lenteurs arachnéens, -puis, après une passe savante, le coup d'éclat, comme l'adversaire assuré d'avoir esquinté son ennemi et qui l'ayant cerné, lui assène brusquement le coup de mort[84].»

C'est là que le bât blesse. «Les hommes ont peur du Même, et là est la source du racisme», écrit Jean-Pierre Dupuy[85]. La caricature faite du Juif avec son gros nez et ses doigts crochus, sa puanteur et sa malhonnêteté, sa criminalité et sa rouerie, vient précisément de la frayeur que son invisibilité inspire. Le Juif est un martien qui pousse la perfidie jusqu'à ressembler à tout le monde. Un vent de panique circule dans la salle de rédaction du Devoir à l'idée que des citoyens juifs parlent le français et francisent leurs noms. «Si M. Horowitz veut changer de nom, qu'il ait au moins (...) la décence de prendre un nom de son groupe ethnique, et qu'il n'essaie pas d'usurper le nom porté depuis tant de générations par des Canadiens français», écrit Omer Héroux dans Le Devoir du 18 octobre 1937. Gratien Gélinas, dans l'Action nationale du mois de mai 1935, s'indigne de ce que la maîtrise du français par les Juifs trompera un public naïf et fier de ce qu'on lui parle dans la langue de Dollard des Ormeaux.

Ce n'est pas la «différence», arbitrairement décrétée, qui les irrite, c'est son absence radicale. Elle doit être maintenue à tout prix. Si les Juifs parlent français et abandonnent le patronyme de Goldenberg pour adopter celui de Godbout, comment les reconnaîtra-t-on? Quel but visait le port de l'étoile jaune, si ce n'est d'identifier celui qui se fond dans la masse? Les antisémites européens reprocheront toujours à la démocratie d'avoir aboli tout signe visible de reconnaissance du Juif.

Un profond nihilisme ressort de tout ce discours sur le Traître et le Juif. Ils déambulent tous deux dans un univers de miasmes et de pourriture. À ce monde marqué par la putréfaction, Groulx oppose un projet utopique d'une pureté absolue, inspiré du millénarisme fasciste. «Les esprits faibles qui croient à la démocratie comme ils ne croient ni à l'Église ni au Christ, n'éprouvent qu'horreur pour le fascisme, quelque forme qu'il revête. Il n'empêche que certains peuples sont bien heureux, qui, à cette heure, retrouvent par cette forme politique, la plus magnifique renaissance[86].» En 1935, Esdras Minville, au nom de l'Action nationale, y va d'un long article admiratif sur le national-socialisme allemand qu'il propose en modèle à son mouvement. Le Juif exclu, déporté, parqué dans des ghettos, privé de droits politiques, le Traître passé au laminoir de la rééducation, les Canadiens français redeviendront, s'ils le veulent, s'écrie Groulx, des surhommes et des dieux[87].

Ce livre représente une version allégée de ma thèse de doctorat en science politique intitulée «Antisémitisme et nationalisme d'extrême droite dans la province de Québec 1929-1939». Les lecteurs intéressés à lire l'ensemble de la démonstration devront se référer à l'original, déposé à la bibliothèque de l'Université Laval. À dessein, la nouvelle version comporte encore un grand nombre de citations. Je ne pouvais rendre, dans mes propres mots, la force de la haine exprimée. La lecture peut sembler répétitive. Mais le délire n'est-il pas une longue répétition? L'ordre des thèmes abordés aurait pu être différent. J'ai tenté, tant bien que mal, de tisser une logique ténue à travers un discours tautologique et délirant.

Les œuvres de Lionel Groulx, publiées ou rééditées de 1929 à 1939, les numéros de l'Action nationale paraissant de janvier 1933 à janvier 1940, les Tracts et les Cahiers des Jeune-Canada et tous les numéros du Devoir de 1929 à 1939 ont été intégralement dépouillés. Les trois premières sources ont été retenues dans leur entièreté, tandis qu'étaient retenus, pour fins d'analyse, 234 articles de l'Action nationale et 1007 articles du Devoir. La méthodologie employée a été celle de l'analyse de contenu.

Références

1. Cité dans: Léon Poliakov: *Bréviaire de la haine.*, Bruxelles, Éditions Complexe, 1986, p.XXII-XXIII

2. Lionel Groulx: *Notre maître le passé.*, Ottawa, Éditions internationales Alain Stanké, 1977, tome 2, pp...276-277, (Coll. «Québec» 10/10)

3. Jean-Pierre Wilhelmy: *Les mercenaires allemands au Québec du XVIII siècle et leur apport à la population.*, Belœil, Maison des mots, 1984, pp...196-197.

4. *Ibid.*, p.197

5. Richard Handler: *Nationalism and the Politics of Culture in Quebec*, Madison, The University of Wisconsin Press, 1988, p.69

6. Lionel Groulx: *La naissance d'une race.*, Montréal, Bibliothèque de l'Action française, 1919, p.26

7. Lionel Groulx: *op. cit.*, p.258

8. Jean-Pierre Gaboury: *Le nationalisme de Lionel Groulx. Aspects idéologiques.*, Ottawa, Éditions de l'Université d'Ottawa, 1970, p.106

9, Gustave LeBon: *Lois psychologiques de l'évolution des peuples.*, pp.60-61. Cité dans: Alonié de Lestres: *L'appel de la race.*, Montréal, Fides,1976, p.131

10. Alonié de Lestres: *L'appel de la race.*, Montréal, Fides,1976, p.130

11. Lionel Groulx: *La naissance d'une race*, p.42

12. *Ibid.*, pp...56-57

13. *Ibid.*, pp....55-56

14. *Ibid.*, p.63

15. *Ibid.*, p.55

16. *Ibid.*, p.197

17. Jean Éthier-Blais: «Regard sur une époque révolue», *Le Devoir*, 28 mars 1992, p.D1

18. *Ibid.*

19. Lionel Groulx, «Notre destin français.» *Action nationale*, p.134

20. Lionel Groulx: *Orientations.*, Montréal, Les Éditions du Zodiaque,1935, p.204

21. *Ibid.*, p.203

22. *Ibid.*, p.256

23. Pamphile: Carnet d'un grincheux, *Le Devoir*, 2 février 1934, p.1

24. Pamphile: Carnet d'un grincheux, *Le Devoir*, 3 février 1934, p.1

25. Cyrille Felteau: *Histoire de La Presse.*, Tome 1: *Le livre du peuple*, 1884-1916, Montréal, Les Éditions La Presse, p.191

26. Paul Anger: «Ainsi parlait Abraham...» *Le Devoir*, 4 août 1934, p.1

27. Pamphile: Carnet d'un grincheux, *Le Devoir*, 16 janvier 1934, p.1

28. Le Grincheux: Carnet d'un grincheux, *Le Devoir*, 28 mai 1936, p.1

29. Paul Anger: «Faites-vous ceci?» *Le Devoir*, 12 avril 1933, p.1

30. Pierre-Philippe Gingras: *Le Devoir.*, Montréal, Libre Expression, 1985, p.101

31. *Ibid.*, p.112

32. Guy Frégault: *Lionel Groulx tel qu'en lui-même,*. Montréal, Leméac, 1978, p.25

33. «Les étudiants étrangers à l'Université», *Le Devoir*, 9 septembre 1933, p.3

34. Everett C. Hughes: *Rencontre de deux mondes.*, Montréal, Boréal Express, 1972, pp....376-377.

35. *Le Devoir*, 26 janvier 1934, p.1

36. Pamphile: Carnet d'un grincheux, *Le Devoir*, 20 janvier 1934, p.1

37. Jacques Langlais et David Rome: *Juifs et Québécois français. 200 ans d'histoire commune.*, Montréal, Fides, 1976, Coll. «Rencontre des cultures», p.172

38. Richard Jones: *L'idéologie de l'Action catholique (1917-1939)*, Québec, Presses Universitaires de Laval, 1974

39. Jean-Pierre Gaboury: *op. cit.*, p.31.

40. André-J. Bélanger: *L'apolitisme des idéologies québécoises. Le grand tournant 1934-1936.*, Québec, Presses de l'Université Laval, 1974, p.263

41. Gérald-Adélard Fortin: *An Analysis of the Ideology of a French-Canadian Nationalist Magazine: 1917-1954. A Contribution to the Sociology of Knowledge.*, Ph.D. Thesis, Cornell University, June 1956, p.52; Susan (Mann) Robertson: *L'Action française. L'Appel à la race.* Thèse de doctorat, Février 1970, Université Laval, pp....127-128; Mason Wade: *Les Canadiens français de 1760 à nos jours.*, Ottawa, Cercle du livre de France, 1963, tome 2, p.313

42. Susan Robertson: *op. cit.*, p.286

43. *Ibid.*, p.305; Victor Teboul: *Antisémitisme: mythes et images du Juif au Québec.*, dans: Voix et images du pays., Montréal, Presses de l'Université du Québec, 1980, no.4., p.106

44. Susan Robertson: *op. cit.*,p.52

45. *Ibid.*, p.50

46. Pierre-Philippe Gingras: *Le Devoir*, Montréal, Libre Expression,, 1985, p.82

47. Michael Kelway Oliver: *The Social and Political Ideas of Fench Canadian Nationalists 1920-1945.* Ph.D. Thesis, September 1956, McGill University, p.282; Gérald A. Fortin parle de xénophobie: Gérald A. Fortin: *op. cit.*,p.189

48. «*Behind the general attitude to politics was a moral distate for democracy. Abbé Groulx admitted that part of his disdain for democracy had originated in his reading of Charles Maurras. Even when perusing Maurras':*«L'avenir de l'intelligence» *in the late 1920's. Groulx noted his argument to a quotation from Auguste Comte:* «(...) j'ai toujours représenté la souveraineté du peuple comme une mystification oppressive et l'égalité comme un injuste mensonge.» Susan Robertson: *op. cit.*, p.310-311; Jean-Pierre Gaboury: *op. cit.*, p.141 et p.143.

49. Jean-Pierre Gaboury: *op. cit.*, p.151

50. *Ibid.*

51. Pierre Sorlin: *La Croix et les Juifs.*, Paris, Grasset, 1967, p.217

52. Michel Herszlikowicz: *Philosophie de l'antisémitisme.*, Paris, Presses Universitaires de France, 1985, p.17

53. André Laurendeau: *Partisannerie politique:* dans: Les Jeune-Canada: *Politiciens et Juifs.*, p.62.

54. Léon Poliakov: *Histoire de l'antisémitisme.*, Paris, Calmann-Lévy, 1981, Coll. «Pluriel», tome 2, p.63

55. Colette Peter-Capitan: *Charles Maurras et l'idéologie d'Action française.*,Paris, Éditions du Seuil, 1972, coll. «Esprit»

56. Lionel Groulx: *Directives*, p.20

57. *Ibid.*, pp...233-234

58. *Ibid.*, p.100

59. Lionel Groulx: *Orientations*, p.23

60. André Marois (pseudonyme de Lionel Groulx): «Réforme d'un parti ou réforme d'une politique.», Le Devoir, 20 septembre 1932, p. 1; Lionel Groulx: Notre maître le passé., tome 1, p.237

61. Lionel Groulx: Notre maître le passé., tome 1, p.10

62. Lionel Groulx: Directives., pp...173-174

63. Thuribe Belzile; Nos déficiences, conséquences, remèdes. Tract Jeune-Canada, no.4, Montréal, mai 1935, p.20.

64. Paul Anger: «Les Jeune-Canada», Le Devoir, 14 novembre 1933, p.1

65. André Laurendeau; «Le trust, danger social et national», Le Devoir, 14 novembre 1933, p.2

66. Lambert Closse: op. cit., p.515

67. Paul Anger: «Quand Israël se baigne», Le Devoir, 8 août 1933, p.1

68. Pierre Anctil: Le Devoir, les Juifs et l'immigration. De Bourassa à Laurendeau., Québec, Institut québécois de recherche sur la culture, 1988, p.73, p.98 et p. 24.

69. Clarence Hogue: «Politique de suicide», Le Devoir, 6 juillet 1935, p.8

70. René Monette: Commerce juif et commerce canadien-français., dans: Les Jeune-Canada, Politiciens et Juifs., p.47

71. Lambert Closse : La réponse de la race., 1936.

72. Ibid., p.265

73. Ibid., p.527

74. Ibid., p. 509

75. Ibid., pp. 528-532

76. Ibid., pp. 535-537

77. Ibid., pp. 535-536

78. Bernard Vinet : Pseudonymes québécois., Québec, Éditions Garneau, 1974, p. 51

79. Paul Poirier: «Un surhomme», Le Devoir, 22 avril 1935, p.1

80. Paul Anger : «Si vis pacem...», Le Devoir, 31 janvier 1935, p. 1

81. André Laurendeau: Partisannerie politique, op. cit., p.62

82. Paul Anger: «Mme Blaschke», Le Devoir, 16 mai 1933, p.1

83. Paul Anger: «Le jazz, c'est le jaunisme musical», *Le Devoir*, 7 février 1930, p.1; Le jazz est une musique de nègre: Paul Anger: «Le musicien», *Le Devoir*, 20 octobre 1932, p.1

84. André Laurendeau: «Histoire d'un petit juif», *Action nationale*, (mars 1939), p.271

85. Jean-Pierre Dupuy: *Rôle de la différenciation dans les structures sociales.*, cité dans: Pierre-André Taguieff: *La force du préjugé. Essai sur le racisme et ses doubles*. Paris, Éditions La Découverte, 1988, p.163

86. André Marois (pseudonyme de Lionel Groulx): «Pour vivre», *Action nationale* (mai 1937), p.311

87. Lionel Groulx: *Orientations*, p.113

Chapitre 2

Nationalisme, racisme et antisémitisme

«Qu'il s'agisse des antiques rumeurs chrétiennes, des spéculations scientifiques modernes ou du climat politique des années 1917-1923, l'Occident tout entier a préparé le terrain à l'instauration d'un État raciste. À la faveur de l'universelle horreur suscitée par les crimes hitlériens, cette responsabilité a été occultée ou du moins minimisée[1].»

LIONEL GROULX N'EST PAS l'aimable historien du terroir aux égarements passagers et sans conséquences dépeint par certains. Son idéologie, et celle du mouvement qu'il inspire, s'inscrivent dans la mouvance des bouleversements intellectuels et politiques qui agitent et disloquent l'Europe de la fin du 19ième au mitan du 20ième siècles. Certains termes naissent, d'autres se chargent de significations nouvelles, des mythes, des symboles et des traditions inédites s'imposent.

L'irruption du terme «antisémitisme» dans le lexique politique européen indique une première fracture dans une perception du monde dominée jusqu'alors par la théologie chrétienne. Il apparaît vers les années 1880, au moment où, en Allemagne et en France, se déclenchent des campagnes de propagande antijuive[2]. Le 19ième siècle n'avait-il pas vu s'affirmer la catégorie «races», au nombre desquelles figurent les «Sémites», désignés auparavant sous le vocable de «Juifs»? Ainsi, explique Colette Guillaumin:

«À partir du 19ième siècle tout change, la race devient une catégorie intellectuelle et perceptive prioritaire. Le terme «race» lui-même acquiert le sens de groupe humain en quittant le sens plus étroit de lignée. Au demeurant, il était auparavant un terme de classe dont on aurait peu songé à recouvrir le peuple dont l'obscurité ne pouvait se parer de tel prestige. Mais surtout, il y a alors naissance des termes spécifiques à ce que nous considérons actuellement comme des races[3].»

De cette floraison de termes spécifiques:

«Sémitique est le premier né, relativement ancien, 1836: il désigne le groupe des langues sémitiques; pour le moment, il n'a aucune connotation raciale. «Sémite» est le second, il apparaît en 1845 et désigne le caractère «racial». «Sémitisme» marque l'étape suivante, il est le mot de la «racialisation» d'une race, l'entrée dans l'univers mental du trait particulier censé caractériser cette dernière(1862). Enfin le mot qui prolonge l'escalade, qui est l'aboutissement de la conduite mentale qui fait de la race une notion «fermée». Il est l'enfant du précédent: «antisémitisme» entre dans la langue en 1889[4].»

De Juifs à Sémites, le concept de race a redessiné le genre humain selon des frontières aussi morcelées qu'infranchissables. Le Sémite est doté de caractéristiques immuables, gravées à l'intérieur de sa personne, qu'aucun rituel, religieux ou autre, ne saurait effacer. Pareille secousse sismique ne s'est évidemment pas accomplie en quelques décennies. Déjà le Siècle des Lumières avait classifié et divisé le genre humain selon des critères morphologiques, comme en témoignent les travaux de Buffon et de Linné, qui faisaient écho à l'exploration de l'Afrique et à la découverte de l'Amérique. Le 18ième siècle avait aussi affirmé la prééminence des généalogies nationales sur la généalogie universelle qui reliait tous les hommes à Adam. Dans le sillon de la Révolution française (1789-1815), s'étaient imposé dans la majorité des pays européens de nouveaux mythes — dont celui, fondamental, des origines — de nouveaux symboles (drapeau, flamme sacrée, hymne national) qui affirmaient l'existence des nations et qui, de ce fait, asseyaient la légitimité encore bancale de l'État-nation. On cessa d'être l'enfant de l'Homme pour devenir celui de sa race, de sa nation ou de son ethnie.

Mais il faut attendre le 19ième siècle pour que la rupture d'avec la pensée théologique soit consommée. La chute d'Adam signale celle du sacré qui, auparavant, avait rendu compte de la diversité humaine. L'humanité bigarrée, colorée, diverse, polyglotte, devient un fait de Nature et est disséquée par la Science après avoir été l'objet d'écrits érudits de la part de théologiens[5]. Un pas décisif vient d'être franchi, puisque le déterminisme essentialiste postulé par le racisme trouve son point de départ dans cette «logie» interne de l'hétérogénéité humaine[6]. Comme l'écrit Colette Guillaumin: «Le sentiment d'une différence d'essence intervient dès lors que la question de l'autre se pose en fonction de l'humanité et non plus de la dépendance divine[7].» L'âme est devenue une essence gravée dans le corps, indéfinie, indéfinissable, permanente et irréversible.

Désormais, la race supplante à la fois la volonté divine et l'idée de progrès, chère au Siècle des Lumières, en ce qu'elle devient la clé de voûte expliquant l'histoire universelle. Tous les événements, grands et petits, s'expliquent par l'existence des races et par leurs caractéristiques socio- et psycho-logiques transmises héréditairement. Le passé devient compréhensible et le futur prévisible. Autrement dit, elle devient pour certains la base d'une nouvelle cosmogonie[8].

Arthur de Gobineau, dans son livre *Essai sur l'inégalité des races humaines* (1855) présente la première d'une longue série de ces cosmogonies raciales en plus d'assembler des idées répandues à l'époque. Mais la rupture d'avec la théologie chrétienne n'est peut-être pas aussi complète que Gobineau l'aurait souhaitée. Il émet l'idée, courante à cette époque, d'une humanité se divisant en trois races: blanche, jaune et noire, qu'il hiérarchise dans cet ordre. Ce faisant, «...il reprenait l'antique généalogie biblique tout en lui assignant une signification nouvelle[9]». Son apport le plus important «est d'avoir postulé que la question raciale est la plus importante de l'histoire universelle (...). La distinction opérée par lui entre races supérieures et races infé-rieures suffisait à expliquer le cours de l'histoire, dans laquelle les Arians occupaient une place prééminente[10].» Il soutenait aussi que la disparition des grands empires s'expliquait par le métissage des popu-lations et que ce n'était qu'une question de temps avant que l'Europe ne connaisse le même sort[11]. Sa pensée demeure aussi révélatrice en ce «qu'elle repré-sente de façon exemplaire la confusion entre le fait so-ciologique et le fait biologique qui marque les 19ième et 20ième siècles[12]».

Que le comte de Gobineau défende l'existence de races dotées de sangs aussi différents qu'incompatibles — d'où le péril du métissage — tout en s'inspirant de la généalogie biblique n'étonne guère, puisque, dans le domaine des idées, le phénomène de la «tabula rasa», l'ambition de faire table rase du passé demeure une il-lusion. Il peut y avoir rupture sur un front accompa-gnée d'une réinterprétation d'idées, de légendes, de mythes glanés dans le passé.

La voie à suivre étant tracée, Gobineau ne manquera pas de successeurs qui broderont de nombreuses varia-tions sur le même thème. Tant et si bien qu'à la fin du 19ième siècle, le concept de «race» est largement accep-té dans les milieux intellectuels européens[13].

Dans le sillage du célèbre comte, qui n'en était pas un du reste, Groulx entrelace sa cosmogonie raciale de références bibliques. Dieu préside à la naissance des races, écrit-il: «De tous les événements qui retiennent l'attention de Dieu, aucun, sans doute, n'a plus de prix que la naissance des races et des peuples, vastes organisations spirituelles si fortement engagées dans les plans divins[14].» La diversité des races obéit aussi à un dessein divin[15], et si ces dernières guerroient entre elles, c'est qu'elles portent la marque du péché originel: «Écartons tout optimisme chimérique. Aussi longtemps que l'humanité portera la tare originelle, les luttes de races resteront des phénomènes inévitables[16].» La Providence a voulu la déportation des Acadiens, la Conquête de 1760[17], ainsi que les mille périls qui ont secoué la Nouvelle-France avant la défaite de l'armée française sur les Plaines d'Abraham[18]. La valeureuse colonie n'aura pas subi en vain le baptême du feu, la Providence exigeant ce tribut pour qu'«un type humain commence d'exister: disons le mot, une race supérieure monte à la vie[19]». On entend ici l'écho assourdi de la division de l'humanité entre races supérieures et races inférieures, pierre angulaire de toutes les cosmogonies raciales. Mieux qu'une race supérieure, s'enhardit le chanoine, que l'optimisme recouvré rend téméraire: les Canadiens français sont une race élue: «Dieu nous a marqués au front du signe des races élues[20].»

Si Dieu a créé et voulu les races, celles-ci croissent et se développent selon les lois de l'univers physique, écrit Groulx, devenu historien-botaniste pour les besoins de la démonstration:

> «Tous les philosophes ou psychologues l'admettent: le milieu national dispose d'une puissance en quelque sorte génératrice. Il crée une variété humaine, comme le sol, le

climat créent des variétés biologiques. Il ébauche en nous des prédispositions psychologiques, nous prédestine à des façons de sentir, de penser et d'agir, façonne à un peuple son originalité collective[21].»

Quand Groulx écrit que le mot race représente «un ensemble de faits physiques», mais qu'il englobe aussi «des amalgames de faits psychiques et de faits sociaux[22]», il énonce, avec une économie de mots inhabituelle chez lui, la confusion entre fait sociologique et fait biologique, qui hante la pensée occidentale jusqu'à nos jours.

Culture, nation, race: peu importe la terminologie employée, l'idée d'une transmission biologique de caractéristiques psycho- et socio-logiques est constamment réaffirmée:

«Observez en même temps que cette action du *milieu culturel* agit en nous, pour une bonne part, sans nous. Par cela seul que nous sommes de telle *nation*, nous naissons avec des prédispositions psychologiques; un certain déterminisme pèse déjà sur nous. Par notre naissance, par *le sang que nous portons dans nos veines, par les hérédités dont notre être est chargé*, **nous sommes prédestinés à certaines façons de penser et d'agir[23].**»

Àce chapitre, Groulx est encore le digne fils de son temps. En effet, à partir du 19ième siècle, les termes race et nation tendent à se recouper. La nation est comprise comme une division naturelle de l'espèce humaine, voulue par Dieu, et dont les citoyens doivent protéger la pureté[24]. Les nationalismes qui s'affirment au lendemain des guerres napoléoniennes et la linguistique viennent unir encore plus étroitement le nationalisme et l'idée de la subdivision de l'Europe en races distinctes[25].

Les concepts de «nation» et de «race» s'apparentent encore du fait qu'ils reposent tous deux sur un même principe d'exclusion[26] — aucune race/nation n'existant sans sa contrepartie négative. Plusieurs auteurs, nous rappelle Jacques Zylberberg, ont tiré des conclusions similaires: «De Simmel à Coser, de Poliakov à Girard, de Guillaumin à Delumeau, de Weber à Faye, de nombreux ouvrages nous ont montré que la construction et l'intégration des sociétés civiles passaient par la production d'un nous chauvin ou sectaire, unifié par la peur de l'autre, présenté comme une menace interne ou externe à l'ordre social[27].» De plus, nation et race en appellent à un mythe des origines afin de légitimer leur existence et, partant, leurs revendications politiques, que ce soit un État ou un empire[28].

L'émancipation des Juifs, c'est-à-dire l'abolition des restrictions juridiques, légales et politiques héritées du Moyen-Age et de l'Ancien Régime, est survenue justement au moment où l'État-nation devenait l'unité politique fondamentale en Europe[29]. La place des Juifs dans la société ne relève donc plus de prescriptions théologiques mais bien de critères idéologiques. Leur inclusion dans la nation sera toujours, au mieux, incertaine et temporaire[30].

L'exclusion de plusieurs groupes de la nation transparaît aussi dans la sémantique: en Allemagne, par exemple, avant 1871, le concept de nation désigne ceux qui prônent l'unité nationale et il exclut les pouvoirs féodaux qui s'y opposent. Après que Bismarck eût vaincu les forces libérales, le terme «nation» sera de plus en plus excluant: sociaux-démocrates en sont exclus, de même que les minorités linguistiques alsaciennes, polonaises, religieuses comme les catholiques allemands, dont on se méfie des liens avec l'Église de Rome et, évidemment, les Juifs[31].

Pour revenir à Lionel Groulx et à sa cosmogonie raciale, il prête au sang un pouvoir tel que le mélange des races entraîne des désordres mentaux importants chez les rejetons de ces unions infortunées, ainsi que le constate le héros de *L'appel de la race*, Jules de Lantagnac, alors qu'il est en proie à une féroce «reprise de l'instinct de race[32]», c'est-à-dire à un retour à ses origines canadiennes-françaises et catholiques, qu'il avait reniées pour épouser Maud Fletcher, une anglo-saxonne protestante.

> «Et maintenant voici qu'il découvrait chez deux de ses élèves [deux de ses enfants], il ne savait trop qu'elle imprécision maladive, quel désordre de la pensée, quelle incohérence de la personnalité intellectuelle: une sorte d'impuissance à suivre jusqu'au bout un raisonnement droit, à concentrer des impressions diverses, des idées légèrement complexes autour d'un point central. Il y avait en eux comme deux âmes, deux esprits en lutte et qui dominaient tour à tour. Fait étrange, ce dualisme mental se manifestait surtout en William et en Nellie, les deux en qui s'affichait le type bien caractérisé de la race Fletcher. Tandis que Wolfred et Virginia accusaient presque exclusivement des traits de race française[33].»

La grossièreté de l'intrigue et des personnages rendrait la lecture de ce roman presque comique, n'était-ce le souvenir des tragédies que pareilles fariboles ont nourries. Les Anglo-saxons, et les Irlandais «anglicisés», traîtres passés corps et âme à l'ennemi séculaire, ont le teint bilieux, le front bas, l'œil torve et sont bouffis de suffisance tandis que les Canadiens français, eux, affichent un teint clair, ont le front haut, un port de tête noble, le regard droit.

Ce qui est vrai des individus l'est a fortiori des nations/races/ethnies, ainsi que le soutient le père Fabien, qui est le guide spirituel/racial d'un de Lantagnac, attiré plus que jamais par le sang et le goupillon: l'ancienne noblesse canadienne ne devrait-elle pas sa déchéance «au mélange des sangs qu'elle a trop facilement accepté, trop souvent recherché? Certes un psychologue eût trouvé le plus vif intérêt à observer leurs descendants», lesquels descendants, pris de vertige, s'abandonnent au déshonneur et à la ruine[34]. La trahison du sang n'est-elle pas le premier geste que pose le Traître après la conquête, ainsi que nous le verrons au chapitre 4. Maintenir la pureté de la race est le premier commandement de la cosmogonie raciale de Groulx, qui reproduit fidèlement la voix de ses maîtres Barrès et LeBon, grands prêtres du sang identique à travers les siècles et de la déchéance des peuples aux sangs mêlés.

Car une fois tracés les contours philosophiques de sa théorie de la race, Groulx s'éloigne de Gobineau et donne dans un nationalisme d'extrême droite mâtiné de fascisme. Au thème du sang, il faut ajouter celui de la terre et des morts, qui est au cœur de l'œuvre de Maurice Barrès. Ce thème, proche du romantisme nationaliste allemand, n'est pas sans rappeler le mot d'ordre de l'Allemagne hitlérienne, lancé par Walter Darré: «Blut und Boden», le sang et la terre[35]. Groulx réunit les 3 thèmes en un seul. Après le sang, voici la terre et les morts:

> «Nous sommes liés, indissolublement liés à une portion de l'univers physique. (...) De la terre à nous s'exerce un déterminisme, non pas absolu, mais considérable. Comme le passé, comme l'histoire, le pays est notre maître. L'on est le fils de sa terre, comme on l'est de sa race, de son temps.(...)La terre de nos morts devient, à sa façon, une page, une immense page d'histoire[36].»

L'ensemble des hérédités que nous tenons de nos ancêtres, explique Groulx dans *Directives*, «tout cela commande, souvent à notre insu, le plus grand nombre de nos réflexes et de nos gestes. Que dis-je? Nous avons, dans l'échine, la gélatine ou le cran de nos aïeux[37].» Le déterminisme conjugué du sang, de la terre et des morts semble quasi absolu. L'individu n'existe pas, non plus que son libre arbitre auquel des siècles de tradition humaniste avaient souscrit. Groulx, comme Barrès et les autres ténors du nationalisme d'extrême droite et du fascisme, participe à la crise de civilisation qui secoue l'Europe pendant plus d'un demi-siècle. Tous, ils rejettent, non seulement la société bourgeoise et la démocratie libérale, «mais toute une civilisation fondée sur la foi dans le progrès, sur la rationalité de l'individu et sur le postulat selon lequel l'objet final de toute organisation sociale est le bien de l'individu[38].»

Même l'histoire est subordonnée à la terrible volonté des ancêtres: il revient en effet à l'histoire de faire en sorte que «les vivants continuent à être gouvernés par les morts[39]». L'histoire, répète-t-il en citant Charles Maurras, contre la menace d'un passé réduit à néant. «Par l'histoire, nous éprouverons, en nous-mêmes, comme dirait Charles Maurras, que «nul être vivant, nulle réalité précise ne vaut l'activité et le pouvoir latents de la volonté collective des ancêtres, et que ce sont leurs impulsions, leurs directions impérieuses qui nous pousseront vers notre avenir[40].» Du coup, Groulx rend légitime et inéluctable son projet politique, tout en se prémunissant contre le nihilisme qui sous-tend, en contrepoint, son idéologie. L'histoire du peuple canadien-français obéit forcément à «une courbe ascendante», elle tend vers une «autonomie nationale toujours plus complète, vers l'achèvement de sa personnalité politique», affirme Groulx, qui ajoute: «Elle a ce sens, cette ligne ou elle n'en a pas[41].» «Je me refuse à croire que nous ayons vécu trois siècles en vain[42]», reprend, avec angoisse, André Laurendeau.

«Le passé n'est rien s'il n'est vérité et si on ne peut lui demander, comme un grain mort en terre, un élan vital, une propulsion vers l'avenir[43].» Si le passé n'est rien, alors chaque génération n'existe que par et pour elle-même et les ancêtres sont définitivement morts et muets. Il en va ainsi de la génération actuelle des Canadiens français, déplore Groulx: «La masse de nos pauvres gens ne connaît, hélas, que l'époque où elle a vécu, les quarante ou cinquante ans qu'aura duré son existence. Elle ne se croit pas «la minute d'une chose immortelle», mais un moment isolé, un chaînon brisé[44].»

Contre l'anéantissement qui menace toujours, contre un passé réduit à n'être qu'une succession incompréhensible de générations isolées les unes des autres, Lionel Groulx érige un peuple/nation/race «minute d'une chose immortelle», dépositaire du sang et de l'âme des anciens, qui s'appuie sur une histoire par laquelle il demeurera à jamais «consubstantiel à son passé, à ses ancêtres, au génie de sa race[45].» Contre la mort inévitable, Groulx invoque «une intention perpétuelle qui est la tradition[46]» et «la conservation et la transmission de la vie par l'histoire[47].»

Le nihilisme de Groulx ne se limite pas à un passé lourd d'absurdité et de chaos. Il n'y a d'humanité possible, soutient-il, que dans l'appartenance à une nation/race/ethnie. «Il [le père Delos] dira encore: «pour être pleinement homme, il faut d'abord être le membre d'un certain groupe ethnique et national, en avoir subi l'influence, par mode de culture[48].» De là l'importance de naître et de grandir dans un milieu sain, vraiment national, capable de former de véritables hommes. «Le nôtre possède-t-il ces vertus?», s'interroge, dubitatif, le chanoine. Il poursuit ses interrogations:

> «Est-il sain, générateur? Est-il en puissance de nous façonner efficacement dans le sens de nos innéités natives? Le milieu culturel allemand fait infailliblement de l'Allemand, un Allemand; le milieu français, un Français; le milieu italien, un Italien. Est-il au pouvoir des Canadiens fançais, sans autre peine de la part de ceux de notre nationalité, que de naître chez eux, de leur race et de leur pays[49]?»

Serait-il possible que, privés d'un milieu sain, générateur, certains groupes - on hésite à écrire «humains»-, demeurent en rade de l'histoire et de l'humanité? Énoncer la condition, c'est prévoir sa transgression. À la manière du philosophe post-kantien allemand Fichte qui assignait à l'État la mission de faire des gens habitant son territoire de véritables êtres humains par voie de culture[50], Groulx désigne la nation et aussi l'État pour accomplir ce devoir. Chez l'un comme chez l'autre, de forts élans mystiques traversent leur conception de l'État. Il ne s'agit plus du vieil État libéral, préoccupé par les problèmes de pain, de beurre, de réseaux routiers et de chemins de fer, mais bien d'une organisation animée par «une mystique nationale», laquelle est un tissu de «faisceaux de vérités maîtresses» susceptibles de produire les «suprêmes impulsions collectives» par lesquelles le sang et les traditions crieraient plus fort que les forces de mort[51]. État français établi hors de la fédération canadienne ou autonomie accrue à l'intérieur de cette même fédération, peu importe les tergiversations de Groulx à ce chapitre, puisqu'il s'agit toujours de «polariser» la vie nationale autour «d'une mystique, d'un credo national[52].»

Dans cette perspective, écrit Élie Kedourie: «*Politics is a method of realizing this superhuman vision, of as-*

suaging this metaphysical thirst [53].» De ces aspirations
à une destinée métaphysique, poursuit-il, découle «*the
nihilist frenzy of Nazism* [54].» Groulx ne rêve pas que
de dictature fasciste: dans sa recherche éperdue d'une
mystique qui pourrait insuffler quelque grandeur à un
peuple affaissé, «qui n'a jamais entendu que des appels
faits à son estomac[55]», il considère favorablement
l'exemple de l'Union soviétique; la durée «extraordinaire et mystérieuse» de ce régime — abominable à
maints égards — est attribuée «à la mystique révolutionnaire que toute une armée de maîtres a versée
comme une ivresse à la jeunesse russe[56].»

Les forces de mort que doit battre en brèche cet État
investi d'un pouvoir surnaturel sont celles du libéralisme. Capitalisme, démocratie et modernité s'acharnent contre le Canada français comme ils s'acharnent
contre la France. Encore une fois, l'idéologie de Groulx
n'est pas le fruit exclusif du terroir canadien-français.
Les mouvements d'extrême droite de la mère patrie,
phare et inspiration de la droite nationaliste et antidémocratique européenne, rendent cette triade responsable de la décadence et de la désintégration sociale qui
guettent le pays[57]. Dans l'esprit de Charles Maurras,
par exemple, il ne faisait aucun doute que, depuis la
Révolution française, «le pays n'avait fait que descendre la pente qui le menait au chaos, à la reddition, à
l'invasion, au terme de laquelle la nation était livrée à
l'ennemi de l'extérieur et de l'intérieur[58].» Chez Barrès, chez Édouard Drumont- le plus célèbre et un des
plus prolifiques antisémites français- et, encore une
fois, chez Maurras, on note une obsession de la décadence, de la mort, d'une catastrophe imminente[59].

Le national-socialisme partage une même vision eschatologique de l'avenir. Hitler croyait le peuple alle-

mand menacé d'extermination, entouré qu'il était par de rapaces ennemis dont le triomphe signerait son arrêt de mort. La menace d'une révolution bolchévique à l'intérieur des frontières, la présence de l'ennemi séculaire, la France, à l'extérieur, représentaient autant de menaces mortelles. Cette mort n'était pas nécessairement physique: les Allemands pourraient devenir un groupe déraciné, sans âme. Rien ne traduit mieux pour Hitler, en 1928, la dépendance et l'aliénation de l'Allemagne moderne que le flot d'automobiles américaines qui envahissent le marché d'une manière alarmante[60].

Groulx ne voit-il pas une «Amérique du Nord où toutes les puissances numériques, géographiques, politiques et économiques (...) conspirent notre perte» occuper l'horizon de ses cauchemars et où, dans un siècle ou deux, «notre âme originelle, à demi-désagrégée, ne nous laissera-t-elle au visage que les traits incertains et fuyants des races mêlées ou en voie de disparaître[61]»?

Pareilles terreurs apocalyptiques sont à ce point répandues qu'elles gagnent des intellectuels français aussi pondérés que Taine, Renan, Durkheim et Zola, qui voient dans la crise secouant la société française un prélude à l'effondrement final[62].

Pour les adversaires déclarés de la société libérale, le Juif est à la fois la cause et le symbole des fléaux qui frappent leurs pays respectifs. Ils dénonceront à qui mieux mieux la République juive, la finance juive, le capitalisme juif, le socialisme juif. L'ennemi, c'est le Juif: race inférieure, force supranationale, invisible et terrible, son triomphe témoigne de la décadence de l'Europe.

De doctes esprits avaient préparé le terrain à ce délire de haine: «À la fin du 19ième siècle, rappelle Léon Poliakov, l'Internationale scientifique avait promu au rang d'un axiome le partage entre la race aryenne et la race sémite[63]». Le Sémite, appelé ainsi ou Juif, n'est plus l'objet d'une discrimination et d'un mépris proprement religieux. L'antijudaïsme justifiait la déchéance temporelle des Juifs par la malédiction divine qui pesait sur eux, par leur statut de peuple-témoin de la vérité du christianisme — tel un chancre qui ferait ressortir la beauté du christianisme, ainsi que l'écrivait l'illustre Pascal — et par le fait que cette déchéance les conduirait à la conversion à la foi chrétienne. L'antisémitisme invoque science et nature pour justifier son hostilité. Il n'offre aucun recours ni sortie: aucune conversion n'est possible. La marque reste indélébile, nichée au cœur même d'une essence indéfinie parce qu'indéfinissable. Cependant, l'influence du premier sur le second demeure perceptible. Ainsi que l'écrivait Jean-Paul Sartre:

> «Ce principe est magique: pour une part, c'est une essence, une forme substantielle et le Juif, quoiqu'il fasse, ne peut la modifier. (...) Et pour une autre part, comme il faut pouvoir haïr le Juif et qu'on ne hait pas un tremblement de terre ou le phylloxéra, cette vertu est aussi liberté.
>
> «Cette liberté est restreinte au domaine du Mal. Il n'y a qu'une autre entité qui soit libre et condamnée au Mal et c'est Satan[64].»

De même, font remarquer certains auteurs, antisémites et idéologues en lutte contre la société libérale présentent la réalité contemporaine comme un vaste champ de bataille métaphysique où s'affrontent le Bien et le Mal[65].

Assimilé au Malin, le Juif partage avec ce dernier une autre propriété: l'invisibilité. En France comme en Allemagne, le citoyen juif qui affiche ouvertement les signes de sa pratique religieuse, comme les papillottes et le caftan, effraie moins que celui qui ressemble à tout le monde, qui pousse l'effronterie jusqu'à imiter, par l'apparence et le mode de vie, ses concitoyens chrétiens. C'est à leur assimilation que s'en prennent les antisémites et non à leur mise à l'écart volontaire de la société. Par exemple, Nessus, du Devoir, exprime ainsi ses craintes face au comportement des jeunes filles de la bonne société canadienne-française: dans le beau monde, déplore-t-il, il n'existe plus «aucune différence entre une Anglaise, une Juive et une Canadienne française. Elles fréquentent le même monde: des coups de coquetels martèlent sur le même modèle des âmes et des cerveaux pourtant différents[66].»

Les études sur l'antisémitisme en général, et en particulier sur l'antisémitisme en Allemagne, en Autriche et en France de la fin du siècle dernier au mitan du nôtre, concourent sur ce point: le Juif des antisémites, jamais défini si ce n'est métaphoriquement, relève justement de l'univers fantasmatique de ces derniers. L'internationalisme d'Israël que vilipende Groulx, l'hydre juive mondiale, provinciale et locale que pourfendent sans coup férir l'Action nationale, les Jeune-Canada et Le Devoir, n'existent que sous leur plume. Ils sont les symboles de la totalité maléfique incarnée par le capitalisme, la démocratie et la modernité.

Les études sur l'antisémitisme en Allemagne, en Autriche et en France concourent sur un autre point: l'antisémitisme est, dans la plupart des cas, intégré à des idéologies qui contestent la société libérale. Nationalisme d'extrême droite, fascisme et nazisme font tous preuve d'un antisémitisme virulent. Ce dernier leur est consubstantiel. En agitant l'épouvantail du Juif, les tenants de ces idéologies espèrent mobiliser les masses contre un régime politique et un système économique qui lui est assimilé; de plus, contre un ennemi commun, l'unité nationale se trouverait raffermie. Les conflits politiques et idéologiques, les affrontements sociaux sont dépassés, le temps de terrasser le Juif omnipotent. Ce dernier assume aussi les fonctions de bouc-émissaire: il explique tout ce qui ne va pas dans l'ordre actuel. En fait, l'antisémitisme est à ce point précieux dans la lutte au libéralisme que Charles Maurras écrit, avec une ingénuité inhabituelle chez lui, qu'il n'est rien de moins qu'une «nécessité de méthode»:

> «Tout paraît impossible, ou affreusement difficile, sans cette providence de l'antisémitisme. Par elle, tout s'arrange, s'aplanit et se simplifie. Si l'on n'était antisémite par volonté patriotique, on le deviendrait par simple sentiment de l'opportunité[67].»

La fonction cardinale de l'antisémitisme, avancent plusieurs auteurs, serait de fournir le référent négatif indispensable à la définition de la nation/race. De l'extrême droite française au national-socialisme allemand, le procédé employé demeure le même: «Ne pouvant se définir qu'en s'opposant, comme l'avait expliqué Maurras, le nationalisme trouvait dans le racisme et l'antisémitisme le moyen de cerner tout ce qui n'était pas lui[68].» Le Juif de l'idéologie nazie était la contre-image fictive de l'Aryen, celui que les théoriciens de l'antisémitisme appelaient la «Gegenrasse», la contre-race, dont la vocation était de faire ressortir une splendeur toute germanique[69].

Mais la nation elle-même n'est cette virginale fiction que dans le projet utopique. Car elle se double d'une autre figure fictive: celle du Traître. Celui qui adhère aux valeurs et principes du libéralisme, ou qui y trouve simplement son compte. L'Action française, sous la houlette de Charles Maurras, traque et débusque, au fil des ans, un nombre tel de traîtres — brandis comme les «ennemis de l'intérieur» — qu'ils en viennent à constituer la quasi-totalité de la nation[70]. Plus souvent qu'autrement, souligne Colette Peter Capitan, l'Action française marque «l'anormalité, le caractère tératologique de tels êtres en les excluant de l'espèce humaine[71].» La restauration nationale exige la répression, voire l'exécution des traîtres.

La trahison consiste, pour l'essentiel, en l'acceptation du régime républicain. La condamnation de la démocratie et du parlementarisme par l'Action française est d'une telle violence qu'elle rappelle celle exprimée par Hitler dans *Mein Kampf*: «Là aussi, tout un vocabulaire qui sert plus normalement à désigner la maladie ou la contagion se charge de signifier l'horreur que le système démocratique lui inspire(...). La démocratie est un empoisonnement insidieux, une lèpre, un monde contaminateur plein de bacilles; elle attente à la vitalité de la race ou de la nation[72].» Il est aussi bien connu qu'Hitler fustigea les Allemands «infectés» d'idées humanistes et démocratiques[73]. L'ennemi de l'intérieur est le premier à subir l'internement dans les camps de concentration qui se répandent comme une traînée de poudre en Allemagne dans les années précédant la guerre: de leur création, au printemps de 1933 à 1939, un million de citoyens, soupçonnés d'être hostiles au régime hitlérien, y sont internés.

Les figures de la cosmogonie raciale de Groulx sont le Héros, le Traître, l'Autre et le Juif. Ces trois derniers sont associés à la société libérale contemporaine. Le Héros, la race pure qui s'épanouit dans le paradis perdu qu'est la Nouvelle-France, demeure confiné à cette époque. L'Autre fait des apparitions intermittentes, le temps de voir son existence niée en Nouvelle-France, puis affirmée avec fracas après la conquête, alors qu'en la personne du conquérant britannique, il est à l'origine de la trahison du sang. Germes et poisons, les premiers ferments de la décomposition infiltrent alors la colonie vaincue. L'Autre revient le temps d'affirmer le caractère exogène et aliénant du capitalisme, de la démocratie et de la modernité. Ceci fait, il cède la place au Traître et au Juif. Si Groulx et ses séides, l'Action nationale et les Jeune-Canada, décrivent la pourriture ambiante avant même de l'attribuer à l'action conjointe du Juif et du Traître, Le Devoir, lui, décrit cette décomposition à travers l'action du Juif dans la province et dans le monde.

La trame narrative qui accompagne ces quatre constructions symboliques pourrait s'énoncer ainsi: un passé de légende, d'une pureté absolue, auquel succède la décomposition actuelle, prélude à la séquence suivante: l'apocalypse. La rédemption n'est jamais qu'entrevue, espoir lointain qui ne se réalisera qu'après la rééducation du Traître et l'exclusion du Juif, qui marqueront la pureté retrouvée. Le passé est antithétique au présent, comme le Juif et le Traître, homothétiques au présent, le sont au projet utopique.

Toutes ces figures sont des constructions symboliques issues du racisme. Elles n'ont évidemment pas d'existence réelle. Ce que l'histoire intellectuelle nous enseigne du nationalisme d'extrême droite et du fascisme, et ce que les analyses classiques et récentes du racisme répètent à l'envi, c'est que les constructions symboliques issues du racisme et happées par diverses idéologies sont de l'ordre du fantasme et qu'elles renvoient toutes à l'univers fantasmatique du raciste.

C'est lui qui crée les personnages et rédige le scénario. Le caractère physique y devient «le signifiant de la différence radicale[74]», cette différence en étant une d'essence, permanente et irréversible.

Différences réelles ou imaginaires, peu importe, car elles sont toutes ramenées à une différence d'essence. Il existe une tendance courante en sciences sociales qui consiste à imputer le racisme au rejet de la différence. Cette «explication», facile et à courte vue, ignore que le besoin ou la nécessité de distinguer précède la reconnaissance/création des différences. Elle endosse aussi, peut-être sans en être consciente, un des traits les plus constants du racisme: chaque individu d'un groupe considéré comme une race n'a d'existence que celle qui est prêtée à son groupe. Une personne de couleur noire n'est reconnue que comme un décalque du Noir. Une personne de religion juive n'est que la personnification du Juif. De plus, l'explication par la différence ne tient pas compte du fait que les gens sont attirés autant par la nouveauté que par ce qui leur est familier. Leur réaction n'en est pas inévitablement une de rejet. Enfin, elle n'explique pas pourquoi l'attention se porte sur certaines différences plutôt que sur d'autres quand vient le temps de démarquer les membres d'un groupe de ceux qui en sont exclus. Retiennent l'attention du raciste celles qu'il décide d'utiliser pour l'accomplissement des fins qu'il poursuit. Ainsi, pour prendre un exemple extrême, ce sont des raisons strictement politiques qui incitèrent Hitler à reconnaître les Japonais comme des Aryens d'honneur.

«Qui ne voit que le raciste reconstruit sa victime selon ses besoins propres?» s'exclame Albert Memmi. Cette reconstruction mythique lui sert de médiation, d'alibi spécifique à l'oppression qu'il souhaite exercer ou qu'il exerce déjà[75].» Les reconstructions mythiques du Traître et du Juif sont en effet les alibis du projet utopique du chanoine. Rééducation du Traître, dictature fasciste et exclusion du Juif apparaissent nécessaires pour purifier un monde tombé par leur faute en pleine déliquescence. Ces reconstructions mythiques sont aussi infiniment commodes en ce qu'elles sont indéfinissables. L'«internationalisme juif», «l'esprit juif», distincts de la nation et de la religion juives, permettent de frapper quiconque Groulx et ses séides définissent comme Juif. Un sort analogue attend tous les «enjuivés», les corrompus par l'«esprit juif», tels les journaux La Presse et Montreal Star qui «ont la plus vive frousse de déplaire aux grands distributeurs de publicité que sont les Juifs[76].»

Même lorsque Groulx s'emploie à démontrer l'existence d'une nation française, il devient rapidement évident que cette nation est elle aussi indéfinissable. Son existence est d'abord affirmée sur un ton qui ne souffre pas de réplique: «Donc, avertit Groulx, n'en déplaise aux dédaigneux et aux byzantins, nous sommes une nationalité[77].» C'est-à-dire: «(...) un groupement humain qui jouit de la communauté d'origine, de langue, de foi; qui possède en outre un héritage commun de souvenirs, de gloire, d'aspirations, d'institutions juridiques et culturelles[78](...)». La voix du sang se fait entendre, ne serait-ce que pour démarquer les Canadiens français des autres peuples de moindre envergure qui vivent en Amérique du Nord: «Contrairement à tant d'autres, ce n'est pas d'hier que nous sommes ici. Sous forme d'alluvions physiques ou morales, nous portons dans nos veines le sang des grands Européens qui ont apporté ici la civilisation chrétienne[79].»

Cependant, la situation n'est pas aussi limpide que le suggèrent les apparences. Groulx exprime une réserve; dans la définition du Canada français, la langue constitue un trompe-l'œil: «Car qu'on la conçoive comme un véhicule de culture ou comme créatrice de culture, il ne saurait échapper que la langue française, élevée à la dignité de ce rôle, suppose d'abord un esprit français, des âmes françaises[80].» Pour cette simple raison: «On peut fort bien imaginer un bilinguisme officiel parfaitement établi et respecté à Ottawa, sans que nous soyons pour autant plus Canadiens français[81].»

Ni la langue, ni le lieu de naissance, ni des parents français ne suffisent à «faire» le vrai Canadien français; «et ceci encore que, pour être pleinement de sa race, la naissance de parents français sur un point quelconque du Québec ne saurait suffire(..)». Il faut plus et mieux, poursuit Groulx, soit une «formation d'âme que n'apporte point, faut-il le dire, l'étude rapide d'un manuel primaire de géographie ou d'histoire nationales, mais qui requiert l'imprégnation lente, active et profonde de l'esprit par toutes les puissances de l'atmosphère, de la terre et du passé[82]» L'imprégnation de l'esprit par les forces toutes-puissantes du sang, de la terre et des morts départageront le bon grain de l'ivraie. Voilà qui risque de décimer dramatiquement les rangs de la nation.

Entièrement déterminé par le sang, la terre et les morts, les «innéités natives» et la «culture héréditaire», le Canadien français est en même temps une créature mue par sa seule volition. «S'il est vrai que nous naissons français, se contredit Groulx, il n'en reste pas moins, qu'en raison de faits historiques et géographiques(...), nous ne pouvons rester français sans effort ni lutte. Des Français d'instinct ou des Français de rou-

tine ne peuvent être, chez nous, que des Français mori-
bonds. Une seule espèce viable: le Français de volonté[83].» Cette brèche dans le déterminisme racial
correspond en partie au souhait de Groulx d'un État
français. Tout déterminés qu'il soient, raisonne-t-il, les
Canadiens français doivent exiger cet État, même si, à
l'image du Canadien français lui-même, on ne saura
jamais exactement en quoi il consiste. L'année 1867
ayant marqué la résurrection politique du Canada
français[84], déclare le chanoine qui, pourtant, n'hésite
pas, ailleurs, à brandir comme traîtres les fédéralistes
de la fin du siècle passé, il n'y a plus qu'à exiger l'appli-
cation d'un droit chèrement gagné. Cet État français,
qui est «depuis 1867, de droit positif constitutionnel[85]», ne verra le jour que lorsque «nos fumeuses et
débiles cervelles de coloniaux[86]» auront été persuadées
de sa nécessité et de sa légitimité. Les appels à la volonté et au droit constitutionnel appartiennent à cette
veine de l'œuvre de Groulx qui tend vers la légitima-
tion d'un État-nation canadien-français et à laquelle
appartiennent aussi la création de héros, l'invention de
traditions, la promotion du fleurdelisé comme drapeau
national. Cette ébauche d'un discours classique de lé-
gitimation de l'État-nation demeure une ébauche, car,
résolument antilibéral, Groulx ne peut le concevoir selon le modèle d'une idéologie qu'il rejette. La nation et
le droit constitutionnel cèdent la place aux constructions symboliques du Traître et du Juif, au nihilisme et
au millénarisme fasciste. Son racisme et son fascisme
le font très vite dévier du discours classique de légiti-
mation de l'État-nation.

«Nous observons que souvent le racisme connaît ses
périodes de regain au moment où un groupe imbu de
son importance voit sa position menacée: dans les pé-

riodes de crise, de guerre ou de révolte latente[87].»
Groulx, l'Action nationale, les Jeune-Canada et Le Devoir se posent comme les représentants exclusifs de la
nation canadienne-française et la crise qu'ils affrontent
réside dans ce qu'ils perçoivent comme le refus de la
population d'obéir à leurs diktats. Les Canadiens français continuent d'affluer dans les villes, ils persistent à
aimer le jazz, à assister aux parties de hockey, à lire La
Presse et même à négliger la pratique religieuse au profit du... cinéma. Le dimanche, par exemple, la masse
des cinéphiles boudent le chemin de l'église pour em-
prunter celui des salles obscures où les attend la magie
du grand écran. Depuis plus de vingt ans, se lamente
Léo Pelland dans les pages de l'Action nationale, les
catholiques «s'y pressent en foule, malgré la défense
des évêques et du législateur civil.» Désespéré mais lu-
cide, il ajoute: «Que voulez-vous que fasse l'autorité
publique lorsque tout un peuple manifeste un tel mépris des avertissements de ses évêques et de ses chefs
civils? On ne peut tout de même pas condamner à l'a-
mende ou mettre en prison les citoyens par centaines[88]!». Eh non!...Mais on peut les accuser de
trahison et simultanément lancer la pierre au Juif,
grand maître d'œuvre du septième art.

Si l'histoire du nationalisme d'extrême droite dans
la province de Québec est celle d'un échec, la raison
est peut-être similaire à celle qui explique sa défaite en
France et en Angleterre. Dans ces pays, l'emprise de la
bourgeoisie sur le système politique est suffisamment
ferme pour qu'elle puisse faire échec au nationalisme
fascisant[89]. En Allemagne, par contre, la structure politique du pays demeure celle d'une société pré-indus-
trielle, et ce, bien après que le pays soit devenu une
force économique de premier plan sur le continent. Les

forces conservatrices et cléricales n'ont pas perdu, en cette fin de siècle, leur prééminence au sein de l'État et de la société. La victoire du libéralisme n'a jamais été décisive, affaiblie et repliée, la bourgeoisie se tourne vers Hitler pour mater les forces communistes.

Une autre raison, peut-être plus importante, tient au délire qui est intrinsèque au nationalisme d'extrême droite. Les Canadiens français ne se sont pas reconnus dans leur double maudit pas plus qu'ils n'ont reconnu dans l'Autre et le Juif leurs implacables ennemis. Ils n'ont pas reconnu dans la réalité qui était la leur — aussi dure fût-elle — l'univers putréfié dépeint par Lionel Groulx, l'Action nationale, les Jeune-Canada et Le Devoir. Ils ont fait la sourde oreille au projet d'une dictature fasciste, préférant à un dictateur-sauveur de la nation, un potentat de stature provinciale: Maurice Duplessis. Une démocratie toute de guingois valait mieux, après tout, que pas de démocratie du tout.

Références

1. Léon Poliakov: *Le bréviaire de la haine.*, Bruxelles, Les Éditions complexes, 1986, p. XXIV.

2. «*Antisemitism is a term coined in 1879 by the German agitator Wilhelm Marr to designate the current anti-Jewish campaigns in Europe. It soon came to designate all forms of hostility manifested toward the Jews throughout history.*» Encyclopedia Judaica,vol.3, p.87 ;

«Il apparaît vers 1880 en Allemagne, à l'époque où s'y déclenchent les campagnes de propagande anti-juive. Deux ou trois ans plus tard, on retrouve cette terminologie nouvelle dans la plupart des langues européennes: l'actualité politique et sociale impose l'adoption d'une formule originale. Mais, ce qui est nouveau, c'est l'usage et la fonction qu'on lui attribue.» Zeev Sternhell: *La droite révolutionaire. Les origines françaises du fascisme 1885-1914.* Paris, Éditions du Seuil, 1978, p. 177. (Coll. «Histoire»);

Jacob Katz: *From Prejudice to Destruction. Antisemitism 1700-1933*, Cambridge, Mass., Harvard University Press, 1980, 261.

3. Colette Guillaumin: *Idéologie raciste : Genèse et langage actuel.*,Paris, Mouton, 1972,p.19.

4. *Ibid,*.p.19;

«*By granting the notion of race a central role, the immutable character of the Jewish mentality is implicitly predicated. The act of baptism could, accordingly, make no difference whatsoever. Dühring was not the only one who took this stand. It was inherent in the very term «Anti-Semitism.*» Jacob Katz: *Ibid.*, p.269.

5. Pour une description de ce processus on peut consulter:

Michael Banton: *Race Relations*, London, Sydney, Toronto, Tavistock Publications, 1967, p.14; Christian Delacampagne, Patrick Girard; Léon Poliakov: *Le racisme*, Paris, Seghers, Coll. «Point de départ»,1976,pp. 79-80; Colette Guillaumin: *op. cit.*, p.19; François Lovsky: *L'antisémitisme chrétien*, Paris, Cerf, 1970, p.44; George L. Mosse: *Toward the Final Solution, A History of European Racism.*, New York, Harper and Row, 1978, pp.1-2 et p.17; Léon Poliakov: *Le mythe arien, essai sur les sources du racisme et des nationalismes*, Paris, Calmann-Lévy, 1971., p.140; Léon Poliakov: *Racisme et antisémitisme. Bilan provisoire de nos discussions et essai de description*, cité dans Pierre Guiral, Emile Temime (présenté par): *L'idée de race dans la pensée politique française contemporaine.*, Paris, Éditions du Centre national de la recherche scientifique, 1977, p.26; Louis L. Snyder: *The Idea of Racialism.*, Princeton, D. Van Nostrand and Company Inc., 1962, p.140.

6. «Colette Guillaumin: *op. cit.*, p.16.

7. *Ibid.*

8. «Le mouvement romantique développait alors un double refus: refus du dieu judéo-chrétien et refus de la froide déesse Raison ou du Panthéon des Lumières. Une nouvelle cosmogonie s'avérait indispensable. La race pouvait désormais prendre la place de la Providence divine ou de l'idée de progrès et servir de système explicatif de l'histoire universelle.» , Christian Delacampagne: *op. cit.*, p. 72; Patrick Girard; Léon Poliakov. On retrouve une analyse similaire dans: Louis L. Snyder: *op. cit.*, p.41.

9. Christian Delacampagne: *op. cit.*, p.74; Patrick Girard; Léon Poliakov; «La nouvelle anthropologie n'était peut-être pas aussi dé-

tachée de l'anthropologie chrétienne qu'elle l'aurait désiré. Ainsi elle affectionnait la division du genre humain en trois grandes races, en écho du mythe des trois fils de Noé.» De plus « La terminologie employée demeure identique à celle de la Bible: Noirs et Juifs sont qualifiés de Chamites et de Sémites. Les Européens ne reçoivent pas la désignation logique de "Japhétites", mais celle d'"Aryens" parce que le terme provenait de la même racine qu'"honneur" (Ehre). Au terme de ce parcours la race fut promue au rang de grand moteur du devenir humain, supplantant la Providence.», Léon Poliakov: *Histoire de l'antisémitisme*, Paris, Calmann-Lévy, 1981, tome 1, p.169 et p.171. (Coll.«Pluriel»).

10. Christian Delacampagne:,Patrick Girard; Léon Poliakov: *op. cit.*, p.75; . Proposent une analyse similaire: George Simpson Eaton: *Racial and Cultural Minorities : An Analysis of Prejudice and Discrimination.*, New York, Harper and Brothers, 1953., p.105; Milton J. Yinger; George L. Mosse: *op. cit.*, pp.52-54.

11. Christian Delacampagne, Patrick Girard, Léon Poliakov: *ibid..*, p.75; George L. Mosse: *op. cit.*, p.54 et 58; Léon Poliakov: *Le mythe aryen*,p. 243; Louis L. Snyder: *op. cit.*, pp.46-47; Zeev Sternhell: *Le déterminisme physiologique et racial à la base du nationalisme de Jules Soury.* dans: *L'idée de race dans la pensée politique française contemporaine*, p.124.

12. Colette Guillaumin: *op. cit.*, p.24. Elle ajoute qu'on retrouve cette confusion chez la quasi-totalité des sociologues, historiens ou essayistes de ce temps, comme , par exemple, Spencer, Fustel de Coulanges, Taine, Renan, pour n'en citer que quelques-uns; À propos de Taine et de l'idée de race: François Léger: *L'idée de race chez Taine*, dans:*L'idée de race dans la pensée politique française*, pp.89-99.

13. Christian Delacampagne, Patrick Girard; Léon Poliakov: *op. cit.*, p.80; Lydia Flem: *Le racisme.*, Paris, M.A. Éditions, Coll. «Le monde de...» no.5, 1985, p.153; Léon Poliakov: *op. cit.*, p.209 et p.215; «Ainsi, les savants en mal de classification raciale dénombrent, selon ceux qu'on consulte, de 2 à 35 races.» Louis L. Snyder: *op. cit.*, p.11.

«Que Taine n'ait jamais pris connaissance de l'*Essai sur l'inégalité des races humaines* est une information on ne peut plus révélatrice. Car, force est alors de constater qu'un courant intellectuel, tenant de l'explication raciale du phénomène historique, a pu exister en France indépendamment de Gobineau. La Restauration n'avait-elle pas vu monter toute une génération d'historiens dont les théories accordaient déjà une place considérable à l'idée de race.» Zeev Sternhell : *La droite révolutionnaire*, p.156.

14. Lionel Groulx: *La naissance d'une race.*, Montréal, Bibliothèque de l'Action française, 1919, p.110

15. Lionel Groulx: *Orientations.*, Montréal, Les Éditions du Zodiaque, 1935, p.293

16. Lionel Groulx: *L'enseignement français au Canada.* Tome 2: *Les minorités.*, Montréal, Librairie Granger Frères Ltée, 1933, p.254.

17. Lionel Groulx: *Notre maître le passé.*, Montréal, Éditions internationales Alain Stanké, 1977, tome 1, p.160, (Coll. Québec 10/10).

18. Lionel Groulx: *La naissance d'une race.*, p.165

19. Lionel Groulx: *Ibid.*, pp. 180-181

20. *Orientations*, p.31

21. Lionel Groulx: «Notre enquête. Une politique nationale. Notre destin français.», *Action nationale*, mars 1937, pp.132-133.

22. Lionel Groulx: *La naissance d'une race.*, p.74

23. Lionel Groulx: *Directives.*, pp.133-134. Les caractères gras sont de nous.

24. Élie Kedourie: *Nationalism.*, New York, Frederick A. Praeger, Praeger University Series, 1961, p.58

25. Christian Delacampagne Patrick Girard; Léon Poliakov: *L'invention du racisme. Antiquité et moyen-âge.*, Paris, Fayard, 1983, p.284; Christian Delacampagne: *op. cit.*, p.71; Lydia Flem: *op. cit.*, p.26; George L. Mosse: *op. cit.*, pp.33-34, p.45, p.52 et p.94; Louis L. Snyder: *op. cit.*, p.33; Émile Temime: *Races, Nationalités et Régionalismes*, cité dans:Émile Temime, Pierre Guiral (présenté par): *L'idée de race dans la pensée politique française*, p.275; Jacques Zylberberg résume ainsi ce phénomène:«Le discours idéologique réalise une série de glissements et des altérations des substrats concrets dans un système symbolique qui structure un projet politique sous-entendu par une cosmovision quasi-religieuse: a) Le groupe est doté d'attributs invariants dans le temps et dans l'espace. Le groupement à distance devient un ensemble primaire homogène, une ethnie caractérisée par l'identité religieuse,

linguistique et ethno-biologique. L'identité à distance dans l'espace est projetée dans le temps: l'identité historique est affirmée par des mythes d'origine: b) les mythes d'origine sont associés évidemment à des mythes héroïques: l'ensemble ethno-culturel a ses fondateurs, ses martyrs, ses hérétiques» Jacques Zylberberg: «Fragments d'un discours critique sur le nationalisme.», *Anthropologie et Société*, vol. 2, no.1, pp.186-187.

26. George L. Mosse: *op. cit.*, pp.33-34 et p.39; Léon Poliakov: *op. cit.*, p.195; Louis L. Snyder: *op. cit.*, p.33.

27. Jacques Zylberberg: *La régulation étatique des minorités religieuses*, Dans: Pierre Guillaume, Jean-Michel Lacroix, Réjean Pelletier, Jacques Zylberberg: *Minorités et État*, Bordeaux, Presses Universitaires de Bordeaux, Presses de l'Université Laval, 1986,p.118.

28. Léon Poliakov: *ibid.*, p.40 et p.141; Élie Kedourie: op. cit., p.58

29. France: 27 septembre 1791, survient l'émancipation légale de tous les citoyens juifs. Pays-Bas: Elle survient dans le sillage de la conquête napoléonienne, soit le 2 septembre 1796.Italie: Elle survient aussi après l'invasion de l'armée française, en février 1798. Le décret est aboli, puis rétabli lors de l'unification du pays, plus exactement le 15 décembre 1870.Allemagne: le 14 avril 1871, au lendemain de l'unification; Autriche: 20 et 27 décembre 1867; Hongrie: 20 et 27 décembre 1867.Angleterre: elle devient complète en 1871.Source: *Encyclopedia Judaica*, vol 6, p.700-701; «*From the 1780's onward, the old social and political patterns were in a process of desintegration. The state based on late feudal estate and guilds or corporations gave way to one of independent citizens under direct jurisdiction. In this state there was no place for the familiar type of Jewish community structures like a corporation, albeit the lowliest of corporations. The Jews confronted the state and its institutions as individuals; it was essential to confer citizens status upon them if they were not to be removed from the state*» Jacob Katz: op.cit., p.8

30. «*No concept that might have replaced the nationalist principle, and so might have secured the inclusion of the Jews in the community ever appeared on the scene.*»Jacob Katz: *op. cit.*, p.289; «Aussi généreuse soit-elle dans les critères d'admission à la

nationalité, il y aura toujours inclusion des uns et exclusion des autres.» Lydia Flem: *op. cit.*, p.134.

31. Paul W. Massing: *Rehearsal for Destruction. A Study of Political Anti-Semitism in Imperial Germany.*, New York, Howard Fertig, p. 138; Élie Kedourie: *op. cit.*, p.13-15

32. Lionel Groulx: *L'Appel de la race.*, Montréal, Fides, 1976, p. 128

33. *Ibid.*, p.130

34. *Ibid.*, pp.130-131

35. Pierre Milza: *Les fascismes.*, Paris, Imprimerie nationale, 1985, Coll. Notre siècle, p.47

36. Lionel Groulx: *Directives.*, Saint-Hyacinthe, Éditions Alertes, 1937, pp.155-156

37. *Ibid.*, pp.190-191

38. Zeev Sternhell: *op. cit.*, p.22

39. Lionel Groulx: *Notre maître le passé.*, tome 1, p.20

40. Lionel Groulx: *Notre doctrine.*, dans: *Soirées de l'Action française.*, Montréal, Éditions de l'Action canadienne-française, 1939, p.11.

41. Lionel Groulx: *Directives.*, p.108

42. André Laurendeau: «Qui sauvera Québec?», dans: Les Jeune-Canada: *Qui sauvera Québec?*, p.59

43. Lionel Groulx: *op. cit.*, p.190

44. Lionel Groulx: *Notre maître le passé.*, tome 1, p.21

45. Lionel Groulx: *op. cit.*, pp.192-193.

46. *Ibid.*, p.146

47. *Ibid.*

48. *Ibid.*, p.133

49. *Ibid.*, p.134

50. Élie Kedourie: *op. cit.*, p. 38

51. Lionel Groulx: *Directives.*, p.82 et p.130

52. Lionel Groulx: *Avenir de notre bourgeoisie*, p. 120.

53. Élie Kedourie: *op. cit.*, p. 85

54. *Ibid.*, p.87

55. Jacques Brassier (pseudonyme de Lionel Groulx): «Pour qu'on vive», *Action nationale*, (novembre 1934), p.205

56. Jacques Brassier (pseudonyme de Lionel Groulx): «Pour qu'on vive», *Action nationale*, pp.204-205

57. Éva G. Reichmann: *Hostages of Civilisation. The Social Sources of National-Socialist Anti-Semitism.*,Westport, Conn., 1949 / 1970, p. 161; Zeev Sternhell: *La droite révolutionnaire*, p. 197.

58. Colette Peter-Capitan: *Charles Maurras et l'idéologie d'Action française*, Paris, Seuil, 1972, p. 84. Elle remarque aussi : «L'Action française vivait une apocalypse.» *Ibid.*, p.83.

59. Stephen Wilson: *Ideology and experience. Antisemitism in France at the time of the Dreyfus affair.*, Rutherford, Madison, Teneck/Fairleigh Dickenson University Press, London, and Toronto Associated Press, 1982., p. 355; Léon Poliakov: *Histoire de l'antisémitisme*, tome 1, p. 273.

60. Ernst Nolte: *The Three Faces of Fascism.*, New York, Chicago, San Francisco, Holt Rinehart and Winston, 1965, pp.402-403.

61. Lionel Groulx: *Orientations.*, pp.16-17; *Ibid.*, pp. 52-53; Lionel Groulx: *Directives*, p. 104.

62. Stephen Wilson: *op. cit.*, p.428; Michel Winock: *Édouard Drumont et Cie. Antisémitisme et fascisme en France. Paris, Seuil, 1982.*, p.8; Zeev Sternhell: *op. cit.*, p.197

63. Léon Poliakov: *op. cit.*, p.215

64. Jean-Paul Sartre: *Réflexions sur la question juive.*, Paris, Gallimard, 1954, Coll. «Idées», pp.45-46.

65. *Ibid.*, pp.46-47; Zeev Sternhell: *Maurice Barrès et le nationalisme français.*, Paris, Fondation nationale de science politique, 1976, p.316

66. Nessus: «Henri VII et les femmes», Le Devoir, 30 nov. 1933, p.1

67. Charles Maurras: Action française, 28.3.1911, cité dans: Colette Capitan Peter:*op. cit.*,p.75

68. Colette Capitan Peter: *ibid.*, pp.75-76

69. Christian Delacampagne: *op. cit.*, p.142; Patrick Girard; Léon Poliakov; Adolf Leschnitzer: *The Magic Backgroud of Modern Anti-Semitism. An Analysis of the German-Jewish Relationship.*, N.Y., International Univ. Press, 1956, p.96 et p.136

70. Colette Peter-Capitan: *op. cit.*, p.60

71. *Ibid.*, pp.68-69

72. *Ibid.*, p.166

73. Ernst Nolte: *op. cit.*, pp.416-417

74. Colette Guillaumin: *ibid.*, p.67

75. Albert Memmi: *Le racisme.*, Paris, Gallimard, Coll. «Idées», 1982, pp.98-99.

76. Paul Anger: «Naïveté des grands canards», *Le Devoir*, 28 août 1935, p.1; Georges Pelletier: «Les Juifs d'Allemagne font déraisonner le Star», *Le Devoir*, 26 novembre 1938, p.1

77. Lionel Groulx: *Directives.*, p.132; *Ibid.*, p.127

78. *Ibid.*, pp.129-130; Lionel Groulx: *Orientations.*, p.277

79. *Orientations*, p.278; *Ibid.*, pp.148-149; Lionel Groulx: *Notre mystique nationale.*, pp.2-3

80. Lionel Groulx: *Orientations.*, p.206

81. *Ibid.*, p.203

82. Lionel Groulx: *L'enseignement français au Canada*, t.2, p.258

83. Lionel Groulx: *Directives.*, p.93

84. Lionel Groulx: *Ibid.*,pp.61-62; Lionel Groulx: *Orientations.*, p.245

85. Lionel Groulx: *op. cit.*, p.108; *Ibid.*, p.50, p.52, pp.166-167; Lionel Groulx: *L'enseignement français au Canada.*, t. 1, p.246

86. Lionel Groulx: *Directives.*, p.108

87 Christian Delacampagne, Patrick Girard ; Léon Poliakov: *Le racisme.*, Paris, Seghers, Coll. «Point de départ»,1976, p.127;

88. Léo Pelland: «Pour une politique nationale», *Action nationale*, (avril 1937), pp.204-205.

89. C'est le cas notamment de la France à propos de laquelle Zeev Sternhell écrit: «C'est pourquoi on peut écrire l'histoire de la droite radicale et populiste en la présentant comme celle d'un échec» Zeev Sternhell:*La droite révolutionnaire*, p.31 Il en irait ainsi parce que: «*In England and in France, a national ideology had been developed by the middle classes which regarded themselves as the backbone of the modern state*». Paul W. Massing: *op.cit.*, 1967, p.80

Chapitre 3

Le paradis perdu

L'UNIVERS FANTASMATIQUE DU RACISME est semblable à un conte de fées, avec ses séquences immuables répétées de manière ponctuelle tout au long du récit. Il était une fois le Bien, puis le malheur survint qui frappa le Héros, mais celui-ci sut en triompher et le bonheur retrouva ses droits. Le Bien triompha du Mal et les méchants expièrent leurs crimes. Lionel Groulx ne s'y prend pas autrement pour écrire l'histoire du Canada français. Au début était le Héros qui savait faire échec au Traître, mais survint le grand malheur de la conquête qui permit à ce dernier, à l'Autre et au poison libéral, de triompher avant que sa rééducation et l'exclusion du Juif ne restaurent le royaume et ne ressuscitent le Héros devenu un surhomme et un dieu.

Donc, il était une fois une race pure, forte, belle et prolifique qui habitait un royaume d'où le mal était absent. En Nouvelle-France, qualifiée par Groulx de «chef-d'œuvre peut-être de toutes les entreprises coloniales[1]», vivait un peuple homogène à tous points de vue: «Homogénéité ethnique, sociale, religieuse, morale, homogénéité et valeur intrinsèque, rien ne lui manque pour constituer un noyau d'élite[2].» Cette «phalange choisie[3]» vient de toutes les régions du pays français[4], bien que ceux venant de Normandie dominent, non par le nombre, mais par l'influence décisive qu'ils auraient exercée en leur qualité de premiers arrivants[5].

Groulx emploie un langage de maquignon pour décrire les premiers habitants de la colonie-royaume. Presque entièrement agricole et rurale[6], cette population est d'excellente qualité physique car sa sélection est le fruit d'un choix scrupuleux[7]:

> «Ces colons, les recruteurs les ont voulus de vigueur saine. (...) Pas d'infirmes, pas d'impotents; s'il arrive qu'il s'en glisse quelques-uns, une ordonnance du Conseil souverain règle, dès le début, le renvoi en France des indésirables[8].»

La marchandise suspecte pour qui la colonie demeure impitoyablement fermée ne comprend pas que les malheureux affligés de tares physiques. Les Huguenots se voient interdire l'entrée au pays dès 1628, de même que les «gibiers de prison[9]» et autres «précoces vermoulures», afin de préserver l'homogénéité religieuse et la pureté des mœurs[10]. Les prostituées subissent le même sort, ce qui distingue la Nouvelle-France des Antilles, refuge des damnés de l'Europe[11]. La pratique généralisée au 17ième et 18ième siècles sera donc de «...renvoyer en France les colons de rebut[12]».

Malgré tous les efforts qu'il déploie pour faire de la Nouvelle-France une colonie homogène, saine et moralement irréprochable, Groulx doit faire l'aveu de quelques taches -si petites!- sur le tableau immaculé qu'il s'efforce de peindre. Des filles aux mœurs suspectes, de mauvais garçons et des prisonniers débarquèrent sur les rives du Saint-Laurent, sans conséquence sérieuse, cependant, pour la chaste colonie: «Mais nous soutenons, avec la véridique histoire, que ce fut toujours l'infime minorité perdue dans la masse[13].» Il ajoute une précaution supplémentaire: «(...) toutes les tentatives de colonisation avec des forçats, antérieures à M. de Champlain, ont abouti à un parfait avortement. Aucun de ces rebuts n'a fait souche au Canada. Et nous passons[14].» Ces criminels, sans descendants, cessent de toute manière de l'être,

grâce à l'exemple prodigué par l'immense majorité vertueuse de la population[15].

Groulx efface une autre ombre au tableau: les métis.
Eux non plus n'ont pas fait souche en Nouvelle-
France, malgré les efforts répétés de la métropole pour
favoriser leur implantation. En effet, Samuel de Champlain, Richelieu, Colbert et Louis XIV n'ont eu de
cesse d'encourager le «mélange des races» entre Amérindiens et Français. Samuel de Champlain aurait tenu
ce langage aux Algonquins: «Nos garçons se marieront
avec vos filles et nous ne ferons qu'un peuple», tandis
que Richelieu et Colbert, «nourrissant la même utopie», écrit Groulx, accordent aux Amérindiens baptisés
le statut légal de colon ou de métropolitain.«Bien plus,
pour obtenir que les deux races fusionnent, Louis XIV
ne cesse d'y exhorter les intendants[16].»

Rien n'y fit, proclame Groulx, artisan et gardien in-
quiet du mythe de la race pure. Ce qu'il appelle «la
francisation des sauvages» est qualifié de «brillant
échec», ce qui entraîne l'absence de cohabitation entre
les deux races[17]. Les Indiennes, même celles éduquées
par les Ursulines et par Marguerite Bourgeoys, refusent les «mariages avec civilisés[18]».

Groulx rive un des derniers clous à la «calomnie» du
métissage[19] à l'aide de chiffres. Il reprend dans *Notre
maître le passé*, la démonstration qu'il avait exposée
dans *La naissance d'une race*: un archiviste aurait
épluché plus de deux millions d'actes qui dormaient
dans de vieux registres, pour ne relever que 94 mariages entre Français et Amérindiennes (pourquoi
n'est-ce jamais l'inverse?). Il aurait aussi démontré —
on ne sait où a été couchée par écrit cette démonstration — que «ces métis n'avaient laissé parmi nous au-

cune descendance, leurs familles s'étant éteintes avec la fin du XVIIIe siècle[20].»

Les esclaves noirs et panis, qui arrivent en Nouvelle-France aux alentours de 1690, subissent le sort réservé par Groulx aux indésirables, qui ont tous le visage de l'Autre: ils ne débarquent «qu'en très petit nombre» et, «inutile de dire que cet élément inférieur ne s'est guère mêlé à notre population[21].» Allemands, Bretons, Portugais, Suisses ne s'établissent pas en Nouvelle-France ou ne le font qu'en un nombre qualifié «d'infime poussière[22]». Les prisonniers de guerre anglais admis à résider sont très peu nombreux et triés sur le volet[23].

Ses efforts pour établir la pureté de cette nouvelle race en Amérique du Nord l'ayant satisfait, le chanoine en poursuit la description. Elle est forte[24], prolifique[25], et belle, les témoignages ne tarissant pas sur «la beauté et la robustesse des formes[26]». Il n'y a pas jusqu'à la hideur, après les déficiences physiques, morales et religieuses, qui ne soit absente du royaume. Tant et si bien que Groulx peut écrire:

> «Nous tenons là les origines de notre race et les influences qui ont modelé son âme. Ceux qui viendront après 1700 et même après 1680, trouveront la jeune race en pleine formation. Ses traits généraux pourront encore se modifier sous l'action du milieu et de l'histoire; dans leurs lignes essentielles ils sont à jamais fixés[27].»

Toutes les vagues successives d'immigration seront donc des copies conformes de la race pure, vertueuse, forte et belle des origines. Cette race d'élite crée forcément un état social parfait[28]. «C'est le beau temps où rien ne se ferme à clef, ni les maisons, ni les coffres, ni les caves. Les mauvais garnements, s'il s'en découvre, sont bannis sans pitié[29].» La chasteté règne sur les mœurs[30], et les classes sociales collaborent harmonieusement à la prospérité de la colonie[31].

Il manque toutefois un élément à cette petite société féodale pour qu'elle atteigne la perfection pleine et entière: la mort de l'individualisme qui consacrerait la suprématie de la patrie. «Le sentiment patriotique n'est nullement étranger à nos pères; mais leur esprit familial très fort et très envahissant s'achève volontiers en un esprit de clocher exclusiviste.(...)Le sens social en demeure plus ou moins teinté d'individualisme[32].»

Groulx vient d'introduire l'envers de l'image d'Epinal qu'il avait si soigneusement dessinée jusqu'ici. La trop grande force de l'individualisme, couplée à la faiblesse du nationalisme, constitue le prélude à la figure du Traître qui n'apparaîtra qu'après la conquête.

Il appert donc que la population presque entièrement agricole et rurale de la Nouvelle-France, amoureusement créée par Groulx, est atteinte d'une «vraie folie de dispersion [qui s'étend] à la Louisiane, à Saint-Domingue et jusqu'aux Antilles. Trois cents hommes au moins sortent ainsi de la colonie[33].» «A Québec, le Conseil doit prendre des mesures sévères pour empêcher l'exode en France[34].»

La course des bois accentue la folie de la dispersion. Vers 1680, il y aurait déjà de 500 à 800 coureurs des bois, ce qui représente la moitié des hommes mariés de la colonie[35]. Parmi les raisons qui incitent un si grand nombre d'habitants à prendre la clé des bois, la recherche de nouveaux revenus ne le cède en importance qu'au «charme de la vie errante, vie de gains faciles, pleine d'imprévus et d'aventures, vie de liberté sans frein et trop souvent de libertinage[36]» rendue possible par ce bienheureux éloignement.

Le péril commande une réaction vigoureuse; ni le fouet, ni les galères, ni le mariage obligatoire ne sont négligés pour convaincre les récalcitrants de demeurer à proximité de leurs chaumières:

> «Et les ordonnances, les répressions, les châtiments s'accumulent. On essaie de tout: du fouet, des galères et même du mariage obligatoire pour retenir et fixer ces vagabonds. En 1672 la répression dépasse vraiment la mesure et défense est faite, sous peine de mort, de vaquer sans permission dans les bois plus de vingt-quatre heures. Ces sévérités inutiles n'arrêtent point le courant. Comment du reste, atteindre les délinquants? "Le pays est si ouvert, écrit Frontenac, et la difficulté si grande de savoir précisément quand ils partent, ou quand ils reviennent par les correspondances secrètes qu'ils ont avec les habitants et même les principaux marchands[37]".»

«Pendant plus d'un demi-siècle, ce fut l'incœrcible éparpillement[38]» commente laconiquement Groulx.

Derrière la figure à peine esquissée du Traître, se dissimule celle de l'Autre par qui le malheur arrive. L'antagonisme entre le commerce dominé par l'Autre, — en l'occurrence les marchands de fourrure — et l'agriculture identifiée à la nation, apparaît dès les premiers temps de la colonie pour ne plus jamais quitter la scène:

> «Il reste donc que, dès le début de la fondation, un antagonisme puissant, irréductible, s'est jeté entre le commerce et la culture, entre les intérêts d'un groupe d'étrangers et d'exploiteurs et l'existence même de la colonie. Cet antagonisme malfaisant va dominer une partie de notre histoire: il est au commencement et à la fin de presque toutes nos misères[39].»

Il est intéressant de noter qu'avant la conquête, qui signale la victoire de l'Autre, ce dernier s'est déjà vu assigner le rôle de spoliateur et d'exploiteur.

Sédentaire et nomade, vertueuse et libertine, la Nouvelle-France semble bien près de succomber sous le
poids d'irréconciliables contradictions. «L'heure pres-
sait de sauver les petites communautés du péril de l'individualisme, suite de l'éparpillement[40].» Entre alors
en scène un véritable deus ex machina qui libère la
Nouvelle-France des griffes du Traître et de l'Autre. Le
Chef, d'une stature temporelle supérieure à celle de
tous ses contemporains est aussi, et d'abord et avant
tout, une figure surnaturelle:

> «La même Providence, toujours attentive, a voulu choisir
> à cette fin un candidat à la sainteté, ce Montmorency de
> Laval, homme de noble race, grand esprit et plus grand
> caractère, où dominent les qualités du chef. Son élection
> à elle seule s'entoure déjà d'une signification providen-
> tielle. Elle est une victoire sur le gallicanisme[41].»

Groulx souligne qu'en accordant la préférence aux
immigrants venus de Normandie à ceux de La Rochelle et des îles circonvoisines «...il assure au peuple
naissant, avec l'homogénéité religieuse, la pureté morale qui est la première noblesse[42].» Les mérites de
François Montmorency de Laval ne se limitent pas à
préserver l'homogénéité religieuse de la colonie; il
vainc «le péril de la dégénérescence» qu'amène l'abus
d'alcool, en tenant tête aux divers intendants sur le
commerce de l'eau-de-vie. Ce geste le consacre sauveur
de la race[43].

Les sauveurs de la nation se suivent et se ressem-
blent: «Chaque jour et surtout aux circonstances
graves, conscient de son rôle de chef, Maisonneuve
veut toujours agir au plus parfait, agrandir ses actes
jusqu'aux dernières dimensions surnaturelles[44].»
Dans les années trente, celui dont Groulx implore

l'apparition est investi du pouvoir extraordinaire de guider sa nation sur la voie de la résurrection:

> «Heureuse Autriche, qui a pourtant trouvé son chef, et, avec lui, le chemin de la résurrection! Comme nous aurions besoin, nous aussi, d'un Front national et d'un homme qui, ainsi que le jeune et séduisant chancelier d'Autriche, oserait dire ces paroles émouvantes: «Je veux reconstituer mon pays sur la base de l'encyclique Quadragesimo Anno[45].»

Les siècles écoulés ne changent rien à l'affaire, 1690, 1919 ou 1934, la tragédie qui frappe le Canada français demeure identique. Ainsi, en 1919, Groulx adresse cette ode à Dollard des Ormeaux :

> «Appelle-nous avec ton charme viril, avec tes accents de héros. Nous lèverons vers toi des mains frémissantes comme des palmes, ardentes de l'ambition de servir. (...) Et pour la défense française et pour la défense catholique, si tu le commandes, ô Dollard, ô chef enivrant et magnétique, jusqu'à l'holocauste suprême nous te suivrons[46].»

Puisque, écrit Groulx: «l'histoire recommence, que l'âme de la Nouvelle-France est toujours assaillie, nous savons, à quelles conditions, de pareils sacrifices, de pareils gestes sauveurs resteront possibles[47].» Nous le savons: ce sera par une dictature fasciste.

Références

1. Lionel Groulx : *Notre maître le passé*, tome 2, p.256; Lionel Groulx: *Notre mystique nationale*, discours prononcé à Montréal, le 23 juin 1939, lors du dîner de la fête nationale, à l'hôtel Windsor, brochure, p.3.

2. Lionel Groulx: *La naissance d'une race*, p.19.

3. *Ibid.*, p.69.

4. *Ibid.*, p.27.

5. *Ibid.*, p.30.

6. *Ibid.*, p. 257.

7. «Etablirons-nous que cette population paysanne est d'excellente qualité physique, une élite pour tout dire? Rien à reprendre tout d'abord pour les qualités physiques: c'est un choix scrupuleux.» *Ibid.*, p.42.

8. Lionel Groulx : *Notre maître le passé*, tome 2, p. 257; Lionel Groulx: *La naissance d'une race*, p.43.

9. Lionel Groulx: *Notre maître le passé*, tome 2, p.258 et tome 1, p.272; Lionel Groulx: *La naissance d'une race*, p.115.

10. Lionel Groulx: *Notre maître le passé*, tome 1, p.275.

11. Lionel Groulx: *Notre maître le passé*, tome 2, p.260.

12. Lionel Groulx: *La naissance d'une race*, p. 63.

13. *Ibid.*, p.54.

14. *Ibid.*, p.55; Lionel Groulx: *Notre maître le passé*, tome 1, pp.271-272.

15. Lionel Groulx: *La naissance d'une race*, p. 69.

16. *Ibid.*, p. 24.

17. *Ibid.*, p.25.

18. *Ibid.*, pp. 25-26.

19. *Ibid.*,

20. *Ibid.*, p.26

21. *Ibid.*, p.22.

22. *Ibid.*, p.29.

23. *Ibid.*, pp.21-22.

24. *Ibid.*, p.82.

25. *Ibid.*, p.85.

26. *Ibid.*, p.246.

27. *Ibid.*, pp.35-36; *Ibid.*, pp.269-270; Il en va de même pour la race acadienne: Lionel Groulx: *Notre maître le passé*, tome 1, p.158.

28. Lionel Groulx:*La naissance d'une race* p.260.

29. Lionel Groulx: *Notre maître le passé*, tome 1, p.33.

30. Lionel Groulx: *op. cit.*, p. 285.

31. Lionel Groulx: *Notre maître le passé*, tome 2, p.269.

32. Lionel Groulx: *La naissance d'une race*, p.292.

33. *Ibid.*, p.221.

34. *Ibid.*, p.204.

35. *Ibid.*, p.195.

36. *Ibid.*, pp.190-191. La guerre iroquoise fait aussi que «...les hommes se laissent prendre à la fin par la passion des armes. Il en résulte un grand malheur pour les travaux de la paix et pour la colonie. Bientôt le Canada regorgera d'aventuriers et manquera d'agriculteurs.» *Ibid.*, p.192.

37. *Ibid.*, pp.195-196.

38. *Ibid.*, p.194.

39. *Ibid.*, pp.140-141.

40. Lionel Groulx: *Notre maître le passé*, tome 1, pp.104-105.

41. Lionel Groulx: *op.cit.*, p.127.

42. Lionel Groulx: *Ibid.*, p.103.

43. *Ibid.*, p.104.

44. Lionel Groulx: *Notre maître le passé*, tome 1, p. 27. Il en va aussi de même pour Dollard des Ormeaux. *Ibid.*, pp.53-54.

45. Jacques Brassier (pseudonyme de Lionel Groulx): «Pour qu'on vive.», *Action nationale*, (janvier 1934), pp.53-54

46. Extrait de la conférence: «Si Dollard revenait», prononcée au Monument national le 31 janvier 1919. Cité dans: Guy Frégault: *Lionel Groulx tel qu'en lui-même.*, Montréal, Leméac, 1978, p.137

47. *Lionel Groulx: Notre maître le passé*, tome 1, p.58.«Aujourd'hui comme autrefois, nous devons garder le goût des postes périlleux; contre la barbarie nouvelle, nous devons nous préparer aux sacrifices suprêmes pour la défense de la cité française; Souhaitons que ces souvenirs nous affranchissent plus souvent du cauchemar et du matérialisme criard de la grande cité bruyante.(...) » *Ibid.*, p.25

Chapitre 4
Le Traître

Et l'avocat, qui avait des lettres, se souvint que,
du temps d'Eschyle, la trahison s'appelait déjà:
«la plus immonde des maladies[1]».

UNE ÉPIDÉMIE DE TRAHISON balaie la Nouvelle-France vaincue. L'individualisme et le matérialisme qui étaient auparavant tenus en respect par le Chef s'épanouissent tout à leur aise. Groulx introduit la totalité maléfique, qui est l'objet du chapitre suivant, en assimilant le Traître à la démocratie, au capitalisme et à la modernité, et en prononçant sa chute hors de l'humanité. Le nihilisme et le délire du nationalisme d'extrême droite trouvent ici leur puissance d'expression caractéristique. Mais avant d'embrasser sans réserve la totalité maléfique, le Traître consomme goulûment la trahison du sang.

En effet, la conquête, puis la venue de nombreux immigrants loyalistes font voler en éclats la parfaite homogénéité ethnique et religieuse de la Nouvelle-France[2]. La souillure est d'abord le fait des classes occupant le sommet de la pyramide sociale, c'est-à-dire la seigneurie et la bourgeoisie, lesquelles fraient sans pudeur et sans vergogne avec l'occupant. Elles n'hésitent pas à faire partager «la grâce courtoise» de leurs salons aux officiers de l'armée et aux fonctionnaires britanniques esseulés[3]. Rapidement, les enfants des deux races antagonistes fréquentent les mêmes écoles, le couvent des Ursulines de Québec, par exemple, baissant la garde jusqu'à accueillir en ses murs un grand nombre d'élèves anglo-protestantes[4]. Et vice-versa: «Des enfants canadiens-français, l'on en retrouve, à cette époque, dans toutes les écoles anglo-protestantes de Québec et de Montréal et quelquefois en nombre presque considérable[5].» Les conséquences de ce joyeux chassé-croisé ne se font pas attendre: «En tout cas, très tôt, la différence de religion cessa de paraître une affaire de conséquence, une barrière infranchissable aux aspirants au mariage[6].»

Le Traître, c'est d'abord celui par qui le mélange des sangs arrive. Celui qui, n'obéissant qu'à son bon plaisir, souille irrémédiablement la pureté de la race. Que ce soit la trahison de «l'ancienne noblesse de la Nouvelle-France, qui achevait de se déshonorer dans l'abdication du sang[7]» ou celle commise par la bourgeoisie canadienne-française du 20ième siècle, où les «mariages mixtes sévissent déjà avec fureur (...) où les trahisons se consomment avec une rapidité effroyable[8]», elles obéissent toutes à un inflexible déterminisme historique:

> «Ne dirait-on pas, avait dit le Père, que ce soit là une loi de l'Histoire, au sein de toutes les nationalités en lutte pour la vie, que les classes supérieures trahissent et se tuent à mesure qu'elles se constituent? Mises en relations plus directes, plus immédiates avec le conquérant ou l'oppresseur, voyez par quelle série de fléchissements elles succombent: l'intérêt leur fait pratiquer l'assiduité des relations sociales avec l'étranger; puis, au contact des plus riches, elles cèdent peu à peu aux tentations de la vanité. (...)Puis encore, par orgueil, par absence de foi nationale, elles acceptent le mariage, le mélange des sangs: ce qui est leur déchéance et leur fin[9](...).»

Toutes époques et tous pays confondus, la bourgeoisie trahit, comme le veut «...l'axiome trop connu que les peuples, comme les poissons, pourrissent par la tête[10](...)» ou, si l'on en croit «... l'Histoire [qui] enseigne (...) qu'une fois engagée sur la pente fatale, une classe ne la remonte guère[11].»

Le Traître, c'est aussi celui par qui la tolérance envers les idées arrive. «Impressionnés par la puissance du nouveau maître et par quelqucs-unes de ses prétentions qui allaient loin, nos braves pères n'allaient-ils pas incliner généreusement vers la tolérance pour les idées[12]?» Hélas! leur générosité les perdra, puisque, constate Groulx, «nos ancêtres se laissaient aller, dans la pratique de la vie, à une tolérance suffisamment inquiétante. Et comme ce libéralisme pratique s'inspire toujours d'un libéralisme doctrinal plus ou moins conscient, déjà nous apercevons je ne sais quoi de flottant dans la foi de cette génération[13].»

En effet, pendant que les enfants canadiens-français fréquentent l'école anglo-protestante, leurs pères ourdissent un projet d'université neutre. Une requête est présentée à Lord Dorchester le 31 octobre 1791 où une soixantaine de signataires demandent «l'érection d'une université neutre, libre et ouverte à toutes les dénominations chrétiennes, sans aucun égard aux différents principes de religion», et «où langues et sciences seront enseignées à l'exclusion de la théologie[14]». Après le dépôt du rapport de Lord Durham, l'avocat Charles Mondelet allait préconiser, «dans le Canada Times de Montréal, un système d'écoles intégralement neutre(...),» éclatant exemple de «ce que les Irlandais appellent le slave mind, état d'esprit servile d'occurrence coutumière chez les peuples longtemps asservis[15].» qui se répand comme une traînée de poudre parmi les Canadiens français. Les partisans de l'école neutre auront momentanément gain de cause comme en témoignent «...les tendances laïcisantes qui avaient inspiré, en ces dernières années, la législation scolaire du Bas-Canada[16].»

Libéralisme pratique et libéralisme doctrinal entraînent la popularité des divertissements légers: «À Québec, en 1789, un jeune Canadien, arrivé de France,
ouvre un théâtre très fréquenté par la bonne compagnie et où l'on joue les comédies françaises à la
mode[17].» En ces temps lointains, la ville représente
déjà le cadre idéal où le relâchement des mœurs trouve
à s'épanouir. Mgr. Hubert informe Rome dans son rapport de 1794 que «la corruption des mœurs a fait depuis trente ans de terribles ravages dans les villes,
surtout celles de Québec et de Montréal. Au rapport
des étrangers, elle n'est pas si avancée dans beaucoup
de villes d'Europe[18].» La modernité, et la ville, lieu par
excellence de son expression, sont aussi condamnables
en 1789 qu'en 1935.

«Vers 1778», nous dit Groulx, le libéralisme doctrinal s'exprime, entre autres, par l'entremise de «toute
une petite école voltairienne, [qui] s'ébat publiquement
autour de la Gazette littéraire de Montréal[19].» «D'ailleurs, poursuit-il, les livres ne sont pas les seuls à ré-
pandre ici le poison du dix-huitième siècle français.
Les journaux de France et les moins recommandables
pénètrent au Canada[20].» Comme si cela ne suffisait
pas, «...il faut compter avec les voyages aux vieux pays
qui, pour leur part, contribuent à la contamination[21].»

Dans cette atmosphère contaminée, «l'atmosphère
du dehors qu'aucune fenêtre close n'empêche de passer», la crédibilité de l'Église en prend fatalement pour
son rhume. «Dans la haute société canadienne de ce
temps-là, les textes nous l'ont appris volontiers l'on
prend la pose de l'incrédulité et l'on fait bon marché de
l'autorité de l'Église[22].»

À l'Église catholique romaine qu'elle traite cavalière-
ment, la haute société canadienne oppose son pen-

chant pour la démocratie, séduite qu'elle est par les vapeurs d'un autre poison en provenance de la mère patrie. «Tout comme les Français de 1848, l'on se mit à croire au triomphe définitif de la démocratie, à l'émancipation universelle des petits peuples, à toutes les chimères grandiloquentes et creuses[23].»

Le parlementarisme ne représente pas le moindre travers de la démocratie: le régime d'Union consacre «...les ravages du parlementarisme. (...) Moins de huit ans de régime parlementaire, aggravés d'une participation trop impréparée, nous avaient amenés à ce degré d'abjection morale[24].» Cette abjection morale vient du libéralisme débridé que professent les parlementaires canadiens-français. Il ne leur vient pas à l'esprit d'user de représailles envers la minorité, ni même de recourir à l'ostracisme, mais non, se désole Groulx: «Leur penchant va plutôt vers un libéralisme facile, outré, qui, sous prétexte d'accommoder les droits de tous, n'accommode d'ordinaire les droits de personne[25].»

Autre cible du chanoine pourfendeur de traîtres: le parti démocratique, ou parti rouge, dont les membres sont des partisans de la Déclaration de l'Indépendance américaine et de la Déclaration des droits de l'homme[26], et pour qui, «comme pour tous les idéologues de leur espèce, les institutions politiques seront «pures» et effectives, dans la mesure où elles tireront plus immédiatement leur origine du peuple et où le peuple y aura plus de part27.» Ils poussent l'outrecuidance jusqu'à se faire les avocats de l'annexion aux États-Unis, en qui ils voient la «suprême incarnation de la démocratie moderne[28].»

De ce libéralisme effréné pourrait bien découler la Fédération de 1867, établie alors que la race canadienne-française traverse «une période de léthargie», hantée qu'elle est par «un goût morbide du repos». Pareil affaissement moral et idéologique s'explique par «l'influence rapide et fatale d'une doctrine sur un peuple, cette doctrine eût-elle à dissoudre, pour régner, les instincts ataviques les plus vigoureux[29].»

Les partisans du fédéralisme sont des traîtres. «Être ou n'être pas fédéraliste, signifiait, à l'époque, trahir ou ne pas trahir sa race[30].» Leur victoire fait que la seule passion désormais capable d'animer la population de la province de Québec sera celle de la politique partisane; le Canada français devient «ivre de politique», fait de celle-ci «l'industrie nationale la plus rentable» et du politicien «le seul chef[31]».

Groulx ne trouve pas de formules assez cinglantes pour fustiger le personnel politique d'obédience fédéraliste, qu'il s'agisse de celui de 1867 ou de 1935. Ce dernier ne passe-t-il pas le plus clair de son temps à vanter les mérites de la «bonne entente», qui demeure «une abominable hypocrisie verbale, une formule de banquet pour lèvres ruisselantes de scotch», défendue par «les plus bébêtes ou les plus ignobles des coureurs, des m'as-tu-vu qui se croient du génie parce qu'ils sont bedonnant[32].»

Les partisans francophones de la bonne entente entre Canadiens français et Canadiens anglais, «ces charlatans d'opium», jouent les «fauteurs de révolution» en maintenant sciemment les leurs dans un état d'infériorité à l'intérieur de la Confédération canadienne. Car, menace Groulx, «À des maux de cette gravité, le pire danger est de prêcher la résignation indéfinie[33].»

Ils ont mené leur œuvre à bonne fin: en l'an 1936, Groulx constate que les Canadiens français constituent une race «dégénérée politiquement[34]». Bien pris qui croyait prendre, puisque les députés canadiens-français au Parlement fédéral, «la cinquantaine de pleutres ou de piliers de tabagie invariablement expédiés à Ottawa par le Québec», prisonniers de «leur idiot esprit de parti» et incapables de tenir tête aux Anglo-canadiens, précipitent la Confédération canadienne, plus sûrement que ne sauraient le faire leurs opposants nationalistes, vers «la fin ignominieuse qui l'attend[35]».

Toujours ces «petits hommes de parti» n'ont défendu que «leurs biens d'individus et les intérêts de leur clan», plaçant invariablement «le parti plus haut que la nationalité», et ce, «sans prendre garde aux terribles chocs en retour d'occasion possible le jour où une génération, moins docile aux narcotiques électoraux, n'accepterait plus comme une destinée nationale la démission progressive et définitive[36].»

Lionel Groulx, alias Jacques Brassier, vient d'énoncer la quintessence de la trahison telle qu'elle se pratique dans l'arène politique: accorder la suprématie aux intérêts individuels ou partisans, et ce, au détriment des intérêts nationaux[37].«Pas un vrai catholique, fulmine-t-il encore, j'entends capable de mettre sa foi au-dessus des votes; un ou deux peut-être; pas un vrai Canadien français, pas un homme[38].» Ni catholique, ni humain, semble-t-il... Le parti libéral du Québec a l'heur de provoquer l'ire du chanoine: il le décrit comme :

> «...une coalition des individualismes parasitaires, des appétits en éveil, cupidités de toute espèce, cupidité surtout de la grande finance, oligarchie insatiable qui rôde autour de tous les gouvernements, commence par les assujettir jusqu'à ce que gouvernement et oligarchie ne fassent plus qu'un[39].»

Groulx vient d'introduire un thème nouveau: les partis politiques, surtout ceux qui détiennent le pouvoir, s'acoquinent, en démocratie, avec les puissances financières, au point de ne plus faire qu'un. Les composantes d'illégitimation du libéralisme se renforcent les unes les autres; les partis politiques divisent la patrie, valorisent l'individualisme et deviennent inféodés aux puissances financières.

Groulx, qui ne s'essouffle jamais, resserre les mailles du tamis par lequel il trie le bon grain de l'ivraie. Parmi les suffisants «...qui mériteraient d'être fouettés[40]», se trouvent «...un grand nombre de nos publicistes et de nos dirigeants, endormis eux-mêmes et plus ou moins encanaillés par la partisannerie politique(...)[41]», qui appartiennent à la bourgeoisie, laquelle trahit en 1930 comme elle le faisait aux lendemains de la conquête, répétant comme à plaisir «les trahisons d'en haut», cette fois-ci en «...divisant les députés en deux camps ennemis et irréconciliables...[42]», et convainquant le peuple de faire de même: «Mais non, il faut que nous vivions, le poing dressé les uns contre les autres, pour que les partis vivent[43].» Dans les thèmes de la guerre civile engendrée par les partis politiques, de leur valorisation de l'intérêt personnel au détriment de celui de la nation et de l'affaiblissement de celle-ci qui s'ensuit, on reconnaît les chevaux de bataille de l'Action française contre la démocratie et le parlementarisme.

Où qu'il soit né, où qu'il vive, le Canadien français, bien que membre «...d'une race perpétuellement trahie par les politiciens[44]», n'en porte pas moins sa passion de la politique comme une malédiction:

«Cependant, voici bien le phénomène: le parti tient, d'un bout à l'autre du Canada. Quelque part qu'il émigre, un Canadien français emporte son clan avec soi; et s'il est issu d'une famille bleue ou rouge du Québec, il restera infailliblement bleu ou rouge, dans la Saskatchewan, l'Alberta et jusque par-delà les Rocheuses[45].»

L'aliénation démocratique représente un péril d'autant plus grand que le Canada français présente «tous les signes des nations qui s'en vont au vertige final», soit «l'incohérence, la désintégration, l'abandon à la médiocrité, à la servitude, l'impuissance à vivre collectivement, le triomphe de tous les individualismes[46].» Dans cette province ravagée par un individualisme triomphant, agitée par les soubresauts de l'agonie, une seule solidarité s'exerce, constate amèrement Groulx, et c'est celle de son vieux démon. «Dans cette misère, un sens collectif, une solidarité demeure, ne faiblit point: la solidarité du parti politique, le plus destructeur de tous les individualismes[47].»

«Si un peuple n'est pas atteint de la folie du suicide, ajoute Groulx, il devrait en avoir assez de subir ce jeu puéril ou ce fléau tous les quatre ou cinq ans, à chaque retour du cirque électoral[48].» Groulx redevient menaçant comme il l'a été précédemment envers les politiciens canadiens-français «bonne-ententistes» et envers les politiciens qui divisent le peuple. La révolution gronde...

Poursuivant son attaque tous azimuts contre le libéralisme, Groulx souligne un défaut supplémentaire de la démocratie; citant un certain Vallery-Radot, il dénonce l'inaptitude de ce régime politique à proposer autre chose qu'«une destinée qui dépasse le boire, le manger, l'hygiène, le charbon et la mécanique et tous les désirs médiocres au milieu desquels notre démocratie voudrait enfermer tout l'horizon de l'homme[49].»

Au milieu de ces besoins et de ces désirs médiocres se vautre la bourgeoisie qui «...abdique sa fonction directrice, accorde au souci national peu ou point d'importance, moins, à coup sûr, qu'à ses amusements ou à ses frivolités: «party» de toutes sortes, excursions de ski, parties de golf[50].» «Oisive, ne connaissant de la vie que «les frivolités des sportifs ou des salonnards(...)[51]», cette bourgeoisie a fait de ses enfants «...des freluquets pommadés et grimés, oisifs invertébrés, qu'on dirait, à vingt ans, frappés d'ataraxie ou d'artério-sclérose[52].» Groulx s'attarde un instant à la trahison commise par un groupe spécifique, celui des gens d'affaires: «Des statistiques, dont l'on n'a pas nié l'authenticité nous apprennent qu'à Montréal — et les choses se passent-elles si différemment à Québec? — sur 6000 hommes d'affaires canadiens-français, 600 à peine, soit le dixième, font en langue française leur rapport d'impôt au ministère du Revenu national[53].» «De grands industriels, de grands financiers» rejetaient la consigne de l'Achat chez nous, eux «(...)qui blêmes de peur, vous jetaient à la figure, ce cri de lâcheté et de sottise: «Ne mêlons pas le patriotisme et les affaires[54]!» «Des exploiteurs de leur profession, des machines à empocher des piastres[55]» ,s'exclame douloureusement Groulx, ignorant comment s'amuser et vivre en affirmant l'originalité de leur race, et qui, dans une province aux quatre cinquièmes française, «...ne savent que fonder des sections ou des sous-sections de Rotaries, de Kiwanis, de Knights of Columbus, de Québec Library Association, et que sais-je encore[56]!» Groulx avertit solennellement tout ce beau monde du sort qui l'attend:

> «Vous, si vous ne vous ressaisissez pas, vous, bourgeois anti-patriote[sic], anti-national[sic], vous allez vous tuer. Une apostasie ne va jamais toute seule. Regardez où est allée, sauf quelques nobles exceptions, notre ancienne

aristocratie, celle du temps de la Nouvelle-France. Comme elle, dès la prochaine ou la deuxième génération, vous ne serez plus des Français; mais vous ne serez pas non plus des catholiques. Vous allez vous tuer; mais vous n'êtes pas capables de nous entraîner dans votre suicide[57].»

Ceci fait, il dirige sa vindicte contre les instituteurs, qui encouragent la «pure perversion» qu'est l'intérêt pour le sport, nommément le hockey:

«Que des instituteurs laissent voir plus de ferveur pour des mêlées de criards et de brutes, que pour l'étude et la culture des âmes; qu'il leur arrive de parler plus souvent de hockey que de patriotisme ou de surnaturel, de lire plus assidûment les chroniques sportives que les pages des classiques; que des professeurs maigrement rétribués et qui invoquent, pour ne point acheter de livres, le prétexte de pauvreté, fassent la nuit des 80 milles d'auto pour assister à une partie de hockey; puis, qu'à leur entrée en classe, le lendemain, au lieu de la leçon d'histoire ou de littérature, ils ne trouvent rien de mieux à faire, devant des adolescents d'esprit plastique, que le récit de prouesses de stadium, nous disons, pesant bien ce que nous disons, que c'est là, de la part de maîtres d'esprit latin, de la pure perversion[58].»

Le peuple canadien-français — couillon comme lui seul sait l'être — s'empresse de les imiter:

«Non, avouons-le: il y a pis que le régime révoltant; il y a la parfaite couillonnerie avec laquelle nous le tolérons. Toutes les semaines, et parfois deux fois, trois fois par semaine, ils sont dix mille, vingt mille, aux parties de hockey à Montréal qui crient, qui hurlent, à la gloire de simples farceurs. Sur ces vingt mille vous n'en trouverez pas cinq cents qui seraient capables d'ouvrir la bouche pour faire cesser la tyrannie d'Ottawa[59].»

Groulx ne lâche pas le morceau si facilement et revient à ces éducateurs et éducatrices qui «...auraient pu ne pas élever trois ou quatre générations d'enfants, de jeunes gens, de jeunes filles, sans se demander de temps à autres, vers quel idéal national les orienter[60].» Puis vient le tour des intellectuels, tout entiers absorbés par «de petits vers et de la petite prose» qui se sont détournés des problèmes nationaux au nom d'une liberté artistique fautrice de «personnalité anonyme» et d'«âme cosmopolite[61]».

«...Tous, ils sont tous responsables de notre «déchéance spirituelle et nationale[62]», de notre «absence totale de toute fierté, de la moindre préoccupation patriotique[63]», «...du degré d'abjection ou de nihilisme où ils sont tombés du point de vue national[64]», eux tous «... les ruraux qui ne continuent pas moins de s'entêter, de se pétrifier en leur individualisme effréné(...), ...individualisme traditionnel et apparemment incorrigible.[Eux] qui prennent aisément feu devant la guenille bleue ou rouge[65]», eux tous «...les esprits momifiés, opposés à tout changement, à tout effort, et qui voudraient bien n'être pas mis dans la nécessité de se remuer et de travailler[66]», «...les esprits légers, superficiels, sans horizon, bien incapables de voir ce qui se passe, en leur pays, en Amérique, persuadés de pouvoir vivre indéfiniment, en vase clos, leur vie de poisson rouge[67]», «...les défaitistes pour qui il n'y a rien à faire qu'à se coucher, et qui, parce qu'ils sont morts, ont l'horreur des vivants[68]», «..les doctrinaires pour qui tout nationalisme est un épouvantail, une hérésie(...)[69]», «...les cohortes d'asservis volontaires, ces passionnés de leurs chaînes[70].»

Toute la personne du Canadien français, toute son attitude, toute son allure physique trahissent sa servilité, sa paresse et sa peur: « la prononciation veule, molle, le parler de l'à-peu-près, la phrase à moitié faite et à moitié mangée» le caractérise au moins autant que «les dos voûtés et les épaules rentrées», traduisant «des

attitudes de faibles ou d'esclaves». Groulx enjoint ainsi
les maîtres: «Obtenez enfin qu'à voir tel passant de la
rue, la démarche molle, les bras ballants, le dos incli-
né, l'air de chien battu, l'on ne puisse pas dire infailliblement: «C'est un Canadien français[71].»

Ils doivent faire encore plus:

> «Débarrassez, par exemple, nos pauvres paysans et nos
> pauvres campagnards de ces attitudes humiliantes qui
> nous les montrent, à l'entrée en[sic] certains grands ma-
> gasins de l'ouest de Montréal, avec des yeux embués de
> mystique, comme s'ils franchissaient la porte d'un temple
> merveilleux ou d'un sanctuaire national, et se donnant
> l'air de chercher un bénitier pour se signer[72].»

Les moutons s'acheminent tranquillement vers les
pâturages anglophones: ne se trouve-t-il pas «...qu'un
petit peuple supposé français [est] en train d'angliciser,
à grande allure, le visage de son pays[73]»? Qu'il souffre
d'un penchant morbide à l'anglicisation[74]?» Et qu'est-
ce que l'anglicisation? C'est «une faute grave de télé-
phoner en anglais, de se laisser parler en anglais par
les employés de chemin de fer, d'accepter un reçu, un
connaissement, une facture rédigée en anglais, fût-ce
des grandes maisons d'affaires de l'autre race[75]», et
c'est aussi: «Édifier une laideur, une maison laide, une
église laide; jeter le long des routes, des enseignes, des
panneaux-réclames en langue étrangère ou baroque,
c'est comme mettre des verrues au visage de la patrie;
(...)c'est pécher contre notre collectivité française[76].»

Être Canadien-français ne se limite pas à parler le
français, mais exige d'avoir une âme française, a déjà
expliqué Groulx. En vertu du même raisonnement, on
peut «angliciser» la province sans que cela n'ait rien à
voir avec l'usage de l'anglais.

Le peuple fait la sourde oreille à la campagne de «refrancisation». «Un autre symptôme inquiétant et humiliant, c'est la résistance opposée par notre peuple à la refrancisation, résistance presque toujours opiniâtre, souvent hargneuse, parce que le peuple ne comprend pas[77].»

Le peuple s'acharne à ne pas comprendre. Au couronnement de George VI les balcons canadiens-français de Montréal arborent indistinctement les drapeaux américain, français et l'Union Jack, surtout l'Union Jack, qui y occupe la place d'honneur. Ce cosmopolitisme de l'oriflamme constitue une preuve supplémentaire «de l'inexistence, l'incohérence ou l'anarchie de l'idéologie patriotique chez nous»[78] Si l'attachement obtus des Canadiens français à l'Union Jack relève de la trahison, celui qu'ils démontrent à l'endroit du drapeau français relève de la plus pure stupidité: «A quelqu'un qui suggérait d'afficher le fleurdelisé, un imbécile encombrant et satisfait aurait même répondu, à ce que l'on raconte, «Nous avons déjà le tricolore. Qu'avons-nous besoin de cet autre chiffon?». «Encore une parole qui donne la mesure de notre stupidité[79].»

L'injure s'ajoute à l'insulte lorsqu'il s'avère que les Canadiens français, en plus d'ignorer leur futur drapeau national, boudent tout simplement la Saint-Jean-Baptiste: «Chez nous, en dehors de deux ou trois villes de cette province, croyez-vous que le 24 juin dérange dix pour cent des Canadiens français[80]?» Bien sûr que non...

Les Canadiens français souffrent «...d'un sens national oblitéré, en pleine dissolution(...)[81]», Groulx expliquant ailleurs que «...ce qui souffre effroyablement d'anémie, c'est le sentiment national[82]».

La conclusion vient, inévitable: «Le grand malheur des Canadiens français, il faut oser le dire: c'est qu'il n'y a pas de Canadiens français[83].»

Et puisqu'il n'y a d'humanité possible que dans l'appartenance à une ethnie/nation/race, a déjà précisé Groulx, il peut poursuivre l'escalade selon une logique inexorable:

> «Mais l'on voit, du même coup, quel outrage essuie notre catholicisme, lorsque nous forçons les gens de l'extérieur à lui imputer, comme à une éducation issue de lui, inspirée de ses principes et de sa vie, *tant d'êtres falots, tant de moqueries d'hommes et de femmes qui sortent de nos mains.* **Est-ce en particulier, notre affaire que de former des sans-patries, s'il est vrai, selon le mot du cardinal Mercier, que «tout vrai chrétien doit être un patriote?» Et sont-ils vraiment des produits d'une éducation catholique, des fils et des filles authentiques de la foi catholique, ces grands jeunes gens de la foi catholique,** *ces grands jeunes gens et ces grandes jeunes filles, ombres d'hommes ou de femmes, qui n'ont ni le courage de leur sang, ni de leur langue, ni de leur culture, qui ne sont apparemment d'aucun pays ni d'aucune race et qui, demain, par la trahison quotidienne de leurs devoirs civiques ou nationaux, ne sauront attirer à leur province et à ses institutions que le dédain de l'étranger[84]?»*

Pis que des ombres et des moqueries d'hommes et de femmes, il y a encore: «... *des Canadiens français comme il en circule trop dans la rue: êtres sans consistance, sans dignité, sans fierté, qu'on dirait d'aucune race, d'aucun pays, moqueries d'hommes qui sont une insulte à l'homme, et d'abord une insulte à l'éducation catholique* [85].»

Inexistants, les Canadiens français ont démérité de l'humanité. Pareil nihilisme exigera, le temps venu, une contrepartie utopique si Groulx ne veut pas basculer, pour tout de bon, dans un désespoir destructeur.

Références

1. Lionel Groulx: *L'Appel de la race*, p.192.

2. «La Conquête, mais surtout le flot des immigrants loyalistes, épaves projetées en deçà de la frontière par la bourrasque de l'indépendance américaine, avaient brisé l'homogénéité ethnique et religieuse du Canada français.» Lionel Groulx: *L'enseignement français au Canada.*, tome 1, p.63; Lionel Groulx: *Notre maître le passé*, Montréal, Éditions internationales Alain Stanké, 1978, tome 3, p.162. Coll. «Québec 10/10».

3. Lionel Groulx:*Notre maître le passé*, tome 2, p.170.

4. «Déjà, et c'est un premier symptôme des pénétrations inévitables, les collèges, et surtout les grands pensionnats de filles, ceux des Dames-du-Sacré-Cœur, de la Congrégation de Notre-Dame, des Ursulines de Québec, ouvrent leurs portes à des contingents d'élèves anglophones ou de foi protestante, venues du Bas et du Haut-Canada, des colonies du Golfe et même des États-Unis. Quelle tentation d'aménager les programmes d'étude aux convenances étrangères, dont la richesse et la morgue n'ont jamais laissé d'imposer! Et surtout, l'abdication une fois accompli en ces maisons empanachées, où grandissaient les filles de la bourgeoisie canadienne-française, comment empêcher que le ton, que le programme d'une éducation nouvelle ne descendisse jusqu'aux petits couvents et jusqu'aux écoles plus modestes.» Lionel Groulx: *L'enseignement français au Canada,*, tome 1, p.257

5. Lionel Groulx: *Méditation patriotique*, dans: *Soirées de l'Action française*, Montréal, Éditions de l'Action canadienne-française, 1939, p.8.

6. Lionel Groulx: *Notre maître le passé*, tome 2, p.170.

7. Lionel Groulx: *Notre maître le passé*, tome 1, p.194; Lionel Groulx: *Méditation patriotique*, p.8.

8. Lionel Groulx: *L'Appel de la race*, p160; *Ibid.*, pp.130-131.

9. *Ibid.*, p.159

10. Lionel Groulx: *La bourgeoisie et le national*, p.99.

11. *Ibid.*, pp.117-118; «Retenir encore que ce phénomène de la démission bourgeoise, tous les peuples l'ont dû subir qui ont ployé sous la servitude politique ou culturelle: Irlandais avant l'Etat libre, Polonais d'avant l'indépendance, Alsaciens-Lorrains [sic]d'a-

près 1870, Flamands de Belgique avant l'éveil du flamingantisme,(...).» *Ibid.*, pp.99-100; Le même axiome se révèle être vrai même dans le cas de la «vieille Gaule.» Cf.: Lionel Groulx: *Orientations*, p.269.

12. Lionel Groulx: *Notre maître le passé*, tome 2, pp.168-169; Lionel Groulx: *Nos positions*, p.241.

13. Lionel Groulx: *Notre maître le passé*, tome 2, p.171.

14. Lionel Groulx: *L'enseignement français au Canada*, tome 1, pp.70-71.«Au bas de cette supplique, s'alignent près de soixante noms de Canadiens français, parmi les plus notables de la colonie, y compris la signature de Père Félix de Bérey, «général des Récollets en cette province», puis celle de l'abbé Edmund Burke, directeur du Séminaire de Québec, celle enfin, et non la moindre, de Charles-François de Capse, coadjuteur de Québec» *Ibid.*

15. Lionel Groulx: *L'enseignement français au Canada*, tome 1, p.101.

16. *Ibid.*

17. *Notre maître le passé*, tome 2, pp.175-176.

18. *Ibid.*, p.176.

19. *Ibid.*, p.172.

20. *Ibid.*, p.175.

21. *Ibid.*

22. *Ibid.*, p.182.

23. *Ibid.*, p.193.

24. Lionel Groulx: *Notre maître le passé*, tome 1, p.205.

25. Lionel Groulx : *L'enseignement français au Canada*, tome 1, p.148; *Ibid.*, p.224.

26. Lionel Groulx: *Notre maître le passé*, tome 2, p.214.

27. *Ibid.*, p.224.

28. *Ibid.*, p.227.

29. Lionel Groulx: *L'Appel de la race*, pp.97-98.

30. Lionel Groulx: *op. cit*, p.240.

31. Lionel Groulx: *L'enseignement français au Canada*, tome 1, pp.159-160.

32. André Marois (pseudonyme de Lionel Groulx): «Pour qu'on vive.», *Action nationale*, (juin 1935), p.369.

33. Lionel Groulx: *Directives*, p.236.

34. «Car enfin si, en l'an 1936, il devient criminel, révolutionnaire d'exiger ce qui aurait pu et qui aurait dû légitimement exister depuis 69 ans [un État français à l'intérieur de la Confédération], comment démontrer, de façon plus accablante, que le régime fédéral aurait fait de nous une race dégénérée politiquement.» *Ibid.*, p.110.

35. Jacques Brassier (pseudonyme de Lionel Groulx): «Pour qu'on vive», *Action nationale*, (novembre 1934), p.244.

36. Jacques Brassier (pseudonyme de Lionel Groulx): «Pour qu'on vive», *Action nationale*, (octobre 1934), pp.153-154.

37. «Partout et toujours, il aperçoit le règne, le triomphe universel, total, de l'intérêt individuel, souvent même de la passion la plus sordide.» Lionel Groulx: *L'Appel de la race*, p.203; Lionel Groulx: *Notre maître le passé*, tome 1, p.237; Jacques Brassier (pseudonyme de Lionel Groulx): «Pour qu'on vive», *Action nationale*, (avril 1933), pp.244-245.

38. Jacques Brassier(pseudonyme de Lionel Groulx): «Pour qu'on vivre [sic],» *Action nationale*, (octobre 1935), p.

39. André Marois (pseudonyme de Lionel Groulx): «Réforme d'un parti ou réforme d'une politique», *Le Devoir*, 20 septembre 1932, p.1.

40. Jacques Brassier (pseudonyme de Lionel Groulx): «Pour qu'on vive.», *Action nationale* (avril 1933), p.142.

41. *Ibid.*

42. Lionel Groulx: *Ibid.*, p.227.

43.*Ibid.*, p.110.«Et tout cela, pour le plaisir de quelques petits bourgeois du lieu qui, organisateurs d'élections, y trouvaient leur profit»Lionel Groulx: *La bourgeoisie et le national.*, p.107.

44. André Marois (pseudonyme de Lionel Groulx): «Pour qu'on vive», *Action nationale*, (mars 1935), p.170.

45. Il poursuit:«Et qui n'a connu de braves Franco-Américains, émigrés aux États-Unis depuis trente à quarante ans, que le mythe du parti, à l'époque de nos élections générales, transportait d'allégresse ou de fureur.» Lionel Groulx: *Orientations*, pp.258-259; Lionel Groulx: *Directives*, pp.221-222; Il en va de même des minorités francophones à travers le Canada. Cf.: Lionel Groulx: *L'enseignement français au Canada*, tome 2, *Les écoles des minorités*, Montréal, Librairie Granger Frères, 1933, p. 253.

46. Lionel Groulx: *op. cit.*, p.210. «...après soixante ans et plus, (...) le régime fédéral est devenu, pour notre petit peuple, un régime de mort(...).» André Marois (pseudonyme de Lionel Groulx): «Pour qu'on vive», *Action nationale*, (mars 1935), pp.168-169.

47. *Ibid.*

48. Lionel Groulx: *Orientations*, p.101.

49. Lionel Groulx: *Directives*, p.26.

50. Lionel Groulx: *La bourgeoisie et le national*, p.99; Lionel Groulx: «L'esprit estudiantin.» *Action nationale*, (mars 1934), p.171.

51. Lionel Groulx: *Orientations*, p.15.

52. *Ibid.*, p.99.

53. *Ibid.*, p.97.

54. *Ibid.*, p.226. Sur la trahison commise par les hommes d'affaires, cf.: Lionel Groulx: *Directives*, p.78. Lionel Groulx: *Méditation patriotique*, p.12

55. Lionel Groulx: «L'esprit estudiantin.» *Action nationale*, (mars 1934), p.170.

56. *Ibid*, p.171; Lionel Groulx: *Orientations*, p.259.

57. Lionel Groulx: *La bourgeoisie et le nationale*, pp.123-124.

58. Jacques Brassier(pseudonyme de Lionel Groulx): «Pour qu'on vive.», *Action nationale*, (novembre 1934), pp.245-246.

59. André Marois(pseudonyme de Lionel Groulx): «Pour qu'on vive», *Action nationale* , (mars 1935), p.172.

60. Lionel Groulx: *Directives*, p.77.

61. *Ibid.*, p.76; Lionel Groulx: *Orientations*, pp.271-272.

62. Jacques Brassier(Pseudonyme de Lionel Groulx): «Pour qu'on vive.» *Action nationale*, (décembre 1933), p.262.

63. *Ibid.*

64. Jacques Brassier(Pseudonyme de Lionel Groulx): «Pour qu'on vive.», *Action nationale, (octobre 1935)*, p. 264. Sur le nihilisme patriotique cf.: Lionel Groulx: «Un signe des temps.» *Le Devoir*, 30 novembre 1935, p.1.

65. Jacques Brassier(pseudonyme de Lionel Groulx): «Pour qu'on vive», *Action nationale*, (décembre 1933), p.265-266.

66. Lionel Groulx: *Directives*, p.95.

67. *Ibid.*, pp.95-96.

68. *Ibid.*

69. *Ibid.*

70. Lionel Groulx: *L'Appel de la race*, p.149; ;Alonié De Lestres (pseudonyme de Lionel Groulx): *Au cap Blomidon*, Montréal, Granger Frères Limitée, p.18.

71. Lionel Groulx:*Directives*, pp.163-164.

72. *Ibid.*, pp.80-81.

73. Lionel Groulx:« L'éducation nationale.», *Action nationale*, (janvier 1934), p.11.

74. Lionel Groulx: Directives, p.101.

75. Lionel Groulx: *Notre maître le passé*, tome 2, p.293; «Et cette fois encore, si vous demandez à notre pauvre peuple pour quel motif, pour quel intérêt suprême, il badigeonne d'anglais le visage français de son pays, je l'entends vous répondre, avec un air ébahi, réflexe du vide de son âme: «Qu'est-ce que cela peut bien faire?», Lionel Groulx: *Orientations*, p.228; *Ibid.*,pp.97-98; Lionel Groulx: *Directives*, pp.140-141, p.207.

76. Lionel Groulx:*Directives.*, pp.157-158.

77. Lionel Groulx: *Orientations.*, p. 252.

78. André Marois(pseudonyme de Lionel Groulx): «Pour qu'on vive», *Action nationale*, (mai 1937), p.308.

79. *Ibid.*, p.310.

80. Lionel Groulx: *Orientations*, p.94.

81. *Ibid.*, p.225.

82. *Ibid.*, p.107; *Ibid.*, p.265; Jacques Brassier (pseudonyme de Lionel Groulx): «Pour qu'on vive», *Action nationale*, (mars 1934), p.178.

83. Lionel Groulx: *Orientations.*, p.231; «Que dis-je? Un peuple, nous? Une nation? allons donc!... Un assemblage de confréries.» Lionel Groulx: *Directives*, p.205; *Ibid.*, p.205

84. Lionel Groulx: *Orientations*, p.153. Les caractères gras sont de nous.

85. Lionel Groulx: *Directives.*, pp.173-174. Les caractères gras sont de nous.

Chapitre 5
La totalité maléfique

LA TOTALITÉ MALÉFIQUE est l'objet de ce chapitre. Elle est présentée selon l'armature logique qui sous-tend plus ou moins ce délire d'anathémisation. Le capitalisme est mal en soi; il est mal aussi parce qu'il permet à l'Autre, via son éternel complice, le Traître, d'exploiter la nation et de lui inoculer des germes innommables; la démocratie est mal parce qu'elle fait le jeu du capitalisme et de l'Autre. Enfin, la modernité est mal parce qu'en elle éclosent tous les chancres et toutes les putréfactions.

Ayant posé que la société contemporaine est l'«expression d'une civilisation antipersonnaliste, inhumaine», Groulx enchaîne sur la situation particulière du Canada français «où une infime poignée de possédants» possède la richesse économique, domine la vie politique et menace la vie culturelle d'une population française de 80 pour cent[1]. Dans cette société, «l'immense majorité des employeurs, attardés aux lubies surannées du libéralisme économique, nous inoculent chaque jour le germe virulent des pires chancres sociaux[2]» parmi lesquels on compte la déchéance de la classe moyenne et l'exode rural.

Groulx monte rapidement les enchères. Dans la province de Québec, soutient-il dans un autre texte, la domination économique s'exerce avec une acuité incomparable dans le monde. «Chez nous, le mal économique porte en soi une acuité, une gravité qu'on ne lui voit nulle part ailleurs.(...) Une population à 80 pour cent canadienne-française voit donc sa vie économique dominée par une caste différente de la majorité

par l'origine, la langue, la foi[3] .» La domination économique exercée par cette caste engendre sa domination
politique, à cause de la nature même de la démocratie
parlementaire. «Rien ne sert de prendre ici, une mine
scandalisée: c'est un truisme en démocratie parlementaire[4]» affirme-t-il, avant de répéter que l'éclosion des
chancres sociaux résulte de cette double domination.

L'armature logique du délire sur la totalité maléfique
et l'Autre se lirait donc comme suit: dans un premier
temps, Groulx condamne le capitalisme, «...cette puissance abominable de l'or qu'aucun principe ne domine[5]», «créateur d'une société inhumaine» où la
dictature d'un petit nombre s'exerce sur la masse.
Dans un second temps, il affirme la singularité du Canada français sur l'échiquier mondial du fait que cette
dictature s'exerce par des gens dont, pour l'instant,
nous savons seulement qu'ils diffèrent de l'ensemble
de la population par «l'origine, la langue, la foi». Dans
un troisième temps, le chanoine lie un système économique illégitime à une idéologie et une pratique politiques honnies, en affirmant que l'une découle
fatalement de l'autre. La démocratie apparaît donc
comme l'alliée complaisante de l'Autre tout en demeurant le véhicule privilégié du Traître.

Groulx revient à la collusion entre la démocratie et
le capitalisme, s'appuyant cette fois-ci sur les paroles
du dictateur portugais Salazar:

> «Et vous savez, comme, en tous pays du monde, l'on
> parle mal, par le temps qui court, du régime parlemen-
> taire. «En régime parlementaire, disait quelqu'un récem-
> ment, l'Etat n'est pas libre, parce que manœuvré plus ou
> moins consciemment par les concentrations économi-
> ques.» Et celui qui parle ainsi est nul autre qu'Oliveira
> Salazar, le dictateur portugais, le moins bruyant, mais, à
> mon sens, le plus digne, le plus constructeur, le plus

grand des dictateurs contemporains[6].»

Les gouvernants ne sont pas les seuls fautifs, tant s'en faut. Tous les Canadiens français contribuent aveuglément à leur asservissement économique. Si «tous les peuples, tous les groupes ethniques, anglo-saxons, juifs, pratiquent instinctivement la solidarité économique», comme le veut la sagesse nationaliste, «nul peuple ne pratique moins que lui [le Canada français] la solidarité» avec ce résultat que: «de ses propres mains, de sa propre volonté, le voici en train d'édifier en cette province un régime économique où il ne lui plaira de se réserver, à peu de chose près, que le rôle de client et de manœuvre[7]». Ce jeu de miroir des contraires, où la toute-puissance de l'Autre reflète obligatoirement l'impuissance totale de l'un est typique du racisme.

Se repaissent de l'instinct national défaillant des Canadiens français, les financiers et industriels anglais, américains et cosmopolites, lesquels — mythe des origines oblige — descendent en droite ligne des vainqueurs de 1760. «Le droit de conquête, pensons-nous, ne saurait s'étendre jusqu'à l'ordre économique. Sur ce sol qui fut pendant trois cents ans la propriété de leurs pères, les Canadiens français gardent, à tout le moins, un droit d'aînesse.[8]»

Ce droit d'aînesse est foulé aux pieds par la démocratie et les politiciens qui fomentent l'asservissement des leurs, «nés au Canada et d'origine française» — mythe des origines oblige encore — en les condamnant «à mourir de faim ou à prendre le chemin des chantiers ou des faubourgs des villes, puis à se faire arracher leurs sous de pauvres diables pour mettre à leur place, sur les terres de leur pays, de la mauvaise graine d'outre-mer[9].»

Le ton se fait menaçant: «Non, mais pour qu'un peuple, armé du bulletin de vote, tolère indéfiniment une comédie de ce cynisme, faut-il tout de même que le régime parlementaire et la petite politique dont il vit nous ait abrutis[10]?»

Abrutie, spoliée, exploitée, la nation se trouve en état de légitime défense. Groulx songe au recours à la force:

> «Or il faut qu'elle [la politique] le sache: nous sommes à ce point de péril qu'on appelle le cas de légitime défense. D'autre part, jeunes gens, souvenez-vous qu'en aucun pays du monde, et en particulier, en aucun pays parlementaire ou démocratique, la politique n'a maté les puissances financières sans y être puissamment aidée, sinon même forcée[11].»

Enfin, le dernier tronçon du discours sur la totalité maléfique et sur l'Autre s'énoncerait ainsi: la majorité des employeurs -donc l'Autre- épris de libéralisme économique et de ses «lubies surannées» inoculerait à la nation «...le germe virulent des pires chancres sociaux». Le Traître et l'Autre se caractérisent donc par leur proximité -sinon leur identification complète- au libéralisme, et le vocabulaire qui leur est attaché évoque la maladie, l'infection, la purulence.

La déchéance de la classe moyenne constitue le premier chancre social inoculé par le libéralisme. «Préparation lente et sourde, éclosion voyante, hideuse, qui nous ronge depuis près d'un siècle», ce mal «a cheminé, dans notre organisme, à la façon d'un cancer», entraînant l'émigration de milliers de Canadiens français aux États-Unis, qui ont d'ailleurs rapidement pris goût au déracinement: «Jadis nos gens se déracinaient par nécessité; aujourd'hui, ils se déracinent par fantaisie[12].»

La dégringolade de la classe moyenne vers les échelons inférieurs de la société concourt, on ne sait trop comment, à développer une mentalité déplorable parmi les masses populaires, «une sorte de résignation sereine à la domesticité, aux emplois subalternes, au prolétariat perpétuel. (...)De père en fils, on habitera les mêmes taudis, on subira les mêmes servages, sans jamais l'ambition de hausser sa vie, content d'obéir à un maître, surtout si ce maître est étranger[13].»

La ville est le second chancre où trouve à s'épanouir «le cancer du chômage[14]», lequel reste un «dangereux bouillon de culture pour les idées subversives[15]». La ville constitue l'enceinte privilégiée où évolue l'Autre, qu'il s'agisse des Juifs, des Grecs ou des Syriens[16], des immigrants venus des bas-fonds de l'Europe qui ne font que passer, tandis que les fils des fondateurs du pays, «...déracinés, type abâtardi de la race[18]» croupissent dans les faubourgs.

La ville demeure un magma cosmopolite où l'Autre se dissimule sous d'étranges déguisements afin de mieux tromper son innocente victime; «trop souvent dans les villes du Québec, il [le Canadien français] a toutes les peines du monde à distinguer une maison de commerce canadienne-française d'une maison juive ou anglaise», car, au moment où leurs compatriotes adoptent des raisons sociales anglaises pour leurs commerces, «les Juifs «s'incorporent» sous une raison sociale française[19]».

La ville, c'est surtout Montréal, «Montréal à la remorque de la finance anglo-canadienne, du commerce anglo-canadien, des compagnies d'utilité publique anglo-canadiennes, du cinéma américain, des restaurants, des salles de jeu, de la chanson, de la radio interlopes et cosmopolites[20]», Montréal, «...parfait maquillage des emporiums américains les plus authentiques[21]», Montréal, «ville monstrueuse(...) parce que poste récepteur de l'américanisme(...), ville sans caractère et sans âme, tant y dominent tout ce qui n'est pas de nous, ni de notre province, ni même de notre pays», tonne le chanoine avant de lancer l'interrogation désespérée:

> «(...)qu'apercevez-vous, dans l'architecture de ces maisons, dans leur décor intérieur, dans leur ameublement, dans toutes ces menues choses qui font à notre âme son atmosphère, un style français, qu'apercevez-vous de spécifiquement à nous? Dans tous les sens du mot, de pareilles villes sont des mangeuses d'hommes[22].»

Il est aussi impossible de définir l'américanisme — qui défigure l'ameublement des maisons et l'atmosphère de notre âme, qu'il est impossible de définir l'urbanisation. Elle dépasserait, et de très loin, les limites de la ville, consistant selon Groulx, en «l'empire moral des grandes agglomérations, empire aux multiples tentacules et aux confins par trop flottants[23]». L'urbanisation propage le microbe américain aux quatre coins de la province. «Nous vivons maintenant en grande majorité à la ville; la ville elle-même a transporté ses mœurs à la campagne; et voici tous les remparts d'autrefois écroulés, et le microbe américain flottant partout dans l'air[24].»

Et de même que la langue française ne fait pas le Canadien français, que les États-Unis ne font pas l'américanisme, que la ville ne fait pas l'urbanisation, la langue anglaise, réitère Groulx, ne fait pas l'anglicisation:

> «Que cette dérision sévisse dans les milieux urbains, plus ou moins envahis de cosmopolitisme, passe en une certaine mesure. Mais qu'elle s'étale en la campagne, dernier refuge de notre homogénéité française;(...)quoi de plus déconcertant et douloureux!(...) je pense à nos coutumes et à nos mœurs, je pense à la bordure de nos routes, à nos

ponts publics, à nos édifices, à nos églises, à nos maisons campagnardes particulièrement, qui accusent, depuis cinquante ans, un tel recul de l'art et du goût français[25].»

Où qu'il pose le regard, Groulx ne voit que:

«Pénétrations économiques, sociales, morales, intellectuelles, il n'est point à vraiment parler de domaine où ne se fasse sentir la présence agissante et dissolvante de l'étranger. Au bas mot, nous sommes en train de devenir une colonie américaine[26].»

Nous remarquons l'usage par Groulx de ce terme plutôt inusité de «dissolvant» et de ses dérivés, qui sera repris par certains rédacteurs de l'Action nationale. Il semble que le premier qui l'ait employé dans un contexte idéologique soit Friedrich Nietzsche:

«*What I warn people against : confounding the instincts of decadence with those of humanity;*
«*Confounding the dissolving means of civilisation and those which necessarily promote decadence, with culture;* «*Confounding debauchery, and the principle, «laisser aller», with the Will to Power (the latter is the exact reverse of the former* [27].»

L'idéologie nationale-socialiste reprendra le même terme — qui deviendra un de ses mots clés —, en attribuant, par exemple, au judaïsme, toutes les tendances dissolvantes à l'œuvre dans la nation allemande, y compris le communisme[28].

Les États-Unis, «...demain leader de la race blanche et maître du monde», s'acheminent «vers une civilisation athée, n'admettant d'autre dieu que le progrès matériel, d'autre loi que la dure loi des surhommes économiques, d'autre fin que la jouissance sensuelle où se pratique l'élevage des meilleures races de l'animal humain[29].» Groulx ne peut éviter de s'interroger avec angoisse: «Quels ravages effrayants et rapides ne sèmeront pas alors, en son corps d'adolescent trop vite grandi [le Canada français], les microbes de son néo-paganisme [celui des États-Unis][30]?» Ceci sans compter les «...germes de mort» propagés par la même civilisation:

> «Presque toujours, la richesse, l'opulence furent, pour les peuples, des germes de mort.(...) Tous les jours, le spectacle lamentable ne s'offre-t-il point à nos yeux de beaucoup trop de nos compatriotes pour qui l'avènement à la fortune s'est accompagné d'une décadence familiale et d'un reniement total ou partiel de l'idéal catholique et français[31].»

L'infection américaine, qu'on peut déjà déceler aisément, devrait nous effrayer:

> «Comment ne pas nous effrayer lorsque nous songeons à ce qui déjà nous vient de lui: l'effroyable pourriture de son théâtre, le débraillé de ses magazines, le dévergondage de ses journaux monstres et de ses tabloids, le reportage effronté érigé en exploitation industrielle, l'appétence frénétique des drames criminels, la passion de les exploiter portée jusqu'au sadisme; et comme conséquence manifeste de ces dissolvants, l'amoralisme en affaires et en politique, le culte de la richesse sans autre fin qu'elle-même, le relâchement des liens familiaux, la décadence rapide de l'éducation[32].»

Les maux que cause l'américanisation ne s'arrêtent pas là: il y a «le féminisme malsain» qui «s'attaque aux assises de la famille». Dans la phrase suivante, Groulx lie, comme s'il s'agissait d'une évidence, le féminisme au théâtre et au cinéma: «Il a pour allié avoué ou non un théâtre de bas étage, le cinéma démoralisateur qui, dans nos grandes et petites villes, et parfois jusque dans nos campagnes, est devenu le plus vaste, le plus funeste véhicule du paganisme contemporain.» Puis la phrase qui suit évoque «l'activité ouvrière» canadienne-française, entachée de socialisme parce que sous la coupe de l'étranger, «notre activité ouvrière est, en outre, dominée, dirigée en grande partie, par une puissance qui a son siège à l'étranger et dont les tendances fortement socialistes accroissent la menace des conflits prochains[33]». Comprenne qui pourra...

Comme si ces ravages ne suffisaient pas, le mode de vie urbain nord-américain affaiblit physiquement la race; la ville, la mode et le sport minant la race canadienne-française:

> «Notre engouffrement dans les villes, la vie dans les taudis, la misère prolongée, issue du chômage, auront entamé, miné bien des organismes. Notre absence d'hygiène infantile, d'hygiène alimentaire, constitue des menaces permanentes. De bons médecins appréhendent la dégénérescence de la femme, de la jeune fille, par l'abus du tabac, des sports, de l'alcool, de la mode, en particulier de la mode d'hiver[34].»

Bref, nous nous trouvons en présence «...d'un mal fatal, envahissant, que nul cordon sanitaire ne saurait artificiellement enrayer[35]». Vivre, pour la nation canadienne-française, exigera donc des mesures strictes d'hygiène morale contre les fièvres et les poisons qui l'intoxiquent:

> «Vivre, pour nous, qu'est-ce donc, sinon, en premier lieu, nous interdire les doctrines et les œuvres de mort et empêcher que personne ne les propage au milieu de nous. Mesure élémentaire d'hygiène morale. Il y a des fièvres et des poisons que des catholiques n'ont pas le droit d'introduire dans la vie nationale, pas même sous prétexte d'art ou de liberté; il y a un art, une littérature, un journalisme, un roman, une poésie, une économie, une politique que nous n'avons pas le droit de faire ni de laisser faire. Et, les yeux sur notre jeunesse en fleur et sur notre petit peuple, j'ajoute: il y a un théâtre, que nous n'avons pas le droit de tolérer[36].»

Références

1. Lionel Groulx: *Directives*, pp.233-234.

2. *Ibid*

3. *Ibid.*, pp.235-236; *Ibid.*, p.66; Lionel Groulx: *Orientations*, p.235.

4. Lionel Groulx: *Orientations.*, p.236

5. *Directives*, p.20.

6. *Ibid.*, pp.60-61; *Ibid.*, p.102.

7. Lionel Groulx: *Orientations*, pp.95-96. Cette situation évoque pour Groulx «...l'image accusatrice (...) d'un peuple en train de mourir sur son fumier de misère, tout près d'une mine d'or qu'il n'aurait ni l'esprit ni la volonté de fouiller.», Lionel Groulx: *op. cit.*, p.154; Lionel Groulx: *Directives*, pp.248-249.

8. Lionel Groulx: *Directives*,p.22.

9. Jacques Brassier(pseudonyme de Lionel Groulx): «Pour qu'on vive.», *Action nationale*, (novembre 1933), p.189.

10. *Ibid.*

11. Lionel Groulx: *op. cit.*, p.106.

12. *Ibid.*, p.201; Sur le «chancre du prolétariat» cf.: André Marois (pseudonyme de Lionel Groulx): «Réforme d'un parti ou réforme d'une politique», *Le Devoir*, 21 septembre 1932, p.1; Lionel Groulx: *L'enseignement français au Canada*, tome 1, p.313.

13. Lionel Groulx: *La déchéance incessante de notre classe moyenne*, Montréal, Le Devoir, décembre 1931, p.1. (Coll. «Le document.») ; «Combien n'ont d'autre souci que de s'en aller, ainsi qu'à l'appel d'une vocation naturelle, gueuser un emploi chez l'étranger, un emploi de rond-de-cuir qui les dispense de l'effort trop lourd d'une pensée créatrice, ou des risques bienfaisants de l'aventure personnelle.» Lionel Groulx: *Orientations*, pp.131-132. *Ibid.*, p.253.

14. Lionel Groulx: *Directives*, p.71

15. *Ibid.*

16. Lionel Groulx: *Orientations*, p.130.

17. Lionel Groulx: *La déchéance incessante de notre classe moyenne*, p.15.

18. Lionel Groulx: «De la matière à réflexion», *Le Devoir*, 19 août 1932, p.2.

19. Lionel Groulx: «Pays français, visage anglais», *Le Devoir*, 2 décembre 1932, p.1, éditorial.

20. Lionel Groulx: *Orientations*, p.253.

21. Lionel Groulx: *L'Appel de la race*, p.197.

22. Lionel Groulx: *La bourgeoisie et le national*, pp.102-103.

23. *Ibid.*, p.104.

24. Lionel Groulx: *Orientations*, pp.229-230.

25. Lionel Groulx: «Pays français, visage anglais», *Le Devoir*, 2 décembre 1932, p.1, éditorial; Lionel Groulx: «De la matière à réflexion», *Le Devoir*, 19 août 1933, p.1; Lionel Groulx: *Directives*, p.160.

26. Lionel Groulx: «L'éducation nationale.», *Action nationale*, (janvier 1934), p.12.

27. Friedrich Nietzsche: *The Will to Power*, dans: Stephen J. Taylor: *National Socialism: Conservative Reaction or Nihilist Revolt?*», New York, Holt, Rinehart and Winston, 1961, p.8.

28. Ernst Nolte: *Les mouvements fascistes. L'Europe de 1919 à 1945*, Paris, Calmann-Lévy, 1969, p.68.

29. Lionel Groulx: *Orientations*, p.37.

30. *Ibid.*, p.38.

31. Lionel Groulx: *Directives*, p.19; Jacques Brassier(pseudonyme de Lionel Groulx): «Pour qu'on vivre [sic] », *Action nationale*, (octobre 1935).

32. Lionel Groulx: *Orientations*,pp.44-45; *Ibid.*, p.126.

33. Lionel Groulx: *Méditation patriotique*,p.4.

34. Lionel Groulx: *Directives*, p.226.

35. *Ibid.*, p.100; *Ibid.*, p.239.

36. Lionel Groulx: *Orientations*, pp.23-24;

«Il y a une économie, une législation sociale qu'il nous est défendu de faire ou de laisser faire;(...) il y a un journalisme, un art, un théâtre, un roman, une poésie, qu'au risque d'être doublement criminels, nous ne pouvons charger de toxiques et de mauvaises fièvres.» *Ibid.*, p.35.

Chapitre 6
La voix de leur maître

AVEC UNE FIDÉLITÉ SANS FAILLE, l'Action nationale, les Jeune-Canada et Le Devoir reprennent les paramètres du nationalisme d'extrême droite de Lionel Groulx. Mythe des origines, totalité maléfique, Traître et Autre, le catéchisme est complet.

L'Action nationale

Le Canada français, explique l'Action nationale dans un éditorial, se débat dans un environnement hostile[1], cet environnement étant «...saturé de délétères influences du continent nord-américain, tout saturé de matérialisme», ainsi que le précisait Wilfrid Guérin quelques années plus tôt[2]. Cet environnement permet à l'Autre «...d'exercer la dictature économique qui écrase notre peuple[3]», laquelle est, comme le lui avait enseigné Groulx, «...le fruit naturel du libéralisme et des doctrines libertaires du dix-huitième siècle[4]», et qui transforme les Canadiens français en «...serfs d'une classe ploutocratique[5]».

Le libéralisme fait des Canadiens français des prolétaires «qui encombrent nos faubourgs où s'étalent toutes les lèpres et s'accumulent tous les déchets physiques et moraux(...)[6].» La libre concurrence aboutit à la dictature politique, laquelle fait le jeu «de la dictature économique, occulte et irresponsable. La dictature économique, laissée à elle seule, devient l'internationalisme financier et le capitalisme cosmopolite. (...) la patrie disparaît aux mains de la finance internationale[7]». Le capitalisme, vecteur de toutes les lèpres sociales, c'est l'Autre. Cet Autre inclut aussi les éléments raciaux qui dominent déjà la province, nous enseigne François-Albert Angers dans un article coiffé du titre évocateur de «La plaie de notre siècle»:

> «Le chômage, lèpre hideuse qui ronge les forces vives de la nation, qui ravage le corps et l'âme de ses enfants, qui nous mène tout droit à la dégénérescence physique, intellectuelle et morale et à des bouleversements sans nom; lèpre fatale qui, dans le Québec, frappe surtout les Canadiens français et prépare la supériorité définitive des éléments raciaux qui y occupent déjà une situation prépondérante[8].»

Baignant en permanence dans la fange, la province de Québec est devenue ce «charnier de la médiocrité où nous sommes en train de nous putréfier[9]» et où s'agitent les politiciens «...qui s'évertuent à nous diviser artificiellement en clans ennemis[10]». Ils alimentent par leurs propos la guerre civile. «La fureur est là. Il faut qu'une moitié du pays se dresse contre l'autre[11].» La politique n'est pas tout, poursuit-on dans l'éditorial, «la politique n'est qu'un instrument. Ici aussi, derrière le pays légal, vit le pays réel[12]». On reconnaît ici la maxime rendue célèbre par Charles Maurras. Le pays réel, donc, survit tant bien que mal dans «... le torrent de lâchage et de dérive, de violences alcooliques et de trahisons à cinq sous[13]». Les partis et les hommes passent; la même réalité demeure:

> «Mais non! Il s'agit toujours du cirque parlementaire, des marionnettes soumises à l'action ténébreuse des puissances de perdition, des ambitions effrénées de gens mal préparés à occuper des situations qui les dépassent. Contre une démocratie aussi vermoulue et malfaisante, quoi d'étonnant de voir se dresser les éléments sains de la population[14].»

De la démocratie à l'esprit de parti et à l'individua-

lisme, il n'y a qu'un pas, qu'Anatole Vanier franchit pres-
tement, soulignant du même coup la trahison incon-
sciente commise par bon nombre de ses concitoyens.
«Les intérêts personnels et les intérêts de partis empê-
chent une foule d'honnêtes gens de comprendre qu'en se
refusant à être franchement nationalistes dans leur patrie
ils servent le nationalisme d'une autre patrie[15].»

Tous trahissent: l'élite qui s'attarde aux «bas-fonds du
succès grossier, matérialiste[16]»; les bourgeois qui «nous
horripilent[17]», «dont la vue nous écœure[18]»; «les fago-
tins du suffrage universel et leur étonnante facilité de
trahir[19]»; la jeunesse «...qui ne consent qu'à des efforts
individuels[20]», le collégien préoccupé par sa «moustache duveteuse[21]», par «le pli de son pantalon[22]», par
«les petites filles[23]» et «le sport[24]»; par les «couventines
d'hier» qui flânent dans les «Grills », «...en vidant leur
petite choppe[sic] et en accumulant les mégots carminés
dans les cendriers[25]». Tous succombent à la même tentation: «Et si pour arriver au petit train-train de la vie
facile qu'on désire il faut fouler au pied[sic] les intérêts
nationaux, eh bien, tant pis[26]».

Les Jeune-Canada

L'Action nationale applaudit à l'apparition du mouvement des Jeune-Canada et souligne l'événement en
publiant leur manifeste[27]. Au fil des années, elle accueille leurs écrits et commente leurs activités dans
ses pages[28]. Le Devoir ne ménage pas ses appuis, publiant fidèlement les comptes-rendus de toutes leurs
assemblées[29]. De plus «les Jeune-Canada soumettent
ordinairement le texte de leurs discours à un groupe de
conseillers formé de Louis Dupire, Omer Héroux,
Georges Pelletier, Papin Archambault de l'Ecole sociale

populaire, et l'abbé Groulx[30]». Le Devoir imprime aussi les Tracts (des Jeune-Canada), à Montréal, à 3 000 exemplaires[31].

Le groupe des Jeune-Canada aurait son origine dans l'incident suivant: voulant protester contre les nominations de fonctionnaires anglophones au Service des douanes de Montréal et au ministère du Revenu national et contre la composition du personnel technique de la Conférence impériale tenue à Ottawa en 1932, quatre jeunes gens, dont André Laurendeau et Pierre Dansereau, s'étaient enquis auprès de Groulx, un jour de l'automne de la même année, de l'action la plus pertinente à entreprendre. Ce dernier leur aurait tenu ce langage: «Lancez un manifeste; dénoncez la honte, l'infamie où l'on nous fait croupir. Tâchez d'atteindre vos jeunes camarades, vos jeunes compatriotes, par où vous les savez accessibles[32]».

Ainsi fut fait. Le 19 décembre 1932, un groupe de jeunes organisent une assemblée publique au Gesù et lancent leur manifeste. Ils y dénoncent l'unilinguisme de certaines publications du gouvernement fédéral et de la monnaie. Ces gifles au Canada français apparaissent d'autant plus douloureuses que, comme l'enseigne Groulx, «la nation canadienne-française est de race pure et exempte de tout métissage[33]».

La nation canadienne-française, «...née à l'ombre d'une croix, sera bénie de Dieu[34]», prédit Thuribe Belzile, reprenant l'idée émise par Groulx d'un Canada français qui est une race élue. Les États-Unis — Grand Satan avant la lettre — servent de repoussoir par excellence à un Canada français catholique, homogène à tous les points de vue et sain:

«...[ils sont] travaillés par des forces qu'ils n'ont pas su mettre en faisceau et des faiblesses qui vont en s'aggravant, ces Races et ces Nations dans l'Etat (Noirs, Jaunes, Allemands, Italiens, Juifs, Irlandais, Français etc...), ces cancers (irréligion, matérialisme pratique de la masse et ses conséquences: divorce, dislocation de la famille, primauté de l'argent ou plutôt du crédit)(...)[35].»

Nous remarquons l'emploi du mot «faisceau» d'où provient le mot «fascisme» et employé dans un sens qui lui est similaire[36].

Le Canada français vaut-il vraiment mieux que les États-Unis? Sa population ne succombe-t-elle pas aux mirages de la totalité maléfique? André Laurendeau lance l'anathème contre l'élite qui, «à part une poignée, a trahi». Composée, selon lui, de «quantité de déracinés, d'égoïstes, de plantes exotiques, de fruits secs, de cyniques et d'abrutis», elle s'abîme dans le «règne de l'individualisme ou du servilisme[37]»

La masse ne se porte guère mieux, si l'on en croit toujours André Laurendeau: elle réélit d'ineptes députés et souffre de «la manie de l'anglais», sans oublier qu'«elle s'appauvrit au bénéfice de l'étranger; elle dégoise contre le Juif et l'engraisse». Mais surtout, preuve concluante s'il en fut jamais de la trahison du peuple: «Montréal a une commission scolaire catholique et une commission scolaire protestante. Montréal n'a pas de commission scolaire canadienne-française et monsieur Victor Doré défend qu'on y fasse de l'éducation nationale intégrale[38]». La commission scolaire catholique n'est donc pas canadienne-française parce qu'elle ne transmet pas une éducation nationale intégrale. Ni la langue, ni la religion ne définissent le Canadien français «intégral», véritable ectoplasme coupable d'une constellation de crimes aussi flous que leur auteur.

Dans plusieurs tracts, les Jeune-Canada s'appesantissent comme à plaisir sur la déchéance des leurs en regard de l'idéal national. Thuribe Belzile, par exemple, dans *Nos déficiences, conséquences, remèdes*[39], établit une liste quasi complète des travers des siens: paresse intellectuelle, indiscipline, inconstance, prodigalité, déficiences du jugement, esprit routinier, défaitisme, verbalisme.

Les politiciens trahissent encore et toujours: «Toutes les puissances qu'il devrait dominer de haut, il [le gouvernement libéral provincial de M. Alexandre Taschereau] en subit modestement la férule. N'a-t-il pas poussé la servilité jusqu'à confier à des Israélites la direction de deux comités de l'Assemblée législative[40]?» Après avoir fait la courte échelle au Juif à l'intérieur du Parlement, le gouvernement libéral s'efface devant Juifs et Américains en leur permettant de «surexploiter nos forêts et nos pouvoirs d'eau et nous-mêmes par-dessus le marché[41]».

De toute manière, tranche abruptement Dollard Dansereau, le parlementarisme ne convient pas, par tempérament aux Canadiens français, étant «en contradiction avec le caractère idéaliste latin que nous avons hérité de la France» et de déplorer ses effets, ici comme ailleurs: il «nous a précipités dans cette indifférence, cette apathie, ce matérialisme politique auxquels la démocratie, du reste, convie tous les peuples[42]».

Est-il permis d'oublier que la partisannerie politique est «...cette plaie hideuse que nous portons au front et qui gangrène tout notre organisme[43]», «...ce microbe [qui] nous a rendus malades[44]», renchérit André Laurendeau, «...cette nauséabonde maladie dont nous nous languissons depuis trois quarts de siècle[45]», ajoute-t-il encore.

La ville est le royaume de l'Autre et le lieu de toutes les lâchetés que sa proximité entraîne:

«Voyez-vous, les lâchetés sont plus faciles maintenant, les groupes français et anglais se mêlant très étroitement. À la cession, les 4/5 des nôtres étaient ruraux; plus de 60% sont aujourd'hui citadins et coudoient à tout moment les Anglais qui, au Canada, ont presque toujours habité les villes[46].»

Bref, les Canadiens français sont serviles, car ils «..s'aplatissent volontiers devant l'Anglais[47]» et se laissent douillettement «...enfariner par une civilisation païenne, la civilisation du dollar américain[48]».

Si le commerce de détail est passé des blanches mains canadiennes-françaises «aux magasins à succursales, aux magasins à rayons et aux bazars», qui appartiennent à 95 pour cent «à des étrangers, à des Américains, à des Anglo-Canadiens, à des Syriens et à des Juifs», c'est parce que les Canadiens français encouragent ces étrangers. «Je dirai plus, s'emporte Thuribe Belzile: par quelle aberration favorisons-nous de notre clientèle ces exploiteurs de nos ressources nationales? Nous n'avons pas le droit de travailler ainsi contre notre nation[49].»

Les Canadiens français s'arrogent ce droit et, dans tous les domaines de la vie économique, trahissent sans sourciller; la confection pour hommes ne compte pas «deux entreprises essentiellement canadiennes-françaises», et, quant au reste, voyez ce qu'il en est advenu, s'écrie l'auteur en prenant ses lecteurs à témoin: les cafés et les restaurants de Montréal appartiennent «à des Grecs, à des Chinois ou à des chaînes étrangères à notre nation», et le cinéma siphonne «les sommes que nous versons chaque jour, par le truchement de leurs caisses, à de purs étrangers, à des Juifs bien souvent[50]».

Les puissances occultes sont souvent dénommées «trusts», et leur visage est celui de l'Autre. «Or, les trusts, qui ont accaparé l'argent de notre peuple et qui nous saignent à blanc, sont dirigés en haut par des étrangers, des Anglais, des Yankees ou des Juifs[51].» Ils font danser peuple, politiciens et journaux, ces derniers marchant main dans la main:

> «L'asservissement des journaux aux trusts est peut-être le fléau le plus repoussant de notre vie politique. C'est en tout cas la cause première de tous les mouvements d'idées perfides qui font fleurir chez nous le culte des idoles, la partisannerie politique[52].»

Les menaces ne tardent pas à être proférées envers ceux qui permettent à «la finance juive ou américaine» de se dissimuler derrière «certaines maisons portant de vieux noms canadiens-français». «Il faudra un jour afficher des noms et nous en afficherons», s'exclame le même Thuribe Belzile, afin de prévenir la répétition de semblables trahisons, bien sûr, mais «surtout pour stigmatiser comme il convient ceux qui ont eu la perfidie de se vendre pour s'enrichir à nos dépens(...)[53]».

Si rien n'est entrepris pour secouer «le joug des puissances sans entrailles et le plus souvent étrangères» qui écrasent le Québec, «nous aboutirons fatalement à l'anarchie et à la révolution», prophétise Gérard Filion avant de préciser que «la révolution de Cuba ne s'explique pas autrement[54]».

André Laurendeau accourt et met les points sur les i:«L'action du trust, c'est-à-dire du capital étranger, se fait sentir partout. Le trust est maître à Ottawa. Il est maître à Québec(...).» Un jour le peuple émergera de sa profonde léthargie et alors: «on fera ici des trustards ce qu'on a fait des Juifs en Allemagne. On les boutera dehors. Tant pis s'ils ne se relèvent pas indemnes outre-quarante-cinquième[55].»

Tant pis...

Le Devoir

A l'occasion du vingt-cinquième anniversaire de la fondation du Devoir, le chanoine Lionel Groulx lui rend hommage à l'intérieur même de ses colonnes, en soulignant que le Canada français lui est redevable d'une «action catholique et nationale» durable et d'une infatigable «propagande d'idées saines[56]». L'Action nationale manifeste aussi sa reconnaissance: «Nés d'une même doctrine, attachés aux mêmes traditions, poursuivant le même but, notre modeste revue et le fier quotidien montréalais ne peuvent que partager leurs joies de famille[57].» Le Devoir rend bien son estime au chanoine: entre gens qui cultivent et propagent des idées «saines»... «nous avons, et plus que jamais, besoin de salubres vérités. Certaines, tombées de lèvres augustes, ont eu déjà un juste retentissement[58].»

Entre 1929 et 1939, Le Devoir reproduit 41 articles signés et conférences prononcées par Lionel Groulx; il fait la promotion 60 fois, en première page, surtout dans la rubrique Bloc-notes, des cours que le chanoine donne, des livres qu'il publie et des manifestations patriotiques qu'il organise; en 1935, le quotidien publie, sous forme de bandes dessinées, ou, comme il le dit, de «romans en images», les deux romans de Groulx: L'appel de la race et Au Cap Blomidon. Paraissent aussi 27 articles ou éditoriaux commentant les écrits et les activités de Groulx et de son groupe.

Le Devoir lui offre aussi ses ressources matérielles: publication, sous forme de brochure, dans la collection «Document» et vente à son service de librairie, des conférences suivantes de Groulx: La déchéance incessante de notre classe moyenne [59], Nos positions [60], Le national et l'économique [61]; publication et distribution de 3 000 exemplaires, dans la même collection, du dossier Dollard 62; publication, en 1932, d'*Au Cap Blomidon*. *Le service de librairie tient aussi à la disposition des lecteurs le livre Orientations*[63], et Omer Héroux se félicite de ce qu'il franchisse le cap des 3 000 exemplaires vendus[64], qu'il faille en imprimer 2 000 exemplaires additionnels, atteignant ainsi un total de 5 000 exemplaires, et ce, trois mois à peine après sa première publication[65]. Le même service offre *L'Education nationale* [66], *Notre maître le passé*, deuxième série[67], et *Directives* [68].

Les propos fulminants que tient Groulx sous le pseudonyme d'André Marois, publiés dans Le Devoir, où il dénonce tour à tour le «chancre» et le «cancer[69]» de l'Etat que serait le parti libéral provincial; la police provinciale comme «la milice du fascisme libéral, s'il y avait quelque rapport entre la coalition d'appétits et d'égoïsmes d'une tribu politique et l'idéal habituel d'un parti fasciste»; la «bonnasse stupidité du parti conservateur fédéral», parti dont il écrit que«... d'effroyables égoïsmes le rongent, lui aussi, toute une tourbe de faux partisans, bleus à Ottawa, rouges à Québec, hommes des clans financiers, cramponnés, collés à lui pour mieux trahir», propos où Groulx-Marois dénonce «...la multiplication des agglomérations urbaines, les abus du capitalisme, le chômage, le développement vertigineux du paupérisme[70]», la dictature économique étrangère à cause de qui «...la plaie du chômage s'étend chez eux [les Canadiens français] avec la rapidité d'un chancre et que les jeunes gens de leur race, techniciens et ingénieurs, formés dans les grandes écoles pour leur créer une élite économique, doivent moisir dans l'inaction ou s'expatrier pour se trouver de l'emploi[71]». L'ensemble de ces propos reçoit un commentaire approbateur d'Omer Héroux: «Que voilà matière à réflexion! Et je vous le demande: Combien de journaux dans la province auraient osé publier une lettre qui frappe, avec une pareille impartialité, à droite et à gauche et pose tant de questions graves[72]?»

Le Devoir et Groulx se réclament d'une indépendance absolue et au-dessus de tout soupçon vis-à-vis des partis politiques[73]. La similarité idéologique ne s'arrête pas là. «Catholiques, nous avons le privilège de posséder la vérité, les paroles de la vie éternelle, au milieu de cent millions de protestants et de matérialistes[74].» Tout le continent nord-américain voue le Canada français à sa perte, entonne Le Devoir, catéchumène aussi appliqué que l'Action nationale et les Jeune-Canada:

> «Comment ne pas songer sans inquiétude à tout ce qui circule dans cette Amérique du Nord, où la poignée de catholiques que nous sommes est entourée d'une masse toute imprégnée de matérialisme et d'hérésie, où les mœurs tendent à redevenir payennes[sic], où toutes les erreurs s'affichent dans les feuilles et les livres répandus à millions[75].»

La déchéance de la classe moyenne, d'une portée sociale incalculable, inquiète le quotidien bien qu'elle soit advenue «sous nos yeux sans que la plupart paraissent même s'en apercevoir[76]». Et de remercier Groulx d'avoir éclairé leur lanterne à la flamme vacillante.

Omer Héroux écorche au passage la démocratie qui «...mène trop souvent à l'esprit de parti, dont l'excès conduit, de son côté, à la dictature du nombre sur les esprits. Sus à l'esprit de parti[77]!», cet esprit de parti «...détestable, franchement nuisible, qui a divisé les Canadiens français contre eux-mêmes[78]», tandis qu'Albert Rioux juge durement la performance des gouvernements qui ont ignoré la vérité fondamentale que «nos ancêtres ont découvert, colonisé, arrosé de leurs sueurs et de leur sang la plus grande partie de l'Amérique. Descendants des pionniers, nous sommes chez nous plus que personne dans ce pays. Nos dirigeants ont-ils eu assez conscience de cette vérité?» Non, répond l'éditorialiste, en s'appuyant sur Groulx:

> «Je ne vois pas de raisons fatales, dit M. l'abbé Groulx, pour que les Canadiens français, au nombre de 2 300 000 dans le Québec et maîtres de la province depuis trois cents ans, toutes les grandes affaires, toute la finance, toutes les grandes entreprises industrielles, toutes les compagnies d'assurance, tous les pouvoirs d'eau, toutes les forêts, toutes les mines, appartiennent à une minorité de 300 000 âmes[79].»

Cette minorité de 300 000 âmes habite-t-elle dans la province? Est-ce le capital international? Qui est-elle?

Dans un éditorial portant sur un numéro de l'Action nationale, Omer Héroux approfondit le thème de l'Autre, de ses pompes et de ses œuvres, d'une manière similaire -voire jumelle- à celle de Groulx et de ses satellites idéologiques. Il remercie Groulx de rappeler «un fait brutal», «le fait que notre groupe occupe l'une des situations les plus dangereuses, du point de vue de la conservation de son identité propre, qui soit au monde.» S'il est vrai qu'il y a un siècle l'Amérique du Nord constituait une «masse étrangère» au Canada français:

> «Aujourd'hui, nous sommes avec elle en contact quotidien et, pour ainsi dire, immédiat. Les journaux et les revues de langue anglaise, protestants, protestantisants ou matérialistes, encombrent notre pays, pénètrent partout. Il en est de même du théâtre et plus encore de la radio. Nous sommes enveloppés de toutes parts[80].»

La Ville décuple le péril de l'hérésie moderne: «deve-

nu en grande partie urbain», le peuple canadien-français «a perdu par là une part de ses moyens de défense;
il se trouve exposé à de nouvelles et énormes difficultés. Difficultés aggravées d'ailleurs par ce fait qu'à l'intérieur de certaines de nos grandes villes l'influence
étrangère est particulièrement forte[81].»

Cette situation périlleuse arrache ce cri du cœur à
Omer Héroux: «Les Iroquois, c'est là qu'ils sont maintenant[82]!» Plus que jamais, Dollard symbolise «...la
lutte éternelle qui, sous des formes diverses, se poursuit en nous et autour de nous[83]» et «L'Iroquois éternel
représente tout ce qui, autour de nous, mais en nous
surtout, peut diminuer, affaiblir notre valeur, notre ca-
pacité d'action[84]». Héroux conclut sans surprise: «Et
nous constatons que la liste est longue, hélas!, des ennemis contre lesquels il faudra toujours lutter; que l'I-
roquois, c'est en nous-mêmes, trop souvent, qu'il
habite[85].» L'Autre hostile habiterait le Traître; même
l'auteur de la formule, Groulx, n'était pas parvenu à
l'énoncer aussi succinctement.

Les mentions de l'Action nationale sont plus dis-
crètes et beaucoup moins nombreuses que celles accordées par Le Devoir à Groulx Le Devoir reproduit dans
son entièreté le programme que Groulx assigne à la
nouvelle revue[86] et le service de librairie du quotidien
recueille les abonnements[87]. Omer Héroux, dans la
chronique Bloc-notes, en souligne le premier anniversaire[88], puis le troisième[89], se réjouit du retour à la santé du directeur de la revue, M. Harry Bernard[90], et de la
nomination de M. André Laurendeau à sa direction[91].

Le Devoir démontre davantage de générosité envers
les Jeune-Canada. Il annonce 11 fois la tenue de leurs
assemblées et, de 1932 à 1938, il accueille 39 fois leurs
textes. De décembre 1932 au 23 décembre 1935, il pu-

blie 25 articles, de longueur variable, en première page, commentant favorablement les activités et les prises de position idéologiques du groupe en plus d'imprimer tous leurs tracts, soit 6, et promet «de tout cœur» son aide empressée[92].

Le jour où a lieu la première assemblée publique organisée par les Jeune-Canada, Omer Héroux applaudit à «l'existence d'un groupe de jeunes gens qui pensent nationalement[93]». Il revient à la charge le lendemain: «Il [le Manifeste des Jeune-Canada], porte déjà la signature de près de cinq cents jeunes gens. Fraternellement, comme il convient dans un mouvement national, y voisinent des noms très connus dans les milieux les plus divers. Ce n'est l'œuvre ni d'un parti, ni d'un clan[94].»

Il importe plus que tout de placer la nation au-dessus des partis; d'ailleurs, écrit Le Devoir en citant Dollard Dansereau des Jeune-Canada; «...il [Dollard Dansereau] a [si] clairement montré la stupidité du régime des deux partis, son incompatibilité avec l'esprit latin, qui est logique et sens commun. Quelle folie que de constituer une opposition à seule fin de gêner l'action du gouvernement que l'on charge de conduire[95].»

La réaction que manifestent les Jeune-Canada tombe d'autant plus à point que «Dans la décadence morale, dans la pitrerie et la veulerie politiques, nous sommes allés loin[96].» Après avoir cité en éditorial les propos de Pierre Dansereau: «Ce n'est pas avec de l'eau de rose que nous purifierons notre système social; s'il faut du vitriol pour nous délivrer de ces microbes de la spéculation et du trust, employons-le(...)», Omer Héroux conclut: «Après tout, pour la santé de notre province, mieux vaut encore le vitriol que la gangrène[97].»

Après tout, Albert Rioux n'écrira-t-il pas qu' «il

[Groulx] sait que Dieu a fait les nations guérissables[98]» ? Il n'y a pas de plaie qui ne puisse être cautérisée...

Références

1. «Réponse à quelques fols.», *Action nationale*, éditorial, (mars 1938).

2. Wilfrid Guérin:« La XIième Semaine sociale du Canada», *Action nationale*, (janvier 1933), p.44.

3. «Le péril communiste.», *Action nationale*, éditorial, (octobre 1934); «Le régime capitaliste.», *Action nationale*, éditorial, (avril 1933).

4. Eugène L'Heureux: «La dictature économique dans la province de Québec.», *Action nationale*, (janvier 1933), p.67.

5. Paul Leblanc: «Problèmes gaspésiens.», *Action nationale*, (février 1938), p.133. Les dictateurs économiques n'ont pas fini «...d'immoler le peuple sur l'autel du veau d'or» Adrien Gratton: «Avant que ne vienne le Grand soir.», *Action nationale*, (mars 1938), p.198.

6. Hermas Bastien: «Corporatisme et liberté.» , *Action nationale*, (avril 1938), pp.307-308.

7. *Ibid.*

8. François-Albert Angers:«La plaie de notre siècle.», *Action nationale*, (septembre 1939), p.64.

9. Guy Frégault: «Pour un ordre laurentien.», *Action nationale*, (mars 1937), p.148.

10. Roger Duhamel: «Abattus? Jamais!», *Action nationale*, (janvier 1938), p.56.

11. «Guerre civile.», *Action nationale*, éditorial, (septembre 1935), p.3; Arthur Laurendeau: «La situation est-elle acceptable?», *Action nationale*, (février 1937), p.68-80.

12. *Ibid.*, p.4.

13. *Ibid.*, p.3.

14. Roger Duhamel: «Chroniques.», *Action nationale*, (septembre 1938) p.58.

15. Anatole Vanier: «Politique extérieure.», *Action nationale*, (février 1937), p.99.

16. Arthur Laurendeau: «L'Education nationale.», *Action nationale*, (mai 1934), p.277.

17. Guy Frégault: «Où est la Révolution?», *Action nationale*, (février 1937), p.86.

18. *Ibid.*

19. Guy Frégault: «Pour un ordre laurentien.», *Action nationale*, (mars 1937), p. 149.

20. Paul Dumas: «En marge d'un beau livre.», *Action nationale*, (novembre 1935), p.186.

21. *Ibid.*, p.186.

22. *Ibid.*, p.187.

23. *Ibid.*

24. *Ibid.*

25. *Ibid.*

26. *Ibid.*, p.188. Sur les multiples trahisons commises par les Canadiens français: Paul Gouin: «Refrancisons la province.», *Action nationale*, (avril 1933), pp.195-205; «La vie courante.», *Action nationale*, (mai 1933), p.310.

27. «Les jeunes s'en mêlent.», *Action nationale*, (février 1933), pp.117-120.

28. Entre autres: Pierre Dansereau: «Jeune-Canada.», *Action nationale*, (mai 1933), pp.267-274; Arthur Laurendeau: «Les Jeune-Canada à Carillon.», *Action nationale*, (juin 1933), pp.357-360; Jacques Brassier (pseudonyme de Lionel Groulx): «Pour qu'on vive...Les Jeune-Canada et l'éducation nationale.», *Action nationale*, (novembre 1934), p.p241-247; Lionel Groulx: «Les échos d'une campagne.», *Action nationale*, (janvier 1935), pp.44-56; Arthur Laurendeau: «Ce que dit la jeunesse.» *Action nationale*, (février 1935), p.125-128; André Laurendeau: «Pour mettre dans l'âme de la jeunesse à la place du culte de l'esprit de parti. Extrait du dernier des Jeune-Canada: André Laurendeau: Notre nationalisme.», *Action nationale*, (décembre 1935), p.262; André Laurendeau: «Explicitation.», *Action nationale*, (février 1936), pp.120-122; Thuribe Belzile: «La ruralisation de l'école rurale.», *Action nationale*, (janvier 1938), pp.11-18; Dostaler O'Leary: «Directives.», *Action nationale*, (janvier 1938), pp.70-78; Roger

Duhamel: «Saint-Henri, morne plaine...», *Action nationale*, (février 1938), pp.159-162.

29. Lucienne Fortin: *Les Jeune-Canada*. Dans: Fernand Dumont, Jean-Paul Montminy, Jean Hamelin: *Les idéologies au Canada français*, p.218

30. *Ibid.*, p.229

31. *Ibid.*, p.217

32. Lionel Groulx: *Mémoires*, Montréal, Fides, 1974, tome 3, p.275.

33. Paul Dumas: *Nos raisons d'être fiers*, Tracts Jeune-Canada no.1, Montréal, novembre 1934, no. 1, pp.14-15; *Ibid.*, pp.26-27; Pour une reprise fidèle des poncifs chers à Groulx sur la Nouvelle-France, cf.: Gérard Filion: *Les Canadiens français sous l'ancien régime*, dans: *Sur les pas de Cartier*, Les Cahiers des Jeune-Canada II, Montréal, 1934, p.11-27.

28. Thuribe Belzile: *Sur les pas de Cartier*. dans: *Sur les pas de Cartier*, Montréal, Les Cahiers des Jeune-Canada, 1934, II, p.6.

35. André Laurendeau: *Notre nationalisme*, p.50.

36. «A vrai dire, le mot même, fascisme*rend bien la nature du phénomène historique: une rassemblement *de forces diverses*, **dont l'unité, sinon même l'idée découle du fait accompli.**»

*«Vient de «faisceau»: le rassemblement des fusils au repos, ou l'attribut du licteur dans la Rome antique. Henri Michel: *Les fascismes*, Paris, Presses Universitaires de France, 1983, p.3. (Coll. «Que sais-je?»).

37. André Laurendeau: *ibid.*, p.34.

38. *Ibid.*, pp.34-35; «La trahison est partout...» Gilbert Manseau: *Notion du fait national*, dans: *Le Canadien français, ses droits, son idéal*, Tracts Jeune-Canada, no. 3, Montréal, avril 1935, p.4.

39. Thuribe Belzile: *Nos déficiences, conséquences, remèdes*, Tracts Jeune-Canada, no.4, Montréal, mai 1935, p.6 à p.19

40. Thuribe Belzile: *Vue d'ensemble de notre vie nationale*, dans Les Jeune-Canada: *Qui sauvera Québec?*, p.43.

41. Dollard Dansereau: *Les Canadiens français et la Confédération*, dans: *Sur les pas de Cartier*, pp.50-51 ; «Les politiciens, vampires du sang du peuple.» René Monette: *Commerce juif et commerce canadien-français*, dans: Politiciens et Juifs, p.41.

42. Dollard Dansereau: *Ibid.*, p.51.

43. Thuribe Belzile : *op. cit..*, p.20.

44. «...ce triste microbe nous a rendus malades, c'est la politique de parti ou mieux, la triste politicaillerie de nos hommes publics, bleus ou rouges.» André Laurendeau: *Partisannerie politique*, dans : *Politiciens et Juifs*, Les Cahiers des Jeune-Canada, I, Montréal, 1933, p. 55.

45. *Ibid.*, p.58.

46. Jean-Marie Fortin: *Notre position au Canada*, Tracts Jeune-Canada, no.6, Montréal, mars 1936, pp.16-17.

47. *Ibid.*, p. 16.

48. Thuribe Belzile: *Sur les pas de Cartier*, dans: *Sur les pas de Cartier*, p.8

49. Thuribe Belzile: *op. cit.*, p.27; Gilbert Manseau: *op. cit.*, p.8

50. Thuribe Belzile : *Vue d'ensemble de notre vie nationale*, dans: *Qui sauvera Québec?*, p.43.

51. Thuribe Belzile: «Les conséquences de la dictature.» , *Le Devoir*, 11 novembre 1932, p.1.

52. Gérard Filion: «Cartels et Trusts», *Le Devoir*, 7 novembre 1933, p.2.

53. Thuribe Belzile: *Vue d'ensemble de notre vie nationale*, dans: *Qui sauvera Québec*, p.42.

54. Gérard Filion: op. cit.

55. André Laurendeau: «Le trust, danger social et national.», *Le Devoir*, 14 novembre 1933, p.2.

56. Lionel Groulx: «Une lettre de M. l'abbé Groulx.», *Le Devoir*, 18 janvier 1930, p.2.

57. *Action nationale*, (janvier 1935), p.124.

58. Omer Héroux: «Des pages qui feront réfléchir.», *Le Devoir*, 23 avril 1934, p.1, éditorial.

59. Lionel Groulx: La déchéance incessante de notre classe moyenne, Montréal, Le Devoir, 1931. (Coll.«Le Document»)

60. Omer Héroux: «Pour qu'on pense.», *Le Devoir*, 22 mars 1935, p.1, Bloc-notes.

61. Omer Héroux: «Bonne nouvelle.», Le Devoir, 3 mars 1936, p.1.

62. Omer Héroux: «Dollard», *Le Devoir*, 26 mai 1932, p.1.

63. Annonce publicitaire, *Le Devoir*, 8 octobre 1935, p.1. et 18 août 1936, p.3.

64. Omer Héroux: «Signe des temps.», *Le Devoir*, 9 janvier 1936, p.1.

65. Annonce publicitaire, *Le Devoir*, 10 janvier 1936, p.3.

66. Clarence Hogue: «Pour les éducateurs et les parents.», *Le Devoir*, 9 novembre 1935, p.10.

67. Annonce publicitaire, *Le Devoir*, 26 mai 1937, p.3.

68. Annonce publicitaire, *Le Devoir*, 3 janvier 1938, p.6.

69. André Marois(pseudonyme de Lionel Groulx): «Réforme d'un parti ou réforme d'une politique.», *Le Devoir*, 20 septembre 1932, p.1.

70. André Marois(pseudonyme de Lionel Groulx): «Réforme d'un parti ou réforme d'une politique» *Le Devoir*, 21 septembre 1932, p.1.

71. *Ibid.*

72. Omer Héroux: «La lettre d'André Marois.», *Le Devoir*, 22 septembre 1932, p.1.

73. *Ibid.*

74. Albert Rioux: «Orientations. En lisant le dernier livre de M. l'abbé Groulx.», *Le Devoir*, 3 décembre 1935, p.1, éditorial.

75. Omer Héroux: «Le Père Doncœur et les jeunes.», *Le Devoir*, 20 avril 1934, p.1, éditorial.

76. Omer Héroux: «Des faits qui feront réfléchir.», *Le Devoir*, 23 avril 1934, p.1, éditorial ; Omer Héroux: «Bons signes.», *Le Devoir*, 28 décembre 1931, p.1, éditorial; Omer Héroux: «Deux hommages.», *Le Devoir*, 21 avril 1933, p.1; Omer Héroux: «Lisez ce livre!», *Le Devoir*, 25 octobre 1935, p.1, éditorial; Albert Rioux:«Orientations.», *Le Devoir*, 3 décembre 1935, p.1, éditorial.

77. Omer Héroux: «L'esprit de parti.», *Le Devoir*, 15 juin 1938, p.1; Omer Héroux: «M. Ashley W. Cooper nous donne de dures mais salutaires leçons.» *Le Devoir*, 10 juin 1938, p.1, éditorial; 78 . Omer Héroux: «Le sursaut», *Le Devoir*, 12 avril 1933, p.1.

79. Albert Rioux: «Orientations.», *Le Devoir*, 3 décembre 1935, p.1, éditorial; Georges Pelletier: «Ploutocratie.», *Le Devoir*, 23 juillet 1934, p.1.

80. Omer Héroux: «De quoi faire réfléchir.», *Le Devoir*, 22 septembre 1934, p.1, éditorial.

81. *Ibid*

82. Omer Héroux: «Les Iroquois, c'est là qu'ils sont maintenant!», *Le Devoir*, 24 mai 1938, p.1, éditorial.

83. *Ibid.*

84. *Ibid.*

85. *Ibid.* Sur l'apologie de Dollard des Ormeaux: Omer Héroux: «Dollard.», *Le Devoir*, 26 mai 1932, p.1; Lucien Desbiens: «La fête de Dollard.», *Le Devoir*, 23 mai 1934, p.1; Omer Héroux: «La fête de Dollard.», *Le Devoir*, 24 mai 1939, p.1.

86. *Le Devoir*, 3 janvier 1933, p.2.

87. *Ibid.*

88. Omer Héroux: «Etude nécessaire», *Le Devoir*, 20 décembre 1933, p.1.

89. Omer Héroux: «L'Action nationale.», *Le Devoir*, 7 janvier 1935, p.1.

90. Omer Héroux: «M. Harry Bernard.», *Le Devoir*, 21 juin 1934, p.1.

91. Omer Héroux: «M. André Laurendeau.», *Le Devoir*, 8 septembre 1937, p.1.

92. *Ibid.*

93. Omer Héroux: «Bravo!», *Le Devoir*, 19 décembre 1932, p.1, éditorial

94. Omer Héroux: «Continuez!», *Le Devoir*, 20 décembre 1932, p.1, éditorial.

95. Georges Pelletier: «L'assemblée d'hier.», *Le Devoir*, 23 janvier 1934, p.1; «Ils nous ont donné d'abord un spectacle qui a suscité les plus vives sympathies: celui d'hommes jeunes, que beaucoup de choses pouvaient distraire et qui s'imposaient la rude tâche de creuser de graves questions, de les scruter et d'en chercher la solution en dehors de tout esprit de parti.» Omer Héroux: «Au Monument National.», *Le Devoir*, 3 décembre 1934, p.1.

96. Paul Anger: «Les Jeune-Canada.», *Le Devoir*, 14 novembre 1933, p.1.

97. Omer Héroux: «M. Taschereau et les Jeune-Canada.», *Le Devoir*, 18 décembre 1933, p.1, éditorial.

98. Albert Rioux: «Orientations. En lisant le dernier livre de M. l'abbé Groulx.», *Le Devoir*, 3 décembre 1935, p.1, éditorial.

Chapitre 7

Le nez de Goldberg

«Les hommes ont peur du Même, et là est la source du racisme.»

L'AUTRE ADOPTE une identité définitive: c'est le Juif. Sa différence physique est une «marque» indélébile: il a un gros nez crochu, des doigts crochus, il est circoncis et il dégage une odeur repoussante, entre autres signes par lesquels on le reconnaît à coup sûr. Certains des traits mentaux les plus évidents du Juif apparaissent déjà: le nez fait le criminel. Le patronyme serait le second signe qui «marque» le Juif et qui permet de le distinguer du reste de la population. Une question vient spontanément à l'esprit: si le Juif possède toute cette panoplie de signes physiques, comment peut-on ne pas le reconnaître?

La francisation des noms et la maîtrise du français par des citoyens de confession mosaïque effraient certains rédacteurs du Devoir qui n'y voient que fraude et usurpation. Identifier le Juif devient alors impossible, et c'est précisément là que le bât blesse: une distinction doit être maintenue coûte que coûte. Arbitraire, grotesque, patronyme ou caricature, mais distinction tout de même. Enfin, à défaut de savoir ce qu'est un Canadien français, on peut toujours proposer une définition par l'exclusion: un Juif n'est pas un Canadien français.

Deux signes distinguent le Juif, croit donc Le Devoir, du reste des membres de la société où il vit. On le reconnaît d'abord à quelques traits physiques qui lui sont bien particuliers. À un Juif de Russie qui soutient que «les Juifs eux-mêmes disparaissent, fondus dans la masse; à tel point que les jeunes gens ne savent plus s'ils sont Russes ou Juifs[1]», Le Devoir, versé en la matière, rétorque: «Pourtant, il y a les signes physiques[2].»

Parmi lesquels signes se trouve le nez, que, suivant l'iconographie antisémite classique, le Juif a crochu. «Ces Hollandais qu'on parle d'amener au Canada pour les établir pourraient venir de Hambourg et porter nez crochu[3].» Paul Anger n'a-t-il pas rencontré «...un certain Abraham dont le nez, se perdant dans sa barbe, témoignait assez par cette chute brusque de ses origines ethniques[4]?» Il avertit les voyageurs canadiens-français séjournant aux États-Unis: «Si le hasard vous conduit dans une grande hôtellerie américaine, vous serez excédé [sic] de la place qu'y prennent les gens au nez crochus [sic] et aux doigts richement, ou, du moins, ostensiblement bagués[5].»

Le nez, bien entendu, fait le criminel. «Toutes ces affaires où sont mêlés des nez crochus révèlent que la police travaille surtout pour discipliner cet élément étranger.» Esprit pratique, le journaliste exhibe une solution toute prête pour corriger ce problème:

> «Pourquoi celui-ci n'en paierait-il pas les frais? Tout immigrant d'origine orientale devrait verser un impôt de police de cent dollars en entrant au pays. Mais l'exclusion serait encore plus pratique et moins coûteuse[6].»

N'est-il pas vrai que «certaine finance est aussi croche que le nez de ceux qui la font[7]»? Changer de nom s'avère inutile, ainsi que le fait remarquer Le Devoir: «Pourquoi changer de nom si on ne peut changer de nez[8]?»

A la vérité, tout son visage trahit le Juif: «Regardez bien la photo des manifestants antifascistes de samedi dernier: facies de métèques porteurs d'affiches qui se lisent: «A bas le fascism[sic]. C'est évidemment des gens de chez nous qui ont préparé ça[9].»

De même que les pieds du Juif, «...que l'hérédité lui fait écarter à angle droit[10]», son pénis circoncis — comme si c'était une caractéristique unique aux Juifs — intéresse le Grincheux au moins autant que le nez crochu. «Tous ces éloges, par le temps court, qu'Israël reçoit, n'est-ce pas à donner presque envie d'être circoncis[11]?» «On a dit d'Hitler qu'il était juif. Possible: il a perfectionné la circoncision[12].» Cette caractéristique donne lieu à un jeu de mots: «Le Juif allemand auquel le régime naziste vient de retrancher toute citoyenneté, c'est bien le sire qu'on scie, et pire que cela[13].» Il semble que, dans l'optique du scribe anonyme, cette forme d'humour tombe à point nommé...

Enfin, le Juif dégage une odeur corporelle caractéristique. «Ce n'est pourtant pas le nez qui fait le Juif, se dédit Pamphile, si c'est souvent le nez qui le sent[14].» L'odeur est celle de l'ail «Le brave Aisenbud a trop tôt laissé sentir l'ail. Baptiste s'inquiète et n'entend pas être suffoqué[15]», écrit le Grincheux à propos des efforts du dénommé Aisenbud pour favoriser l'immigration de réfugiés juifs au Canada. Même le nom du Juif est odoriférant: il sent l'ail. «Un magistrat de New York qui, sans être juif comme ils le sont tous, à bien y penser, son nom— Rudich — sent l'ail[16]!», ou mieux encore, il dégage les effluves combinés de l'ail, du caviar et de la vodka: «Ivan Issemmocski. N'est-ce pas que ce nom dégage une fine odeur de caviar, d'ail et de vodka[17]!»

Couronne ce bouquet bien particulier la saleté du Juif. Si les Juifs se sont entichés de la pratique du bain obligatoire imposé par les lois de Nuremberg[18], ce soudain changement de mentalité demeure bien superficiel, puisqu'ils persistent à habiter des ghettos pouilleux. «Le boulevard Saint-Laurent porte cette indication qui laissera rêveurs les Juifs et les Canadiens: *is very French*. Cela fait juger de la valeur de l'information [d'un dépliant touristique], mais l'étranger en sait-il quelque chose? La pouillerie du ghetto nous passera sur le dos[19].»

Les Juifs, sales, puants, habitant des ghettos pouilleux, salissent inévitablement les endroits publics qu'ils fréquentent:

> «Faudrait voir quel effet ces affiches auraient sur les Juifs du parc Jeanne-Mance où il y a plus de papiers graisseux que de pelouse. Pour ne pas faire de jaloux, on me dit que ces mêmes Juifs traitent de même façon le parc Lafontaine, qu'ils joignent dans de mêmes égards les Canadiens anglais de l'ouest que les Canadiens français de l'est[20].»

Il en va de même, du reste, du Mont-Royal: «C'était, il y a deux ou trois ans, une retraite délicieuse. Il dominait la ville, ses laideurs et ses saletés. Il émergeait, comme un îlot sacré, de cette mer impure. Désormais, il est submergé[21].» Par qui? Par ces «Orientaux» qui encombrent la montagne:

> «Dans toutes les allées, dans toutes les clairières, partout on retrouve des chevelures luisantes, parfois des torses nus qui exposent leur impudeur au soleil, des nez crochus et des poitrines ballottantes. Cette race a des qualités sociales; mais elle n'a pas le culte de la propreté, qui devrait bien en être une[22].»

Le stéréotype du Juif diffusé par Le Devoir est tellement grossier qu'on ne s'étonne pas qu'il se voit parfois forcé d'admettre que des individus s'en écartent. «Pour un Hébreu, sir Herbert Samuel n'a pas beaucoup le type sémitique[23].» Ou qu'il doive avouer sa confusion, son incapacité de déterminer, entre des signes physiques contradictoires, si une personne est juive ou non: «La conjugaison de ces deux noms bibliques: Mardochée et Ézechiel, permettrait de supposer que celui qui les porte est d'origine israélite. M. Mordecai Ézekiel n'a pourtant rien du sémite dans son apparence physique.» Le rédacteur serait plutôt enclin à croire qu'il s'agit du «rejeton d'une vieille famille puritaine[24]».

Voilà les lecteurs rassurés. M. Samuel Untermeyer, cependant, ne s'en tire pas aussi bien. «Il y a à New York un avocat qui réussit bien. Comme il se nomme Samuel Untermeyer, il est douteux qu'il prétende, contrairement à la plupart des Américains, descendre des immigrants du Mayflower[25].»

Le patronyme constitue le second signe -que certains rédacteurs du Devoir voudraient indélébile- qui marque le Juif. «Les médicastres juifs ne peuvent accepter la portion congrue. Du moins tel est l'avis du docteur Albert Hyman (si celui-là n'est pas juif, Einstein est écossais[26]).» Le même constat s'applique à Mademoiselle Muriel Jacobson «...dont le nom indique assez l'origine ethnique ou raciale[27]» ainsi qu'à «...un autre, qui a un nom fortement youpin(...)[28],» et à Algernon O'Stifsky «...avec son nom mi-partie irlandais et mi-partie polonais enveloppé d'un fort relent alliacé qui évoque Israël[29].»

Comme le nez, le nom fait le criminel: d'une dame qui aurait trempé dans un scandale financier en France, Georges Pelletier écrit: «L'initiatrice de toute l'affaire est une Mme Hanau. Son ancien mari — car c'est une divorcée — est comme elle juif, du nom caractéristique de Bloch.(...) Et cela n'est pas pour tempérer le sentiment antisémite, à Paris et ailleurs[30].» Comment en effet échapper à l'antisémitisme quand le

Juif est sale, malodorant, métèque, circoncis et criminel?

Deux semaines plus tard, Georges Pelletier souligne, une fois de plus, l'implication dans ce même scandale «...de plusieurs métèques[31]» et les nomme tous, leurs noms suffisant à prouver leur condition de métèques. De trois frères de Montréal qui ont recelé des milliers de dollars de marchandises volées et de prévenus new yorkais impliqués dans une vaste fraude, le Grincheux écrit simplement que «...tous les noms des prévenus fleurent l'ail et la Galicie. Simple coïncidence[32].»

Le jeu qui consiste à démasquer le Juif sous les noms de criminels ne paraît jamais ennuyer le Grincheux. Après avoir démasqué les «Chapereau, Mme Edgar Lauer, Jack Benny, Paul Cheyskens» qui auraient trempé dans une fraude internationale, en dévoilant que «Chapereau se prétend Nicaraguen, mais son nom, qui s'écrit réellement Shapiro, le dénonce. L'origine israélite de Mme Lauer(...) ne peut faire de doute. Celle de Cheyskens non plus. Jack Benny sent fortement l'ail», le Grincheux reprend la ritournelle de l'impôt spécial. «Si nous devons importer plus de Juifs, arrangeons-nous au moins pour qu'ils défraient l'augmentation des effectifs de police que leur présence nécessitera[33].»

Si le patronyme juif fait le criminel, il ne fait pas le Canadien. «Bronfman... Bronfman...C'est singulier comme ça ne sonne guère canadien[34].» «Les Musica, les Kantor, les Sam Reichbach, les Coster, autant de noms de par ici, c'est évident. On n'a pas besoin de nous dire qu'il y a parmi cela des Canadiens. Canadiens depuis quand et à quel titre[35]?» Prosper lance le patronyme de «Machinsky[36]», patronyme générique du Juif, tout comme, à compter de 1938, tous les Juifs d'Allemagne devront obligatoirement porter les prénoms d'Israël et de Sarah. «On compte qu'il y aura en Allemagne 500,000 Israël et autant de Sarah, à la suite d'un décret du Führer. Ce sera l'équivalent du Mc écossais ou de l'O' irlandais[37].»

Ces multiples précautions ne suffisent cependant pas à identifier le Juif hors de tout doute. «D'après de récentes statistiques, il y aurait au Canada 126,196 Juifs. Cela, sans compter ceux des White, des Ross, des Smith qui ne sont pas d'origine anglo-saxonne. Or il y en a quelques milliers[38].»

Le Devoir s'accroche à ce signe, peut-être conscient de l'inexistence des signes physiques, et le simple fait que des citoyens de religion juive puissent changer de nom le remplit de frayeur. Quelque chose ne va plus dans la cosmogonie raciale. Deux éditoriaux dénoncent de manière virulente les changements de noms de Harold Arnold Goldberg, Lilian Goldberg, Herman Goldberg et Max Goldberg en Gordon. Est-il possible, en notre province, que «cent mille individus, juifs ou chrétiens» puissent, par un tour de passe-passe juridique «se dépouiller de leur nom, leur personnalité ancienne, s'affubler d'une personnalité, d'un nom nouveau»? Changer de nom équivaut à une mutation existentielle. «Est-il possible (puisque l'on ne voit pas quelle différence pourrait juridiquement exister entre une première ou une dixième mutation) que les mêmes gens, grâce à ce procédé rudimentaire, puissent successivement s'appeler Goldberg, Gordon, Taschereau, Duplessis, Carroll, Bennett, Dandurand[39]?»

Le patronyme ferait l'individu à ce point qu'en changer entraînerait un changement de sa personnalité, une véritable mutation. Seule la science, en l'occurrence la biologie, peut fournir un terme assez fort pour décrire la transformation ainsi opérée qui touche jusqu'aux gènes de l'individu. Ce n'est pas que les «Juifs» puissent être différents des Canadiens français qui effraie certains journalistes du Devoir, mais bien qu'ils ne puissent plus parvenir à les en distinguer. C'est l'indifférenication qui fait problème et non la différence, fut-elle affirmée sur le mode le plus grotesque.

L'enjeu paraît assez important au Devoir pour qu'il organise «...une campagne d'ordre public[40]» afin d'empêcher les changements de noms. Campagne au cours de laquelle Omer Héroux dénonce les Schwartz et les Smilovitch désireux de devenir des Swards et des Smiley[41]; et la famille Horowitz qui manifeste l'intention d'adopter le patronyme de Harvey[42].

Pierre Kiroul consacre une chronique à Jacques Saint-Pierre, commerçant d'un petit village du bas du fleuve: «De son vrai nom, il s'appelait Jacob Rocksterg. De Rocksterg, il avait fait Saint avec Sterg et Pierre avec Rock. Jacques Saint-Pierre, Jacob Rocksterg, traduction littérale[43].»

Les changements de noms prennent l'allure d'une épidémie. «On ne compte plus dans notre bonne ville de Montréal le nombre des Lévy et des Bercovitch, des Tannenbaum et des Cohen qui sont devenus des Gordon, des Brown et des Murphy, comme aussi des Laliberté[44].»

Les conséquences commerciales de cette pratique sont des plus fâcheuses, les marchands juifs dupant leurs clients. Paul Anger instruit ainsi les badauds naïfs qui se réjouissent trop vite de voir proliférer les maisons de commerce canadiennes-françaises sur la rue Sainte-Catherine. Ne vous y trompez pas, car «La maison canadienne pourrait s'appeler plus justement: maison orientale.» Il ne saurait être question de progrès, poursuit-il, mais plutôt de «régression», comme l'illustre l'anecdote suivante. Un commerçant, un «Levantin qui avait pris un nom tout ce qu'il y a de plus historiquement canadien-français, voire illustre dans l'histoire de l'Eglise», refuse de reprendre un article rapporté par une cliente mécontente. «Alors, celle-ci le foudroya du regard et lui décocha, en plein front, cette apostrophe: «C'est ce qu'on gagne à encourager les Canadiens français! Désormais, j'achète chez les Juifs[45].»

Observation d'un philosophe: «Si les Juifs nous volent nos noms, c'est qu'ils ont de la valeur. C'est la seule chose qui nous restait[46].» Il faut rechercher dans leur penchant à la criminalité, la propension qu'ont les Juifs à changer de noms: «On a tort de s'étonner que les Israélites changent si facilement de noms. N'y a-t-il pas des précédents? L'invention de l'alias par les bandits se perd dans la nuit des temps[47].»

La différence religieuse nourrit cette hostilité. Les noms de provenance écossaise de plusieurs Canadiens français ravissent certains rédacteurs du Devoir —les Écossais sont chrétiens. «Il y a d'abord pas mal d'Ecossais au Canada français, à tel point que certaines familles qui sont bel et bien canadiennes-françaises, tiennent leurs noms de lointains ancêtres venus des montagnes d'Ecosse.(...) Le cas Harvey n'est pas unique. Combien de MacNichol, de Murphy, de MacDuff chez nous n'ont plus d'écossais que le nom.» Déplorant la disparition des «contacts intimes» entre les deux groupes, le rédacteur suggère de faire revivre l'Association franco-écossaise[48].

La solution au très grave problème des changements de noms résiderait dans l'adoption d'une loi qui obligerait «tout immigré qui fait affaire au Canada à afficher dans son établissement, sa maison d'affaires, ou ailleurs, en place bien visible, son véritable nom et celui de son pays d'origine, afin que la clientèle et le public sachent au juste à qui ils ont affaire[49].»

Gratien Gélinas, dans les pages de l'Action nationale, oppose, lui aussi, une fin de non-recevoir absolue aux tentatives d'intégration de certains citoyens de religion juive, en s'en prenant à ceux qui ont appris et parlent le français. Il n'y voit que malice et traîtrise. «Il ne saurait y avoir du patriotisme dans le fait d'acheter chez un Anglais ou un Juif, même en français. C'est acheter chez nous qu'il faudrait. Je dirai même que sans le savoir on a été antipatriote[50].»

L'auteur s'attarde quelque peu sur la nouvelle forme de trahison qu'il vient de débusquer: «On a parlé de la fierté qu'un Canadien français devrait avoir à exiger le français partout... Belle fierté, que d'aller porter chaque année des millions et des millions de notre argent aux étrangers qui se sont habilement prétendus des nôtres[51].» Au premier rang de ces étrangers, les Juifs:

> «Nous répandons le français? Sans doute, au point que, dans quelques années, les Juifs par exemple, qui sont habiles, auront appris eux-mêmes notre langue et remercieront les nôtres de leurs services. Et le public ne remarquera pas la différence; il sera même fier qu'un Juif lui parle dans la langue de Dollard des Ormeaux[52].»

Commises par le Juif, les fautes d'orthographe sur les enseignes publiques ont au moins cet avantage: «Que les marchands juifs massacrent le français, passe encore, cela ne sert qu'à les dépister avec plus de sûreté, mais s'il faut que nos congénères s'en mêlent, je n'y suis plus[53].»

Références

1. Pamphile: Carnet d'un grincheux, *Le Devoir*, 7 septembre 1933, p.1.

2. *Ibid.*

3. Pamphile: Carnet d'un grincheux, *Le Devoir*, 29 septembre 1933, p.1.

4. Paul Anger: «Tribunaux comiques.», *Le Devoir*, 4 août 1933, p.1.

5. Paul Anger: «L'avenir d'Israël.», *Le Devoir*, 4 novembre 1936, p.1.

6. Pamphile: Carnet d'un grincheux, *Le Devoir*, 28 août 1934, p.1.

7. Le Grincheux: Le carnet du grincheux, *Le Devoir*, 30 décembre 1938, p.1.

8. Pamphile: Carnet d'un grincheux, *Le Devoir*, 28 février 1934, p.1; Pamphile: Carnet d'un grincheux, *Le Devoir*, 21 mars 1934, p.1; E.B.:« Pourquoi ne pas se prendre pour la S.D.N.?», *Le Devoir*, 30 novembre 1937, p.1.

9. Le Grincheux: Le carnet du grincheux, *Le Devoir*, 2 mai 1938, p.1.

10. «Trois Israélites.», *Le Devoir*, 8 septembre 1934, p.1.

11. Pamphile: Carnet d'un grincheux, *Le Devoir*, 7 décembre 1933, p.1.

12. Pamphile: Carnet d'un grincheux, *Le Devoir*, 23 décembre 1933, p.1; Sur la circoncision: Pamphile: Carnet d'un grincheux, *Le Devoir*, 8 janvier 1934, p.1; Pamphile: Carnet d'un grincheux, *Le Devoir*, 24 mars 1934, p.1; Louis Dupire: «L'ogre creuse sa tombe avec ses dents.», *Le Devoir*, 12 janvier 1931, p.1; Nessus:«Le bill Bercovitch.», *Le Devoir*, 1 février 1932, p.1.

13. Le Grincheux:Carnet d'un grincheux, *Le Devoir*, 18 septembre 1935, p.1; Le Grincheux: Carnet d'un grincheux, *Le Devoir*, 24 mars 1934, p.1.

14. Pamphile: Carnet d'un grincheux, *Le Devoir*, 6 juillet 1933, p.1.

15. Pamphile: Carnet d'un grincheux, *Le Devoir*, 6 juin 1936, p.1.

16. Paul Anger: «Avis à la police.» *Le Devoir*, 9 mai 1934, p.1.

17. Nessus: «Mettez-y des dents.», *Le Devoir*, 5 février 1932, p.1; Jean Labrye: «L'ail vainqueur.», *Le Devoir*, 11 mars 1936, p.1; Le Juif sent aussi l'oignon: Le Grincheux: Le carnet du grincheux, *Le Devoir*, 24 novembre 1938, p.1.

18. «Nuremberg a dû commencer par décréter le bain obligatoire pour les Israélites, mais ayant découvert qu'ils y prenaient goût, car tout change, même les mœurs de races les plus fortement marquées, elle ordonne aujourd'hui à sa police: «Otez-leur-y le bain: ils aiment ça.» Paul Anger: «Quand Israël se baigne.», *Le Devoir*, 8 août 1933, p.1.

19. Paul Anger: «Pauvre touriste!», *Le Devoir*, 19 juin 1930, p.1. «Des deux côtés de l'ancien hôtel de ville, deux autres fontaines, taries également et dans un état de dilapidation qui dégoûterait un Juif du ghetto.» Paul Anger: «Malpropreté municipale.», *Le Devoir*, 13 juin 1934, p.1.

20. Paul Anger: «En rentrant des États-Unis.», *Le Devoir*, 23 juin 1937, p.1.

21. Paul Anger: « Le Mont-Royal.», *Le Devoir*, 25 septembre 1931, p.1.

22. *Ibid.*

23. Émile Benoist: «Sir Herbert Samuel.», *Le Devoir*, 8 août 1933, p.1.

24. Émile Benoist: «M. Mordecai Ézekiel.», *Le Devoir*, 13 octobre 1933, p.1.

25. Paul Anger: «Le droit fait vivre son homme.», *Le Devoir*, 14 avril 1930, p.1.

26. Paul Anger: «Quand on est mort, c'est pour peu de temps.», *Le Devoir*, 4 juillet 1933, p.1.

27. .E.B.: «La propagande se poursuit.», *Le Devoir*, 24 octobre 1938, p.1.

28. Paul Anger: «Americana.», *Le Devoir*, 13 août 1935, p.1.

29. Paul Anger: «Le maire statufié.», *Le Devoir*, 5 mars 1935, p.1.

30. Georges Pelletier: «Scandale.», *Le Devoir*, 10 janvier 1929, p.1.

31. Georges Pelletier: «Etrangers.», *Le Devoir*, 22 janvier 1929, p.1; Le nom prouve la condition d'«étranger»: Un homme «qui a nom Leo Kerwin et qui doit avoir, ou nous nous trompons fort, un profil sémitique bien marqué.» Paul Anger: «Extrêmes.», *Le De-*

voir, 12 mars 1935, p.1; Pamphile: Carnet d'un grincheux, *Le Devoir*, 11 janvier 1934, p.1; Pamphile: Carnet d'un grincheux, *Le Devoir*, 9 octobre 1934, p.1; Pamphile: Carnet d'un grincheux, *Le Devoir*, 10 octobre 1934, p.1; Le Grincheux: Le carnet du grincheux, *Le Devoir*, 7 janvier 1939, p.1.

32. Le Grincheux: Le carnet du grincheux, *Le Devoir*, 14 juin 1939, p.1.

33. Le Grincheux: Le carnet du grincheux, *Le Devoir*, 10 janvier 1938, p.1; Jean Labrye: «Parlez plus bas...», *Le Devoir*, 2 février 1939, p.1; Le Grincheux: Le carnet du grincheux, *Le Devoir*, 2 février 1939, p.1.

34. Le Grincheux: Carnet d'un grincheux, *Le Devoir*, 15 décembre 1934, p.1.

35. Le Grincheux: Le carnet du grincheux, *Le Devoir*, 21 décembre 1938, p.1; Pamphile: Carnet d'un grincheux, *Le Devoir*, 17 novembre 1933, p.1.

36. Prosper:«Propos de palais.», *Le Devoir*, 23 janvier 1932, p.1.

37. Le Grincheux: Le carnet du grincheux, *Le Devoir*, 20 août 1938, p.1.

38. Pamphile: Carnet d'un grincheux, *Le Devoir*, 26 juin 1933, p.1; Le Grincheux: Carnet d'un grincheux, *Le Devoir*, 30 août 1935, p.1; Omer Héroux: «Comme chez nous.», *Le Devoir*, 20 septembre 1935, p.1.

39. Omer Héroux: «Suite de l'affaire Goldberg Gordon.», *Le Devoir*, 22 février 1934, p.1; Omer Héroux: «Comment ces Goldberg se muèrent en Gordon», *Le Devoir*, 15 février 1934, p.1.

40. Omer Héroux: «Ces changements de noms.», *Le Devoir*, 10 mars 1933, p.1.

41. Omer Héroux: «Témoignage.», *Le Devoir*, 12 mars 1934, p.1; Omer Héroux: «Ces changements de noms.», *Le Devoir*, 14 mars 1934, p.1; Omer Héroux: «Pourquoi MM. Schwartz et Smilovitz veulent changer de noms.», *Le Devoir*, 15 mars 1934, p.1; Omer Héroux: «Ces changements.», *Le Devoir*, 5 avril 1934, p.1.

42. Omer Héroux: «Un autre.», *Le Devoir*, 14 octobre 1937, p.1. Omer Héroux s'inquiète: «Si Horowitz, demain, par le vœu du parlement provincial, devient Harvey, combien d'Harvey auront la chance de passer pour Juifs? Évidemment, il vaut mieux que chacun garde son nom.»

43. Pierre Kiroul: «Un précurseur.», *Le Devoir*, 16 février 1934, p.1. Sur les changements de noms: Georges Pelletier: «Leurs noms vrais.», *Le Devoir*, 6 mai 1939, p.1; Omer Héroux: «Pourquoi?», *Le Devoir*, 29 novembre 1939, p.1.

44. Paul Anger: «Quand Murphy devient Lévy.», *Le Devoir*, 22 juillet 1937, p.1

45. Paul Anger: «Quand tromper ne paye pas.», *Le Devoir*, 30 novembre 1936, p.1; Paul Anger: «Gogoïsme.», *Le Devoir*, 18 avril 1933, p.1.

46. Pamphile: Carnet d'un grincheux, *Le Devoir*, 19 juillet 1934, p.1.

47. Le Grincheux: Le carnet du grincheux, *Le Devoir*, 28 août 1937, p.1.

48. E.B.: «Nos amis les Écossais.», *Le Devoir*, 1 décembre 1937, p.1.

49. Paul Anger: «Les alias.», *Le Devoir*, 27 mars 1934, p.1; Georges Pelletier: «Abus d'hospitalité.» *Le Devoir*, 27 mars 1939, p.1; *Ibid.*; Omer Héroux: «Il faut en finir avec cet abus!», *Le Devoir*, 1 mars 1934, p.1; Omer Héroux: «Comment on change de nom.», *Le Devoir*, 7 mars 1934, p.1; Georges Pelletier: «L'affaire Bethléem.», *Le Devoir*, 6 avril 1934, p.1.

50. Gratien Gélinas: «Du patriotisme, ça?», *Action nationale*, (mai 1935), p.292.

51. *Ibid.*, p.293.

52. *Ibid.*, p.294.

53. Maurice Huot: «Le français qu'on affiche.», *Le Devoir*, 24 juillet 1933, p.1.

Chapitre 8

La caste intolérable

LE JUIF EST PAR ESSENCE inassimilable. Différent des autres peuples par la race et par la religion, il demeure un perpétuel étranger, hostile de surcroît. L'antijudaïsme et l'antisémitisme se nourrissent l'un l'autre, le premier servant de terreau au second. Le Juif est hostile à la chrétienté, Lambert Closse ne manquant pas de rappeler, par exemple, le crime de déicide attribué au Juif et la juste punition qu'il s'attira. «De plus le peuple juif fut dispersé dans le monde par malédiction; il a quitté sa patrie la haine du Christ au cœur[1].» Mais le Juif n'est pas seulement consumé par une haine noire du christianisme; il agit comme un des pires virus des traditions nationales du Canada français.

Le Juif, courroie de transmission du capitalisme, ami de la démocratie, criminel, malade mental, outrecuidant, veule, métèque, avarié, constitue aussi un ferment de révolution sociale. Confronté à sa présence en son sein, le Canada français est en état de légitime défense.

L'urgence apparaît d'autant plus grande que la laïcisation — un des éléments les plus importants de la modernité — progresse rapidement et que les Juifs demeurent les grands responsables de la tiédeur du catholicisme chez les Canadiens français. Le Traître n'est jamais très loin du Juif et vice-versa.

Rarement la fonction de bouc-émissaire de la construction symbolique du Juif aura été illustrée plus clairement. Lionel Groulx, l'Action nationale, les Jeune-Canada et Le Devoir multiplient sans succès les oukases auprès d'un peuple échappant à leur emprise, ce qui tend à confirmer notre hypothèse que le racisme serait le fait d'un groupe qui sentirait sa position menacée, et ce, peu importe l'ampleur de la menace.

Mais n'abandonnons pas tout espoir: l'Allemagne nazie indique la voie à suivre.

Les Juifs représentent un virus minant la santé de la nation, affirme Anatole Vanier, de l'Action nationale, et pas n'importe lequel: il s'agit de «l'un des pires virus de nos traditions religieuses et nationales[2].»

Ce virus est particulièrement coriace parce que «les Juifs ne sont jamais arrivés les premiers dans les pays où ils se trouvent, pas même dans la Terre promise» et s'ils élisent domicile dans un pays, «c'est en qualité d'immigrants inassimilables, et pour faire de la concurrence, pour demeurer Juifs, en somme, au sein des peuples-hôtes[3].»

Ne savons-nous pas tous, au demeurant et depuis longtemps, que «leur solidarité internationale, une vertu en soi, et leur caractère plutôt nomade sont en opposition directe avec l'amour de la patrie[4]»?

La présence d'un virus, d'immigrants inassimilables et incapables d'aimer quelque patrie que ce soit, suscite de violentes réactions dans les pays concernés, et d'abord en Allemagne nazie, réceptacle de la sympathie et des espoirs de l'Action nationale. À qui la faute, s'interroge Anatole Vanier, «si les Allemands, si les Canadiens français veulent vivre à leur goût et demeurer chez eux? Les Juifs doivent-ils tant s'étonner que les premiers occupants tiennent à garder leurs positions dans leur propre pays[5]?»

Dieu et l'instinct commandent la juste réaction des peuples au péril juif:

> «Au lieu d'en vouloir alors à la force vive et agissante des peuples dont ils contrecarrent les convictions les plus sacrées, le caractère et les aspirations, que ne méditent-ils

pas sur la lutte tragique, mais voulue du Créateur, que livrent instinctivement, et depuis le commencement du monde, pour la conservation de leur vie propre, les êtres vivants attaqués ou simplement bousculés par de nouveaux venus[6]? »

C'est leur attitude qui vaut aux Juifs leurs malheurs actuels, poursuit Vanier, logique avec lui-même: «Par leur dispersion générale et leur coutume persistante à jouer des coudes chez les autres, ils sont les artisans de leurs propres malheurs.» Le sursaut de l'Allemagne nouvelle -l'Allemagne nazie- ne s'explique pas autrement, conclut Vanier qui espère voir se dessiner un mouvement similaire au Québec. «C'est à cause de cela qu'ils connurent les ghettos et qu'ils les connaîtront encore en Allemagne et ailleurs, car le sursaut actuel de l'Allemagne nouvelle est en germe partout où les Juifs sont jugés envahissants ou encombrants. Et, où, on peut bien se le demander, sont-ils jugés autrement[7]?»

Vanier applique, avec une fidélité sans faille, le postulat sur lequel Groulx fait reposer sa cosmogonie raciale. Dieu a créé et voulu les races de même que les luttes qu'elles se livrent; cependant leur évolution relève de la biologie, c'est-à-dire de l'«instinct» que chacune d'entre elles manifeste immanquablement. Le mythe des origines construit par Groulx, reliant directement les Canadiens français contemporains aux premiers colons venus de France, à l'exclusion de tout autre groupe, les consacre, à quelques siècles de distance, «premiers occupants», et prodigue à Vanier un alibi commode pour frapper d'illégitimité la présence des Canadiens français de confession mosaïque dans la province de Québec. Ceci bien établi, Vanier peut logiquement conclure que les mesures édictées par Hitler à l'endroit des citoyens allemands de confession juive en 1933 correspondent à un «sursaut de l'Allemagne nouvelle», qui pourrait se produire dans tous les pays — dont le Canada évidemment —, où les Juifs sont jugés «encombrants».

André Laurendeau, des Jeune-Canada, ne mâche pas ses mots à l'adresse des Juifs qui «...ne se sont laissés assimiler nulle part. Nulle race n'a été assez forte pour absorber en elle cette civilisation orientale aux rites étranges[8].» Ils n'ont qu'à s'en prendre à eux-mêmes de leur infortune, ânonne-t-il à la suite de Vanier:

> «Vous avancez parmi nous comme des myopes, et votre odieux manque de tact, cette outrecuidance quand vous êtes forts, cette rampante veulerie quand vous êtes loqueteux, vous joueront un mauvais tour. Vous devez sentir l'exaspération que votre lourde présence suscite partout, et que des idéologues ou des démagogues exploitent à outrance[9].»

La restriction feutrée que Laurendeau émet à l'endroit des idéologues et des démagogues ne diminue guère la portée de sa menace. Pierre Dagenais, des Jeune-Canada, se défend bien d'adhérer à un mouvement qui voue quelque haine que ce soit aux Juifs, mais, nuance-t-il immédiatement, «lorsqu'un peuple devient dangereux pour la vie nationale et économique d'un autre peuple, il est juste et équitable pour celui-ci de se protéger[10].»

Quand Dagenais écrit, «Ils restent Juifs, où qu'ils soient, quoiqu'ils fassent[11]», il énonce plus succinctement que ne l'ont fait ou ne le feront Groulx, l'Action nationale et Le Devoir, le principe qui est la pierre angulaire du racisme: la différence est irréversible et permanente.

Il ne fait aucun doute dans l'esprit de plusieurs rédacteurs du Devoir que les Juifs ne peuvent, par essence, joindre les rangs d'aucune nation. Charlie Chaplin n'est pas Anglais, mais Juif[12]; de 1910 à

1930, Montréal a été inondée d'Autrichiens, de Russes, de Polonais, qui n'étaient «pas plus des Autrichiens, des Russes ou des Polonais que vous et moi[13]»; l'écrivain Joseph Kessel n'est pas un Français, mais un Juif russe naturalisé[14]; M. Jean Zay qui devient ministre de l'Éducation nationale en France est «un Juif d'abord(...)[15]»; du sang juif court dans les veines du maire de New York, Fiorello La Guardia[16]; les juges Louis Brandeis et Cardozo de la Cour suprême des États-Unis sont des Israélites et non des Américains[17], «Freud est juif comme ses congénères d'Allemagne[18].»

Si Mussolini «exalte, grandit sa nation», s'emporte Paul Poirier, Léon Blum, lui, «s'acharne à la discréditer, à tenter d'effacer ce qui fut jadis le prestige de la France», ce qui ne devrait pas nous étonner outre mesure, puisqu'il n'en «n'est pas issu (...) étant de la tribu du Juif errant, descendue des ghettos d'Europe centrale vers l'Allemagne, puis vers l'Alsace et enfin partie à la conquête de la France et de Paris.» Cependant, un espoir subsiste pour la France ainsi conduite à l'abîme, conclut Paul Anger: «Dieu n'abandonne pas les nations qui furent des siècles à l'avant-garde de la chrétienté[19].» «Léon Blum est d'origine orientale[20]», rectifie Pamphile. «À Paris, ironise-t-il encore, Blum prétend faire la pluie et le beau temps. À Québec, c'est Bercovitch — un autre authentique Français[21].» Il s'agit, on l'aura reconnu, du député libéral Peter Bercovitch.

Bref, en Angleterre[22], aux États-Unis[23], en Suisse[24], en France[25], en Allemagne[26], dans les Sudètes[27], en Roumanie[28] aussi bien qu'en Hongrie[29], les Juifs demeurent totalement, exclusivement et irrémédiablement juifs, sans que Le Devoir les considère jamais ni anglais, ni américains, ni suisses, ni français, ni allemands, ni roumains, ni hongrois. Ni, bien entendu, canadiens-français. Omer Héroux écume à l'idée que le commerce opéré par Messieurs Samuel Breitholz et Benjamin Schulman, puisse fonctionner sous la raison sociale de «La Maison Champlain Incorporée», car les propriétaires sont «étrangers aussi complètement que possible à tout ce qu'aima Champlain, à tout ce pour quoi il vécut et combattit[30].»

Le Devoir mentionne fréquemment la qualité de «juif» d'une personne. Il nous apprend, par exemple, qu' «...un infirme, d'origine juive, voyageur à bord d'un paquebot, et qui portait dans une jambe artificielle des diamants d'une valeur de huit mille dollars[31]» a été arrêté à Québec. On ne sait ni son nom, ni sa nationalité, sa qualité de juif — et peut-être aussi d'infirme! — suffisant à décrire tout l'individu, celui-ci n'ayant d'existence que celle de son groupe, ainsi que le veut le racisme.

Le Devoir applique le même procédé à une variété de personnages: «Un jeune Israélite», vivant aux États-Unis, se révèle être «un Juif ingénieux[32]»; «Le Juif Einstein nous a fait accepter sur parole la théorie de la relativité[33]». Dans un tout autre domaine, Le Devoir nous apprend que «le boxeur juif Bauer est redoutable[34]».

Ayant posé l'essence «anationale», apatride, du Juif, Le Devoir tire la conclusion logique de cet état de choses: «Les Juifs, commente-t-il laconiquement, qui, ayant toute la terre pour patrie, se trouvent lésés quelle qu'en soit la partie attaquée[35].» Lorsque quatre pays refusent d'accepter en rade le navire Saint-Louis et les 907 réfugiés qu'il compte à son bord, Le Devoir voit dans cet incident la version moderne de la légende médiévale du Juif errant, selon laquelle Dieu aurait condamné les Juifs à errer sur la surface du globe en guise d'expiation pour leur crime de déicide.

La terre n'est plus leur patrie. «Les Juifs errants» se lit le gros titre de l'édition du 3 juin 1939: «Cuba, Paraguay, le Mexique et l'Argentine refusent des centaines de réfugiés d'Allemagne. Saint-Domingue les accepte[36].» Et s'il n'en tient qu'au Devoir, les réfugiés juifs continueront à errer. Le Canada ne saurait accueillir «...des éléments plus ou moins inassimilables, étrangers aux travaux de la terre où que ce soit dans le monde(...)[37].» Après l'Action nationale, Georges Pelletier répète, citant l'auteur anglais Hilaire Belloc: «L'essence de la nation juive, sa tradition corporative, son esprit social la mettent en désaccord avec les peuples au milieu desquels elle vit.» «Ce qui est vrai en Europe, l'est encore plus du Canada[38].»

Pour ces raisons l'immigration juive doit connaître une halte. André Laurendeau renchérit: on ne saurait ouvrir nos portes à «des bouches inutiles, des étrangers (...) qui ne tentent même pas de devenir des colons, des ferments de révolution sociale, des êtres qui ne se laissent assimiler par aucune race, qui, de par leur religion, leurs intérêts, leurs traditions, constituent un État dans l'État[39].»

Les effets de l'immigration sur la nation sont semblables à ceux d'une infection microbienne dans le corps humain:

> «Mais si elle persiste à ouvrir ses frontières à tout venant, alors les étrangers envahissent son territoire, les minorités deviennent menaçantes pour l'euphorie nationale, le pays s'intoxique, fait de la température, et, pour n'avoir pas écouté ceux qui le conseillaient à temps, elle se met à délirer vilainement...[40]»

Pierre Dagenais des Jeune-Canada partage la même approche prophylactique, recommandant la plus grande prudence face à l'immigration «d'esprits inassimilables, dont la présence est dangereuse pour la santé de la nation[41]».

Contre l'immigration, Le Devoir invoque parfois des raisons économiques, tel le chômage[42], ou des craintes, telles la malpropreté et la criminalité bien connues des immigrants[43], ou encore la rupture de l'équilibre démographique entre les deux peuples fondateurs[44] qui entraînerait la disparition définitive des Canadiens français[45]. Cette disparition serait davantage celle du catholicisme que celle de la langue française. En accueillant des gens sans connaître leur religion d'origine «ne court-on pas le risque d'introduire un fort élément non chrétien dans notre province[46]»?

Il est évident que la fin de non-recevoir opposée par Le Devoir, l'Action nationale et les Jeune-Canada à l'immigration juive n'a rien à voir avec «la - réaction - d'un - petit - peuple - menacé - dans - sa - survie - qui - se - voit - noyé - par - l'immigration - juive», ainsi que le veut l'interprétation officielle du nationalisme de cette époque. Ce n'est pas au nombre de Juifs admis et à admettre que s'en prennent les locuteurs, mais bien à l'essence apatride, inassimilable du Juif, et à des caractéristiques aussi nébuleuses que sa «tradition corporative» et son «esprit social» qui ne contribuent pas peu à en faire un «ferment de révolution sociale». Ce ne sont pas les Juifs réels qui les intéresse, mais la figure démoniaque qu'ils peignent et vilipendent inlassablement.

À propos des «aubains naturalisés canadiens» en 1938, Georges Pelletier s'indigne: «On ne leur demande d'autre précision que le nom du pays où ils sont nés. Rien n'indique à quelle race, à quelle religion chacun se rattache[47].» L'emploi du terme «aubain» n'est pas fortuit. Le dictionnaire Larousse (1973) indique qu'il s'agissait, au Moyen-Age, d'un «individu fixé

dans un pays étranger sans être naturalisé». L'antisémitisme contemporain retrouve vite les légendes et la
terminologie du Moyen-Age. Un aubain n'est donc
pas, par définition, une personne naturalisée. Si l'on
parle de «la liste des aubains naturalisés» comme le
fait Georges Pelletier, il semble qu'il s'agisse de gens
qui, bien qu'ayant reçu la nationalité d'un pays, y demeurent des étrangers.

Ne sauraient être considérés comme fortuits, non
plus, plusieurs termes employés par différents rédacteurs du Devoir, de l'Action nationale et des Jeune-Canada pour nommer ou qualifier les réfugiés européens
qu'ils croyaient souvent, à tort ou à raison, juifs. Dans
les années trente, en effet, étant donné les circonstances, le mot «réfugié» était presque devenu syno-
nyme de «juif».

Ces infortunés et les immigrants de fraîche date —
des ex-réfugiés — seraient donc: «les proscrits de l'Europe[48]», «des milliers de laissés pour compte européens[49]», «des étrangers et trop souvent des avariés[50]»,
«des métèques, des éléments douteux[51],» «des criminels
et des malades mentaux», «cet afflux mal dirigé a haus-
sé la criminalité; le nombre des faibles d'esprit internés
aux frais de l'Etat et des provinces s'est accru[52].» Le
mystérieux Lambert Closse porte cette dernière accusa-
tion au niveau incandescent:

> «Aussitôt que les juifs entrèrent dans la Franc-maçonnerie
> les meurtres et les assassinats louches commencèrent; pas
> surprenant quand le chef de police Bingham, nous dit que les
> juifs fournissent 50% des criminels, et dans les asiles donc,
> combien d'aliénés causés par leur matérialisme[53].»

Les réfugiés tchécoslovaques sont «des êtres indépor-
tables...[54]», puisque leur pays a été rayé de la carte. Les
«réfugiés anti-nazistes, juifs ou non», s'ils s'établis-

saient au Canada, en feraient «le dépotoir de l'Europe[55]». Le pays deviendrait alors à l'image «...des Dominions, vastes dépotoirs à émigration intense de quelque race qu'elle soit», les déchets, ce coup-ci, étant constitués des «populations juives et amies de la démocratie» dont l'Angleterre s'apprête à se départir[56]. Les immigrants arrivés au Canada en 1913 ne sont que «des rebuts des nations extérieures[57]».

Le Juif diffère autant par la race que par la religion, ces deux motifs d'exclusion se renforçant l'un l'autre. La différence religieuse nourrit, de multiples manières, l'hostilité du Juif envers le chrétien. Dans le catéchisme national des Canadiens français, Lambert Closse hisse les Juifs au rang des plus grands ennemis du Christ, à l'égal de Satan:

—Quels sont les plus grands ennemis du Christ?

—Lucifer et les Juifs. Il faut les associer pour progresser sûrement dans l'étude de la question sociale. (...) Les Juifs! L'histoire du monde nous dit sans partialité que les Juifs n'ont pas voulu reconnaître le Christ nommé le Messie par Dieu. La preuve de leur attitude c'est qu'ils l'ont fait mourir en disant que Jésus était un imposteur[58].»

«Auprès du chrétien, le Juif a une naturelle antipathie à surmonter, précise Le Devoir. Quand il réussit à vaincre ce handicap, il y a lieu de croire qu'il est doublement chic[59].» Les Jeune-Canada opinent vigoureusement: les Juifs mènent une existence intenable à cause du «caractère public que revêt ici la religion et le culte chrétien [sic]. De tous les temps, là où il y a eu des Juifs, ces Juifs ont cherché à détruire ce caractère(...)[60].»

Paul Anger, du Devoir, exprime par l'entremise d'un Juif fictif, l'ambition ultime que nourriraient les Juifs de la province de Québec. La forme de cette fable rappelle celle des Protocoles des Sages de Sion en ce que des

«Juifs» expriment ouvertement et en détail leur soif inextinguible de domination[61]. Paul Anger pose d'abord les prémisses de la fable: «L'argent c'est le dieu moderne et c'est notre dieu antique à nous autres. Nous l'aimons depuis si longtemps!» Il entre ensuite dans le vif du sujet: «Savez-vous quel but nous nous assignons? Prendre toutes les institutions religieuses qui sont mal en point et en faire des institutions juives.» Le Mont-Royal avec son immense croix est la première cible de la convoitise et de la haine juives. «Vous verrez, ce soir, la montagne, le front ceint d'une couronne lumineuse. C'est une insulte pour le Juif. Mais le Juif se venge.» L'argent étant son Dieu, le Juif se venge en reconvertissant de la manière suivante le Mont-Royal, aidé, bien sûr de l'inévitable Traître: «Bientôt, grâce à deux alliés canadiens-français, M. Bray et La Presse, il y aura un casino sur la Montagne. La croix pourra briller, mais que sera ce lumignon auprès des mille feux du casino, temple du veau d'or?»

L'Oratoire Saint-Joseph ne tardera pas à tomber sous la coupe du Juif haineux et insatiable. «Et puis, si vous allez vers l'autre versant du Mont-Royal, vous y verrez une basilique colossale. Cette basilique sera sous peu une synagogue.» On observe déjà un signe avant-coureur des visées juives sur l'Oratoire Saint-Josep. «Déjà nous sommes à ses pieds nous y avons construit, splendide, insolent, notre hôpital. Et quand les temps seront révolus, nous rebaptiserons le Mont-Royal, Mont-Sinaï.»

Paul Anger met fin à la supercherie de ce dialogue entre un Juif et une Américaine, sans que cela signifie qu'il faille ignorer ces propos. «Mais est-il si sûr que[sic] cela, conclut-il, que le soir, dans les foyers fumeux du ghetto, les patriarches aux houppelandes vertes, ne parlent pas de ces choses en effilant leurs longues barbes décolorées?»

Le droit des Juifs à travailler le dimanche, reconnu par une loi provinciale, constitue, selon Le Devoir, La Ligue du Dimanche, et les Jeune-Canada, une négation du caractère chrétien de la province et une preuve supplémentaire du «culte de l'argent», de «la passion du denier[62]» caractéristiques des Juifs. De plus, ils ne respectent pas la loi en opérant leurs ateliers le dimanche par l'entremise d'employés chrétiens[63].

Non seulement les Juifs se moquent-ils comme d'une guigne du respect du dimanche et du caractère chrétien de la province, non seulement travaillent-ils le jour du sabbat et font-ils travailler des chrétiens le dimanche, mais la pratique du labeur dominical s'étend jusqu'au dernier carré des gardiens de la foi catholique: les agriculteurs canadiens-français. Bien installés au bord de la route, ils offrent leurs produits aux citadins en randonnée du dimanche. La faute ne s'arrête pas là. Le même jour, en proie à une véritable fièvre mercantile, ils reçoivent leurs plus importants clients de la ville dont ils s'affairent à remplir les camions de fruits et de légumes. Que vient faire le Juif dans cette histoire? Il arrive à la toute fin, au moment où l'on croyait qu'il ne viendrait jamais. «Un journaliste n'écrivait-il pas l'an dernier que certaines campagnes ressemblaient étrangement, ce jour-là, à des quartiers juifs de Montréal[64]?»

Mais sa responsabilité, si elle s'arrêtait là, serait par trop mince. Il faut le rendre directement responsable de l'appétit pour le gain facile que viennent de se découvrir les agriculteurs catholiques. «Hélas, c'est bien souvent de là [les quartiers juifs de Montréal] qu'est partie la suggestion coupable. Des marchands juifs parcourent les campagnes, le dimanche, afin de s'approvisionner pour la semaine[65].»

Après le dimanche, d'autres fêtes religieuses se ressentent de l'indifférence religieuse grandissante des commerçants et des consommateurs catholiques, bien que la faute en revienne, évidemment, au Juif.

Omer Héroux cite avec approbation l'opinion du Comité des Œuvres Catholiques de Montréal qui enjoint les marchands catholiques de tenir leurs établissements fermés le 8 décembre, fête de l'Immaculée-Conception, et ordonne aux clients catholiques de dévider leurs chapelets plutôt que d'ouvrir leurs portefeuilles. Nous n'en serions pas à ce degré de mépris religieux si les commerçants «ne craignaient de voir une partie de leur clientèle aller s'approvisionner chez des concurrents voisins, moins scrupuleux ou d'une autre religion[66].»

En fait, il semble qu'un nombre croissant de Canadiens français abandonnent sans remords ni scrupule la célébration du dimanche. Après les agriculteurs, les commerçants et les consommateurs, les travailleurs de l'industrie de la pulpe et du papier entrent dans la ronde[67], joints en cela par l'ensemble de la classe ouvrière, d'abord avilie par de «grands industriels étrangers», avant de devenir la complice empressée de la profanation du dimanche: «Aujourd'hui, en plusieurs endroits, elle s'y livre d'elle-même, avec un certain goût, parce que cela paie[68]», déplore l'Action nationale.

L'abrogation de l'article sept, demandée et obtenue par la Ligue du Dimanche, Le Devoir[69] et l'Action nationale[70], n'endigue en rien ce qu'ils considèrent être une vague de laïcisation. Les citoyens de religion juive devront respecter un dimanche que, nous disent ces mêmes nationalistes, de moins en moins de catholiques respectent. C'est une des ironies dont l'histoire de l'antisémitisme est jalonnée.

Références

1. Lambert Closse: *La réponse de la race.*, 1936, p.507

2. Anatole Vanier: «Les Juifs au Canada», *Action nationale*, (septembre 1933), p.6; *Ibid.*, p.13; Hermas Bastien: «Pages documentaires.», *Action nationale*, (mars 1936), pp.191-192.

3. Anatole Vanier: *Ibid.*, p.19; «En deux mots, l'immigration juive.» *Action nationale*, (décembre 1938), p.373.

4. *Ibid.*, p.6.

5. *Ibid.*, pp.7-8.

6. *Ibid*

7. *Ibid*

8. André Laurendeau: *Partisannerie politique*, dans: Les Jeune-Canada: *Politiciens et Juifs*, p.62.

9. André Laurendeau: «Les Jeune-Canada et l'antisémitisme.», *Le Devoir*, 30 janvier 1934, p.2.

10. Pierre Dagenais: *L'immigration au Canada et le commerce*, dans: Les Jeune-Canada: *Politiciens et Juifs*, p.27.

11. *Ibid*, p.28.

12. Georges Pelletier: «Nul n'est prophète.», *Le Devoir*, 6 avril 1931, p.1; Maurice Huot: « Fidèles jusqu'à la moustache.», *Le Devoir*, 17 novembre 1935, p.1.

13. G. Pelletier: «Ces immigrants.», Le Devoir, 29 septembre 1933, p.1; Anatole Vanier: «Les Juifs au Canada», Action nationale, (septembre 1933), p.5; Roger Duhamel: «Quand Israël est candidat.», Action nationale, (décembre 1938), p.325; Maurice Huot: «An English-speaking country.», Le Devoir, 18 mai 1938, p.1.

14. Pamphile: Le carnet d'un grincheux, *Le Devoir*, 8 février 1934, p.1.

15. Omer Héroux: «Du cardinal Pacelli, de la France et de l'Allemagne.», *Le Devoir*, 14 juillet 1937, p.1.

16. E.B.: «Persécutions et propagande.», *Le Devoir*, 17 novembre 1938, p.1.

17. Omer Héroux: «L'affaire Frankfurter.», *Le Devoir*, 12 janvier 1939, p.1, éditorial.

18. Le Grincheux: Le carnet du grincheux, *Le Devoir*, 25 septembre 1939, p.1.

19. Paul Poirier: «Inquiétude.», *Le Devoir*, 16 sep. 1936, p.1.

20. Pamphile: Carnet d'un grincheux, *Le Devoir*, 13 février 1934, p.1; Le Grincheux: Carnet d'un grincheux, *Le Devoir*, 23 mai 1936.

21. Le Grincheux: Carnet d'un grincheux, *Le Devoir*, 8 juin 1936, p.1; Le député libéral provincial Joseph Cohen reçoit des foudres similaires. Cf.: Le Grincheux: Carnet d'un grincheux, *Le Devoir*, 18 mars 1936, p.1; Sur Léon Blum qui n'est pas français: Le Grincheux: Le carnet du grincheux, *Le Devoir*, 21 décembre 1936, p.1; Le Grincheux: Carnet d'un grincheux, *Le Devoir*, 16 juin 1936, p.1; Le Grincheux: Carnet du grincheux, *Le Devoir*, 24 avril 1937, p.1; Le Grincheux: Le carnet du grincheux, *Le Devoir*, 15 juin 1937, p.1.

22. Le Grincheux: Le carnet du grincheux, *Le Devoir*, 28 décembre 1939, p.1.

23. Georges Pelletier: «Radio ou journaux?», *Le Devoir*, 4 septembre 1935, p.1.

24. G. Pelletier: «Une opinion nette.», *Le Devoir*, 9 mai 1935, p.1.

25. Georges Pelletier: «Réfugiés.», *Le Devoir*, 9 mai 1933, p.1; Georges Pelletier: «Les cent jours de Stavisky.», *Le Devoir*, 28 avril 1934, p.1; Paul Anger: «Le faux cheval de course.», *Le Devoir*, 19 septembre 1934, p.1; Le Grincheux: Carnet du grincheux, *Le Devoir*, 20 juin 1938, p.1.

26. Georges Pelletier: «Comme les autres.», *Le Devoir*, 23 juin 1933, p.1; «Le Juif n'aura plus de droits politiques en Allemagne.», *Le Devoir*, 16 septembre 1935, p.1; Le Grincheux: Le carnet du grincheux, *Le Devoir*, 19 juillet 1937, p.1; E.B.: «Des réfugiés juifs en Chine.», *Le Devoir*, 22 juin 1939, p.1.

27. Le Grincheux; Le carnet du grincheux, *Le Devoir*, 18 octobre 1938, p.1.

28. Le Grincheux: Le carnet du grincheux, *Le Devoir*, 21 janvier 1938, p.1.

29. «Imredi démissionne parce qu'il a du sang juif.», *Le Devoir*, 15 février 1939, p.1 . Gros titre; Le Grincheux: Le carnet du grincheux, *Le Devoir*, 24 décembre 1938, p.1.

30. Omer Héroux: «Le cas «La Maison Champlain Incorporée.», *Le Devoir*, 4 mars 1937, p.1., éditorial; Sur l'exclusion des Juifs de diverses nations: Le Grincheux: Carnet d'un grincheux, *Le De-*

voir, 11 mars 1935, p.1; Le Grincheux: Le carnet du grincheux, *Le Devoir*, 29 mai 1937, p.1; Le Grincheux: Le carnet du grincheux, *Le Devoir*, 2 décembre 1938, p.1; Le Grincheux: Le carnet du grincheux, *Le Devoir*, 2 novembre 1939, p.1.

31. G. Pelletier: «Contrebande.», *Le Devoir*, 23 août 1929, p.1.

32. Nemo:«Faiseurs de nouvelles.», *Le Devoir*, 25 nov. 1929, p.1.

33. Paul Anger: «A chacun son métier.», *Le Devoir*, 15 février 1932, p.1.

34. Pamphile: Carnet d'un grincheux, Le Devoir, 15 juin 1934, p.1.

35. Le Grincheux: Le carnet du grincheux, *Le Devoir*, 25 août 1939, p.1.

36. Sur le Juif errant: Paul Anger: «M. Ford derrière les barreaux.», *Le Devoir*, 20 juillet 1929, p.1; Pierre Kiroul: «Le plus grec...», *Le Devoir*, 9 mars 1933, p.1; Le Grincheux: Carnet d'un grincheux, *Le Devoir*, 3 mai 1934, p.1; Le Grincheux: Le carnet du grincheux, *Le Devoir*, 1 décembre 1938, p.1; Le Grincheux: Le carnet du grincheux, *Le Devoir*, 14 mars 1938, p.1; Paul Poirier: Le Juif errant, *Le Devoir*, 11 novembre 1938, p.1.

37. Georges Pelletier: «A chacun ses Juifs.», *Le Devoir*, 3 décembre 1938, p.1, éditorial.

38. *Ibid.*

39. *Ibid.*

40. Georges Pelletier: «Doser avant, non pas après.», *Le Devoir*, 14 mars 1935, p.1.

41. Pierre Dagenais: *op. cit.*, p.27.

42. Omer Héroux: «Immigration.», *Le Devoir*, 15 août 1933, p.1; Omer Héroux: «L'Ouest n'en veut pas plus que nous.», *Le Devoir*, 22 août 1933, p.1., éditorial; Georges Pelletier: «Un autre projet.», *Le Devoir*, 12 avril 1935, p.1; Georges Pelletier: «Attendons.», *Le Devoir*, 31 janvier 1936, p.1; Omer Héroux; «A propos d'immigration.», *Le Devoir*, 30 juin 1938, p.1, éditorial; Georges Pelletier: «Pas de cela.», *Le Devoir*, 4 juillet 1938, p.1; Le Grincheux: Le carnet du grincheux, *Le Devoir*, 19 novembre 1938, p.1; Omer Héroux: «L'attitude du Star.», *Le Devoir*, 23 décembre 1938, p.1; Léopold Richer:«Deux députés s'opposent net à l'immigration juive au Canada.», *Le Devoir*, 25 janvier 1939, p.1.

43. Alvarez Vaillancourt: «L'exploitation de notre industrie minière et l'immigration.», *Le Devoir*, 25 février 1939, p.12.

44. G. Pelletier: «Doucement.», *Le Devoir*, 14 octobre 1933, p.1.

45. Georges Pelletier: «Ne soyons pas des autruches.», *Le Devoir*, 4 avril 1936, p.1, éditorial.

46. G. Pelletier: «Naturalisation», *Le Devoir*, 9 décembre 1938, p.1; E.B.: «Le dire ailleurs.», *Le Devoir*, 15 décembre 1938, p.1.

47. Georges Pelletier: «Naturalisation.», *Le Devoir*, 9 décembre 1938, p.1; Georges Pelletier:«Est-ce une tour de Babel que le Canada bâtit?», *Le Devoir*, 18 mars 1939, p.1, éditorial.

48. Paul Poirier: «Le Juif errant.», *Le Devoir*, 11 novembre 1938, p.1; Le Grincheux: Le carnet du grincheux, *Le Devoir*, 22 décembre 1938, p.1.

49. Georges Pelletier: «Le nom de cette agence.», *Le Devoir*, 12 juin 1933, p.1.

50. André Marois (pseudonyme de Lionel Groulx): «Pour vivre!», *Action nationale*, (avril 1936), p.230.

51. Georges Pelletier: «Immigration.», *Le Devoir*, 17 juillet 1935, p.1; Pierre Kiroul: «L'invasion.», *Le Devoir*, 1 mars 1935, p.1.

52. Georges Pelletier: «En marge des bagarres à Toronto.», *Le Devoir*, 19 août 1933, p.1.

53. Lambert Closse : *op. cit.*, p.521

54. Georges Pelletier: «Est-ce une tour de Babel que le Canada bâtit?», *Le Devoir*, 18 mars 1939, p.1.

55. E. B.:«Dépotoir des nations.», *Le Devoir*, 18 oct. 1938, p.1.

56. Léopold Richer: «Non, non et non!», *Le Devoir*, 20 octobre 1938, p.1.

57. Pierre Dagenais: *L'Immigration au Canada et le communisme*, dans : Les Jeune-Canada: *Politiciens et Juifs*,p.25.

58. Lambert Closse : *op.cit.*, p.506

59. Paul Anger: «Bercovitch et les «Slush Fund Brothers.», *Le Devoir*, 5 octobre 1938, p.1; Le Grincheux: Le carnet du grincheux, *Le Devoir*, 10 octobre 1938, p.1.

60. Gilbert Manseau: *Les Juifs sont-ils une minorité au Canada?*, dans : Les Jeune-Canada: *Politiciens et Juifs*, p.21; Paul Anger: «Quand Israël est roi.», *Le Devoir*, 15 janvier 1930, p.1.

61. Paul Anger: «Ainsi parlait Abraham...», *Le Devoir*, 4 août 1934, p.1.

62. P. Poirier: «Une traite...oubliée.», *Le Devoir*, 5 juillet 1933, p.1.

63. La Ligue du Dimanche: «Pour une meilleure observation du dimanche.», *Le Devoir*, 14 mai 1934, p.8; René Monette: *Commerce juif et commerce canadien-français*, dans: Les Jeune-Canada: *Politiciens et Juifs*, pp.50-51. La Ligue du Dimanche: «Pour la répression du travail le dimanche.», *Le Devoir*, 30 septembre 1929, p.2; Le fameux article sept du chapitre 199 des Statut refondus de 1925 se lit comme suit: «Nonobstant toutes dispositions à ce contraire contenues dans la présente section, quiconque observe consciencieusement le septième jour de la semaine comme jour de sabbat et s'abstient réellement de travail ce jour-là, n'est pas sujet à être poursuivi pour avoir fait du travail le premier jour de la semaine, si ce travail ne dérange pas d'autres personnes dans l'observance du premier jour de la semaine à titre de jour saint, et si l'endroit où se fait ce travail n'est pas ouvert au commerce ce jour-là S.R.(1909), 4471, cité dans: Omer Héroux: «Travail et« Commerce», *Le Devoir*, 10 avril 1934, p.1; La Ligue du Dimanche: *op.cit.*, p.8 ;«Dieu ou Mammon.», *Action nationale*, (avril 1934), p.194.

64. Joseph-Papin Archambault, o.s.j.: «Le précepte dominical.», *Le Devoir*, 3 mai 1933, p.1; «Dieu ou Mammon»: *Action nationale*, (avril 1934), pp.193-194.

65. *Ibid.*

66. O. Héroux: «Simple équité.», *Le Devoir*, 1 déc. 1931, p.1.

67. Omer Héroux:« Le travail du dimanche.», *Le Devoir*, 26 mars 1936, p.1., éditorial; La Ligue du Dimanche: «Pour la répression du travail le dimanche.», *Le Devoir*, 10 mars 1931, p.2; Joseph-Papin Archambault: «Le précepte dominical.», *Le Devoir*, 3 mai 1933, p.1, éditorial; La Ligue du Dimanche: «Pour une meilleure observation du dimanche.», *Le Devoir*, 14 mai 1934, p.8; Joseph-Papin Archambault, o.s.j.: «Le respect du dimanche.», *Action nationale*, (avril 1933), pp.236-237.

68. «Dieu ou Mammon: *Action nationale*, (avril 1934) p.193.

69. «L'arrêt de la Cour d'Appel au sujet du privilège juif de travailler le dimanche.», *Le Devoir*, 9 décembre 1935, p.10; Omer Héroux: «Le travail du dimanche.», *Le Devoir*, 26 mars 1936, p.1, éditorial; Les autres articles publiés par Le Devoir sur le respect du dimanche se trouvent à l'annexe B.

70. Léo Pelland: «Pour une politique nationale.», *Action nationale*, (avril 1937), p.204.

Chapitre 9

Le complot juif mondial

LAID, MALODORANT, inassimilable mais essayant de se fondre dans la nation, le Juif tente par tous les moyens de dominer le monde. Et il y parvient. Divorcé de la nationalité et de la religion juives, «l'esprit juif», «l'internationalisme juif» sapent les bases mêmes de la civilisation occidentale. Le Juif est doté d'une ubiquité idéologique unique en son genre; il est un capitaliste acharné doublé d'un communiste fervent. Belliqueux, il met la planète à feu et à sang: conflits, guerres, révolutions sont son œuvre. Si l'on en croit Lambert Closse, le Juif, avec son allié la franc-maçonnerie, contrôle la Société des nations. Sans compter, nous prévient Closse, qu'il s'infiltre jusqu'à la présidence des États-Unis: le vrai nom de Theodore Roosevelt — franc-maçon par ailleurs — n'est-il pas Rosenfeld? «Dieu a donné toute puissance aux Juifs sur les biens et le sang de tous les peuples[1]» écrit Closse, affirmant reproduire un extrait du Talmud. Cependant, les régimes politiques de l'Allemagne, de l'Autriche, et de l'Italie indiquent qu'il demeure quand même possible de contrer la menace juive internationale.

Le Juif ne poursuit qu'une seule et unique mission en ce bas monde: «il a juré sur son âme de devenir un jour le maître du monde, le roi puissant, riche et dominateur de tous les peuples[2]», annonce Lambert Closse. Comment réaliser pareille ambition? Closse, à qui on ne la fait pas, a une réponse toute prête. La dévotion du Juif pour l'argent l'aidera puissamment. «Le Juif ne vise qu'une chose: gagner de l'argent; c'est pourquoi on le trouve partout où il y a du commerce; d'où son internationalisme. Peu lui importent les traditions et les coutumes des peuples qui l'hébergent. Il lui faut l'argent, c'est le profit qu'il y a à récolter chez ces peuples qui l'intéresse[3].»

Point n'est besoin de chercher de midi à quatorze heure. La domination économique juive dans la province de Québec, de qui procède «notre infériorité économique présente» trouve ici son explication: «L'internationalisme juif correspond merveilleusement à l'internationalisme de la finance mondiale. Le Juif suit l'or, et l'or le suit[4].»

En affirmant que le Juif est une créature internationale, il devient possible de le dissocier de la nation et /ou de la religion juive, selon la définition que l'on en a. Il existerait donc un «esprit juif», étranger à la religion et à la nationalité juive. Un Juif sans les Juifs, quoi!

L'Action nationale se fait forte de guider les masses ignorantes dans les méandres de la question juive. Il faut savoir, soutient-elle, que «l'esprit juif international est autre chose que la nationalité juive et la religion juive.» Même s'il n'existe pas, le Juif demeure l'ennemi numéro un de la civilisation occidentale. «Il est incontestable que nombre de Juifs, étrangers à toute préoccupation religieuse, exercent une influence souverainement pernicieuse dans tous les domaines de la civilisation moderne.» En quoi consiste cette influence pernicieuse? «La vie économique, le commerce, les affaires, la concurrence, le barreau, la médecine, la vie sociale, la politique sont bien souvent pénétrés, bouleversés par des principes matérialistes et libéraux surtout professés dans des milieux juifs[5].»

Un Jeune-Canada enfonce davantage le clou: le peuple juif n'y peut rien, «il professe malgré lui un esprit international». Et de reprendre l'antienne de la haine:

«C'est cet esprit juif international qui est néfaste beaucoup plus que la nationalité ou la religion juive elle-même[6].»

Lionel Groulx, alias Jacques Brassier, dénonce de nouveau «...l'internationalisme juif comme un des plus dangereux agents de dissolution morale et sociale à travers le monde[7]».

Libéralisme, matérialisme, dissolution morale et sociale sont donc l'œuvre de l'esprit juif international.

Le Juif est international et solidaire par essence. « Et cela est si vrai qu'il est impossible de piler, en Allemagne, sur la queue de cette chienne de juiverie, sans qu'on entende japper au Canada[8]» s'exclame un Jeune-Canada. André Laurendeau partage cette opinion qu'il exprime en des termes à peine moins durs: après avoir résisté à toutes les oppressions depuis deux mille ans, les Juifs ont développé «une âpre ténacité, une volonté puissante, une cohésion que rien ne peut entamer[9].» La solidarité juive est internationale et parfaitement inébranlable, soutient Le Devoir: «Rien ne gêne leur solidarité, ni les frontières, ni les océans[10].»

La puissance découlant de cette solidarité s'exerce, suivant la logique sans faille du mythe, à l'échelle internationale: un correspondant européen conforte Le Devoir dans l'opinion que «l'antisémitisme des hitlériens leur aliénait forcément, dans le monde entier, la puissance internationale des Juifs[11]». Le pouvoir du Duce lui-même pâlit devant la puissance juive: «Mussolini ne peut frapper les Juifs qu'en Italie, tandis que les Juifs peuvent riposter d'un bout à l'autre du monde entier[12].» Lambert Closse avait exposé en détail les ramifications du pouvoir juif dans le monde. «Pour mettre la main sur l'or, il s'infiltre partout, dans les banques, le commerce, les gouvernements, dans les coulisses des Parlements, s'il ne peut arriver au pouvoir comme Juif. Ils agissent sans bruit tant qu'ils ne sont pas assez forts pour montrer les dents[13].»

Les protestations qui s'élèvent ici et là dans le monde occidental contre la persécution des citoyens allemands de religion juive par le régime hitlérien constituent à n'en pas douter selon Le Devoir une autre manifestation de la puissance internationale juive. Reproduisant l'opinion d'un chroniqueur parisien, Le Devoir s'interroge: les protestations juives face aux persécutions hitlériennes ne démontrent-elles pas «cette toute-puissance dont Hitler justement dénonce l'excès»? Après tout: «On n'a rien vu de pareil quand Mussolini prit des mesures contre la franc-maçonnerie. Ce qui semblerait démontrer que le judaïsme est singulièrement plus fort que la loge[14].»

Lambert Closse, à qui aucune des arcanes du complot juif mondial n'échappe, diffère d'avis. «Des librairies complètes pourraient être formées avec les livres affirmant et confirmant que la Franc-maçonnerie est une organisation menée par la juiverie[15].» Pareille alliance est inévitable: «Et si l'on réfléchit, quoi de plus normal que cette association de Juifs et de Maçons? D'un côté comme de l'autre même aversion pour la religion chrétienne qui est la base incontestable sinon incontestée de la civilisation[16].» La Société des Nations est le fer de lance de leur attaque contre la civilisation chrétienne. «On ne parlera jamais assez, lance Closse, «du caractère judéo-maçonnique» de la Société des Nations[17]. Déjà les États-Unis sont tombés sous la coupe du complot judéo-maçonnique, le président des États-Unis, Theodore Roosevelt, étant «juif et maçon de 33e degré», issu «d'une famille juive de Hollande» qui a changé son nom de Rosenfeld en Roosevelt, sitôt débarquée en Amérique[18].

Anatole Vanier emboîte le pas et cite l'extrait d'une lettre de Monseigneur Gfœllner, évêque de Linz en Autriche, que l'Action nationale a déjà publiée dans son entièreté. L'amalgame des crimes imputés par le prélat catholique à cette étrange créature qu'est la judéo-maçonnerie déroute le lecteur distrait ou le chrétien pressé qui n'y avait vu que du feu:

> «De concert avec la franc-maçonnerie, le judaïsme dégénéré fut également et surtout le propagateur du mammonisme — cet égoïsme capitaliste — en même temps que le fondateur et l'apôtre du socialisme ou du communisme, l'avant-coureur et le fourrier du bolchévisme.»

Prévenues du danger, les ouailles se voient ainsi rappeler les préceptes du christianisme: «Combattre et briser cette pernicieuse influence du judaïsme est pour tout chrétien sincère non seulement un droit légitime, mais un impérieux devoir de conscience[19].»

Il n'est donc guère surprenant de constater que ni le Chanoine Groulx, ni Le Devoir, ni les Jeune-Canada n'accordent une grande crédibilité aux décrets hitlériens qui font l'objet de protestations. Ces «persécutions de l'autre bout du monde et plus ou moins authentiques[20]» selon Groulx, ces «prétendues» persécutions «qui ne sont pas prouvées[21]» selon André Laurendeau. Comment pourrait-il en aller autrement quand, selon, ce dernier, «il suffit de rappeler que toutes, ou presque, les agences de nouvelles sont entre les mains des Juifs, pour qu'un peu de scepticisme s'introduise en notre esprit quant à l'authenticité de ces persécutions[22]».

De toute manière, cette «supposée persécution» ne fait du tort qu'à «la ploutocratie juive», s'exclame Pierre Dansereau des Jeune-Canada, avant de s'écrier à l'endroit des hommes politiques canadiens qui avaient dénoncé le troisième Reich: «Tolérance! Tolérance! ont-ils crié. Mais ce mot, mesdames et messieurs, ne fait pas partie du vocabulaire chrétien. On ne tolère pas le bien; on l'encourage; on ne tolère pas le mal, non plus, on le condamne[23].»

Si les catholiques du Mexique ont été malmenés sans que l'opinon publique mondiale ne s'émeuve, c'est que:

> «Dans le monde des affaires, de la finance, du commerce et de la banque internationales, ces catholiques comptent pour rien. Cela explique qu'ils n'aient pas à leur service les puissantes influences que les Juifs internationaux firent se remuer contre Hitler et les nazis[24].»

Le même constat s'applique au silence de l'opinion publique face aux persécutions des catholiques allemands[25], et face au sort des insurgés espagnols[26]. Le Grincheux somme les Juifs de «dire si les leurs, en Espagne rouge, ont été du côté des spoliateurs ou des spoliés, des persécuteurs ou des persécutés, des tueurs ou des assassinés[27]».

Parmi les 22 résolutions des protocoles des Sages de Sion reproduites dans *La réponse de la race* de Lionel Lambert Closse, la résolution no.16 se lit comme suit: «Faire surgir des "Incidents" provoquant des suspicions internationales, envenimer les antagonismes entre les peuples, faire éclore la haine et multiplier les armements[28].» Il revient à la charge: «Voilà le Juif dans tous les complots, au fond de toutes les révolutions qui ont toutes le même but: la destruction du christianisme sur terre. C'est le ferment de toutes les corruptions de mœurs et de traditions chez tous les peuples qui le reçoivent[29].» Comment ignorer après cela que le profil hideux du Juif se dissimule derrière les conflits et les guerres de notre temps? Le Devoir et les Jeune-Canada, eux, le savent.

Pamphile, du Devoir, soutient que les Juifs, par leur

puissance internationale, s'amusent à mettre la planète à feu et à sang. Le marchand d'armes Sir Basil Zaharoff, dont le vrai nom, Basileos Zacharias, «sent son ghetto à plein nez», est «issu d'Israël. Cela explique son internationalisme payant[30]». Il y a aussi «ces sortes d'industriels», s'agitant dans l'ombre du dénommé Zaharoff, qui n'ont d'autre but que «d'amener les nations à se déclarer la guerre ou à la préparer[31]».

André Laurendeau y ajoute son grain de sel. «Partout leurs armées d'avant-garde conquièrent les places inexpugnables. La puissance israélite est internationale. Si hier elle a servi l'Allemagne contre les Alliés, si demain elle aide la France contre l'Allemagne, c'est qu'elle y voit son propre intérêt[32].» Si la France se voit entraînée dans la guerre, la faute n'en reviendra-t-elle pas à «cette clique internationaliste», «clique judéo-maçonnique-bolchéviste[33]» qui la gouverne?

À la veille du déclenchement de la Deuxième Guerre mondiale, la colère du Devoir contre le Juif ne connaît plus de limites. «Peut-être pendant ces huit jours d'apaisement, les peuples occidentaux réfléchiront-ils que les ennemis de leur civilisation, qui est la civilisation chrétienne, ce sont ces Tartares infectés de sémitisme, ces Tartares qui ne sont hélas! les alliés des Huns que parce que les autres (sans jeu de mots) n'ont pas pu les avoir[34].»

Le directeur du Devoir ne parle jamais à la légère de ces graves problèmes. «Esprit pénétrant, écrit Pierre Anctil, le directeur du Devoir avait pris le soin de se renseigner: à la fin de 1937, il fit un voyage de plusieurs semaines en Europe» afin d'observer, de visu, la «question juive[35]». Voici donc ce que cet «esprit pénétrant» raconte au retour de son périple européen[36]. Si, en Angleterre, «le Juif n'a pas d'ennuis, il n'a guère d'ennemis» parce que la moitié des journaux lui appartiennent, la situation se corse en France, à cause des révélations du journal La Libre parole d'Edouard Drumont et de la «conduite inconsidérée» de Léon Blum qui «mit aux postes les plus importants de l'Etat un nombre sans précédent de Juifs, dont plusieurs n'étaient en France que depuis une ou deux générations», délai largement insuffisant pour en faire d'authentiques Français.

La situation est plutôt calme en Belgique, bien que des escroqueries commises par un Juif «aient indisposé gravement les esprits clairvoyants» du pays. En vertu de la logique raciste, les crimes de l'un deviennent les crimes de tous, puisque l'individu n'existe que comme décalque de son groupe d'appartenance mythique.

En Allemagne, la présence juive se fait lourde et voyante. «À Cologne, à Berlin, à Munich, à Leipzig, le représentant du Devoir a pu voir, dans maintes rues où les hommes de profession ont leur étude, leur cabinet de travail ou leur résidence, les enseignes d'avocats, de médecins, de dentistes à noms et à prénoms indiquant leur origine juive.»

En Autriche et en Hongrie, pays qui «regorgent aussi de Juifs», ces derniers «amassent des fortunes grandissantes». Vienne offre ce spectacle: «À Vienne, l'on vous dit: «Sur une population totale de 1,800,000 âmes environ, ils sont ici 600,000 — un tiers de la ville. (...)Vous les verrez partout, aux plus belles et aux meilleures places (ce qui est exact).» Qu'importe si les réfugiés allemands traversent la frontière sans-le-sou et dépouillés de leurs biens, «on n'a pu les empêcher d'apporter avec eux leur habileté à faire de l'argent. Et ils en font...(...)». L'avidité du Juif est proprement insatiable: non content de s'enrichir d'une manière indécente, il contrôle «toute une presse», dont la «Neue Frei Presse».

Son influence ne s'arrête pas là, de beaucoup s'en faut. «Ils sont aussi au premier rang de l'élément socialiste, tout comme aux premières places du capitalisme.» La présence envahissante du Juif amène cet «esprit pénétrant» à s'interroger: «Combien de temps cela durera-t-il? On ne sait: mais un antisémitisme latent, alimenté d'une part par la propagande allemande, et de l'autre par le manque de tact, l'insolence de l'élément juif néo-autrichien, se fait jour et monte.»

Le Juif ne se conduit guère mieux en Hongrie où ses perspectives d'avenir s'assombrissent davantage chaque jour. Les réfugiés juifs de Pologne et d'Allemagne y affluent, et s'enrichissent «dans le commerce, l'industrie et la banque». À Budapest comme à Vienne, «ils se comportent tels qu'en pays conquis». Mais les Hongrois ont d'autres raisons de les haïr. «À Budapest, où l'on hait les Juifs, surtout depuis que leur coreligionnaire Bela Kun a pendant des mois imposé à la Hongrie vers 1920 un régime communiste sanguinaire, dont la seule mention fait encore frémir tout le peuple, ils seront bientôt les deux cinquièmes des habitants.» Cependant, ils ont perdu leur superbe après «l'arrivée au pouvoir, en Roumanie, du ministère Goga — dont le chef déclare nettement la nécessité pour son pays d'une purge rapide de l'élément juif(....)»

En Tchécoslovaquie, les Juifs occupent «une situation de premier ordre». «La constitution humanitaire de la république tchécoslovaque, épine au flanc de l'Allemagne, est telle que cette terre est devenue un refuge à tout l'élément sémite qui s'est hâté d'affluer», avec ce résultat que «Prague est(...) l'une des villes de l'Europe où, toutes proportions gardées, le Juif est le plus nombreux et se sent le moins étranger.» Il en va ainsi depuis au moins mille ans, du reste:

«De ses ancêtres n'y vivaient-ils pas dès avant l'an mil? Et n'est-il pas sorti du vieux ghetto de Prague tant et tant des plus grandes familles juives du Paris, du Londres, contemporains pour ne pas parler du New York contemporain, pour ne pas parler du Berlin, du Francfort et du Cologne d'avant-hier[37]?»

L'idée que Prague constitue le point de départ de la conquête du monde par les Juifs retient l'attention d'un autre rédacteur du Devoir. «Est-ce que tous les Israélites qui voudraient immigrer au Canada vont nous arriver de Tchécoslovaquie? Point de départ commode... Prague a jadis couvert le monde de ses grandes familles juives. Cela va-t-il recommencer[38]?»

Dans ce qui pourrait être qualifié d'«understatement» du siècle, Georges Pelletier conclut son survol de la situation européenne en percevant «la volonté déterminée des nazistes de faire cesser définitivement la concurrence du Juif à l'Européen, où que ce soit(...)».

D'autres journalistes reprennent les affirmations du directeur du Devoir, à savoir qu'en Europe, le Juif contrôle la presse, la finance, l'économie au complet pour tout dire[39], y démontrant là-bas comme au Canada une malhonnêteté et une rouerie qui n'appartiennent qu'à lui[40]. Ainsi le patriarche Isaacovitch n'a-t-il pas obtenu du parlement fédéral canadien «...le bouleversement de nos lois commerciales de façon à substituer la ruse, la fraude et le vol à la probité[41]»? De plus, leur nombre excède partout le pourcentage -qui demeurera toujours indéterminé- qu'il conviendrait qu'ils occupent dans chaque pays[42].

Il n'y a pas qu'en Autriche, comme le souligne Georges Pelletier dans son éditorial «pénétrant» sur la situation des Juifs en Europe, que les Juifs démontrent un socialisme et un capitalisme également forcenés.

En fait, il en a toujours été ainsi. «La famille Rothschild tire son nom de l'écu rouge qui ornait la maison de Francfort où l'ancêtre a commencé son "bedit commerce". Le goût des écus et du rouge a toujours été juif. Exemple: la révolution russe[43].» Pierre Dansereau ne demeure pas en reste. «Si ce n'était encore que l'argent juif qui nous asservissait, nous aurions moins à nous plaindre. Mais chaque jour, l'internationalisme juif (que d'aucuns appellent communisme) fait des progrès, même chez les nôtres[44].» Son confrère René Monette recourt à la métaphore biologique, maintenant bien connue de nous, pour décrire les effets du communisme juif: «Ce sont des Orientaux, ces importés d'Europe, c'est l'immigration qui nous a apporté les germes de mort du communisme[45].»

Pour Pierre Dagenais, l'évidence saute aux yeux: «Karl Marx, le créateur de l'utopie communiste qui porte son nom, est un Juif. La plupart des chefs du parti depuis les fondateurs jusqu'à nos jours, sont des Juifs.» Lénine devient juif pour le besoin de la démonstration. «Nommons seulement: Trotsky, Kerensky, Lénine.» De toutes manières, «dans toutes les révolutions modernes, on trouve des Juifs à l'œuvre. Que l'on pense à la Pologne ou à la Russie, on les trouve dans toutes les entreprises qui s'efforcent de détruire les assises traditionnelles de la chrétienté[46.]»

Comment passer sous silence une autorité en matière de complot juif mondial de la trempe de Gœring?: Le gros titre «**Gœring accuse la «bande de juifs de Moscou». Le premier ministre de Prusse attribue aux meneurs soviétiques l'expansion de la menace communiste dans le monde**» s'étale en première page du Devoir du 30 novembre 1936.

Dès 1933, Groulx mettait ses lecteurs en garde

contre le communisme des Juifs. «Les Juifs ne sont pas seuls assurément à cultiver en serre-chaude la graine du communisme. Ils ont en tout cas la réputation, auprès d'esprits graves — et c'est assez pour que nous ayons le droit de nous en méfier — d'en cultiver plus que les autres[47].» On peut bien blâmer tant qu'on voudra l'antisémitisme hitlérien, si seulement les Juifs n'étaient pas de tels révolutionnaires:

«Un homme qui n'a pas coutume de parler à la légère, le chroniqueur politique de la Revue des Deux Mondes, M. René Pinon, après avoir blâmé sévèrement, l'autre jour, (no. du 15 avril 1933) l'antisémitisme hitlérien, n'hésitait pourtant pas à écrire: «Les incidents d'Allemagne comportent aussi une leçon d'un autre ordre, c'est que Israël chez les nations aurait intérêt à se montrer plus discret dans son ardeur à embrasser les idées révolutionnaires et à s'en faire le propagateur[48].»

Trois ans plus tard, Lambert Closse, probablement un historien, explique que le mal est plus profond et remonte à plus loin. La Révolution française, d'où «sont sortis les maux du libéralisme et du socialisme», a été l'œuvre d'une «société secrète franc-maçonnique», les Illuminés, fondée en 1778 par un Juif nommé Weisshaupt[49]. Avait précédé cette terrible organisation, l'«Empire Suprême Occulte Juif», connu aussi sous le nom de «La Main Cachée» et dirigé depuis 1770 par les Rothschild. Nul n'est à l'abri des agissements de cette secte, pas même les dirigeants communistes:

«Il est prouvé, aujourd'hui par l'attraction qui se fait autour de la dynastie Rothschild par l'Exécutif central, «L'Alliance Israélite», rue Bruyère, par ses ramifications et ses loges maçonniques, qu'il y a un Empereur Occulte à Paris de la juiverie distribuant les hautes situations dans plusieurs pays tels les Lenine, Staline, Trotsky, etc. et plus tard, les faisant même exécuter s'il le faut...[50]»

Capitaliste, le Juif n'en est pas moins l'artisan de la débandade économique des années trente. «L'heure est grave, la crise économique qui est la réalisation d'un article du code judéo-maçonnique, accumule les haines en faisant crouler les vastes entreprises et en jetant des millions d'hommes sur le pavé[51].»

Mais le Juif ne perd rien pour attendre; sa puissance s'effrite sous les coups de boutoir du fascisme. «D'autre part, les Juifs, qui ont connu le triomphe de la révolution bolchévique en Russie et dans l'Europe centrale, voient souffler le vent de la défaite: en Autriche, en Allemagne, en Italie. Le communisme est écrasé[52].» Aux sceptiques qui douteraient de l'hostilité du Juif au fascisme, Closse assène l'argument final: «Les deux Internationales socialistes, jusque-là rivales, ont constitué le «front commun»; les assemblées qu'ils font «Contre la guerre et le Fascisme» le prouvent facilement; et cela pour reprendre par des moyens détournés l'œuvre révolutionnaire en péril[53].»

Paul Anger du Devoir partage l'optimisme de Closse. Si le triomphe du Juif en Russie a été sans réserve, la revanche que prendra le monde entier ne le sera pas moins: «Mais, en Russie, pour le triomphe de ses idées antichrétiennes et anti-sociales, le Juif n'a pas hésité à supprimer l'argent. Son triomphe a été là, grand, trop grand, indiscret. Car aujourd'hui de par le monde entier s'organise la réaction contre le communisme, obligatoirement accompagnée de la réaction contre le Juif[54].»

La confiscation des biens des Juifs allemands n'est qu'un juste retour des choses pour toutes les exactions qu'ils ont commises en Russie:

«Triste, infiniment triste que cette confiscation d'un cinquième de la fortune juive en Allemagne. Seulement, Trotsky et al, Juifs maîtres de la situation en Russie, y ont confisqué les cinq cinquièmes de la fortune des aristocrates et des bourgeois, et souvent, leurs vies par-dessus le marché[55].»

La victoire sur le Juif-franc-maçon-capitaliste-libéral-communiste-socialiste-bolchévique est-elle jamais acquise? À quoi sert de les expulser s'ils s'arrogent le droit de gouverner dans d'autres pays? «Si l'Autriche chasse les juifs comme l'Allemagne les chassa déjà, il leur restera un refuge: prendre des portefeuilles en Angleterre et en France[56]», commente le Grincheux. **«Les Juifs m'ont vaincu», déclare M. Goga[57]»**, claironne en caractères gras, Le Devoir. La puissance planétaire du Juif sera ressentie jusque dans la province de Québec.

Références

1. Lambert Closse: *La réponse de la race*,. p.508

2. *Ibid.*

3. *Ibid.*

4, René Monette: «Commerce juif et commerce canadien-français», dans: Les Jeune-Canada: *Politiciens et Juifs*, p.46.

5. Mgr. Gfœllner: «L'internationalisme juif.», *Action nationale*, (juin 1933), p.381.

6. Pierre Dagenais: *L'immigration au Canada et le communisme*, dans: Les Jeune-Canada: *Politiciens et Juifs*, p.31.

7. Jacques Brassier(pseudonyme de Lionel Groulx): «Pour qu'on vive.», *Action nationale*, (septembre 1933), p.1.

8. René Monette: *op. cit.*, p.47.

9. André Laurendeau: *Partisannerie politique*, dans: Les Jeune-Canada: *Politiciens et Juifs*, p.62.

10. Omer Héroux: « Solidarité.», *Le Devoir*, 27 mai 1930, p.1; Omer Héroux: «L'affaire de l'Emden.», *Le Devoir*, 1 mai 1936, p.1; Le Grincheux: Carnet d'un grincheux, *Le Devoir*, 1 mai 1936, p.1; Le Grincheux: Le carnet du grincheux, *Le Devoir*, 17 mars 1938, p.1; Le Grincheux: Carnet du grincheux, *Le Devoir*, 5 décembre 1939, p.1.

11. Alcide Ebray: «Les débuts du IIIe Reich allemand.», *Le Devoir*, 13 mai 1933, p.1.

12. Omer Héroux: «Les étonnements de M. Glass, député et organisateur du boycott juif contre la marchandise allemande.», *Le Devoir*, 26 octobre 1938, p.1, éditorial.

13. Lambert Closse (pseudonyme présumé de Lionel Groulx): *op. cit.*, p.508

14. Georges Pelletier: «Réflexions d'un Français.», *Le Devoir*, 16 mai 1933, p.1; «Bela Kun a plongé la Hongrie dans le sang. Il n'y a pas eu de protestation. Bela Kun n'était pas Hongrois. Il était juif.» Pamphile: «Carnet d'un grincheux, *Le Devoir*, 27 avril 1933, p.1.

15. Lambert Closse: *op. cit.*, p.521.

16. *Ibid.*, p.525.

17. *Ibid.*

18. *Ibid.*, pp.526-527

19. Mgr.Gfœllner: «Lettre.», cité dans: Anatole Vanier: «Les Juifs au Canada.», *Action nationale*,(septembre 1933), p.15.

20. Jacques Brassier(pseudonyme de Lionel Groulx): «Pour qu'on vive.», *Action nationale*, (juin 1933), p.361.

21. André Laurendeau: *op. cit.*, pp.55-56.

22. *Ibid.*

23. P. Dansereau: *Politiciens et Juifs.*, pp.10-11; Le grand titre du Devoir du 24 mars 1933 se lit ainsi: «Une enquête britannique sur les prétendues atrocités commises contre les Juifs en Allemagne.»

24. Georges Pelletier: «Et les catholiques mexicains?», *Le Devoir*, 13 novembre 1934, p.1; Georges Pelletier: «Silence au Mexique, clameurs en Palestine.», *Le Devoir*, 6 septembre 1929, p.1; Émile Benoist: «Persécutions et propagande.», *Le Devoir*, 17 novembre 1938, p.1; Le Grincheux: Le carnet du grincheux, *Le Devoir*, 27 janvier 1939, p.1; André Laurendeau: *op. cit.*, p.57.

25. Pamphile: Carnet d'un grincheux, *Le Devoir*, 30 juin 1933, p.1; G. Pelletier: «Réfugiés catholiques.», *Le Devoir*, 30 juil 1934, p.1.

26. Pamphile: Carnet d'un grincheux, *Le Devoir*, 14 juin 1933, p.1; G. Pelletier: «Juifs et Espagnols.», *Le Devoir*, 15 juin 1933, p.1; Omer Héroux: «Espagnols et Juifs. Le formidable contraste. Pour se renseigner.», *Le Devoir*, 29 juin 1933, p.1; Omer Héroux; «En Espagne.», *Le Devoir*, 21 novembre 1934, p.1; Le Grincheux: Le carnet du grincheux, *Le Devoir*, 21 novembre 1938, p.1.

27. Le Grincheux: Le carnet du grincheux, *Le Devoir*, 16 janvier 1939, p.1.

28. Lambert Closseo: *op. cit.*, p.516

29. *Ibid.*, p.511

30. Pamphile: Carnet d'un grincheux, *Le Devoir*, 24 jan. 1934, p.1.

31. G. Pelletier: «Larrons en foire.», *Le Devoir*, 25 octobre 1934, p.1; G. Pelletier: «Zaharoff.», *Le Devoir*, 8 septembre 1934, p.1.

32. André Laurendeau: *op.cit.*, pp.62-63.

33. G. Pelletier: «Bêtise catastrophique», *Le Devoir*, 27 avril 1935, p.; Le Grincheux: Le carnet du grincheux, *Le Devoir*, 7 juil. 1937, p.1

34. Le Grincheux: Le carnet du grincheux, *Le Devoir*, 4 décembre 1939, p.1.

35. Pierre Anctil: *Le Devoir, les Juifs et l'immigration.*, p.92

36. Georges Pelletier: «Sur l'antisémitisme en Europe centrale», *Le Devoir*, 22 janvier 1938, p. 1. éditorial.

37. *Ibid.*

38. Le Grincheux: Le carnet du grincheux, *Le Devoir*, 25 octobre 1938, p.1; 39. Georges Pelletier: «La Pologne juive.», *Le Devoir*, 9 juin 1937, p.1; 40. E.B.: «La propagande se poursuit.», *Le Devoir*, 24 octobre 1938, p.1; Les Juifs comptent dans leurs rangs un nombre impressionnant de criminels, que ce soit en Allemagne: Georges Pelletier: «Tactiques.», *Le Devoir*, 15 septembre 1933, p.1.; ou en France, où l'affaire Stavisky: Georges Pelletier «Escroquerie.», *Le Devoir*, 23 juillet 1929, p.1.; Pamphile: Carnet d'un grincheux, *Le Devoir*, 25 août 1934, p.1.; et l'affaire Lévy font couler beaucoup d'encre: Le Grincheux: Carnet d'un grincheux, *Le Devoir*, 28 novembre 1934, p.1; aux États-Unis: Pamphile: Carnet d'un grincheux, *Le Devoir*, 29 juin 1933, p.1.; et au Canada où les quatre frères Bronfman sont accusés d'avoir frustré le Trésor canadien d'une somme de 5 millions de dollars: Le Grincheux: Carnet d'un grincheux, *Le Devoir*, 12 décembre 1934, p.1.; Le Grincheux: Carnet d'un grincheux, *Le Devoir* 13 décembre 1934, p.1.

41. P. Anger: «Ces messieurs du «bootleg», Le Devoir, 14 déc. 1934, p.1.

42. Le Grincheux: Le carnet du grincheux, *Le Devoir*, 3 septembre 1938, p.1.

43. Le Grincheux: Carnet d'un grincheux, *Le Devoir*, 3 novembre 1934, p.1.

44. Pierre Dansereau: *op. cit.*, p.13.

45. René Monette: *Commerce juif et commerce canadien-français*, dans: Les Jeunes-Canada: *Politiciens et Juifs*, p.39

46. Pierre Dagenais: *L'immigration au Canada et le communisme*, dans: Les Jeune-Canada: *Politiciens et Juifs*, pp.30-31.

47. Jacques Brassier(pseudonyme de Lionel Groulx): «Pour qu'on vive.», *Action nationale*, (juin 1933), p.365; Anatole Vanier: «Lettre adressée à Sir Georges Perley, Premier ministre intérimaire.», *Action nationale*, (sep. 1933), p.85; «La menace rouge.», *Action nationale*, (mai 1936), pp.1-2, éditorial; Carmel Brouillard, o.f.m.: «Problèmes.», *Action nationale*, (nov. 1936), p.211; Roger Duhamel: «Les Jeux de la politique.», *Action nationale*, (avr. 1939), p.351.

48. Jacques Brassier (pseudonyme de Lionel Groulx): *ibid.*

49. Lambert Closse : *op. cit.*, p.523

50. *Ibid.*, p.522

51. *Ibid.*, p.537

52. *Ibid.*

53. *Ibid.*

54. Paul Anger: «L'avenir d'Israël.», *Le Devoir*, 4 novembre 1936, p.1; Sur Les Juifs et le communisme: Omer Héroux: «Cause abandonnée.», *Le Devoir*, 31 janvier 1929, p.1; Omer Héroux: «Livitnoff.», *Le Devoir*, 16 août 1929, p.1; Omer Héroux: «Témoignage.», *Le Devoir*, 12 août 1933, p.1; Paul Anger: «Passim.», *Le Devoir*, 17 août 1933, p.1; «Les Juifs et le communisme.», *Le Devoir*, 10 mai 1935, p.3; Le Grincheux: Carnet d'un grincheux, *Le Devoir*, 15 octobre 1936, p.1; Le Grincheux: Carnet d'un grincheux, *Le Devoir*, 10 avril 1937, p.1; Le Grincheux: Carnet du grincheux, *Le Devoir*, 30 juillet 1938, p.1; Le Grincheux: Carnet d'un grincheux, *Le Devoir*, 22 octobre 1938, p.1; Le Grincheux: Carnet d'un grincheux, *Le Devoir*, 12 novembre 1938, p.1; «La terre promise des Juifs, n'est-ce pas la Soviétie?» s'interroge d'une manière rhétorique le Grincheux. Le Grincheux: Le carnet du grincheux, *Le Devoir*, 19 novembre 1938, p.1; Le Grincheux: Le carnet du grincheux, *Le Devoir*, 17 mars 1939, p.1; Le Grincheux: Le carnet du grincheux, *Le Devoir*, 31 mai 1939, p.1; Le Grincheux: Le carnet du grincheux, *Le Devoir*, 22 août 1939, p.1.

55. Le Grincheux: Le carnet du grincheux, Le Devoir, 16 déc. 1938, p.1.

56. Le Grincheux: Le carnet du grincheux, Le Devoir, 19 fév. 1938, p.1.

57. *Le Devoir*, 11 février 1938, p.1.

Chapitre 10
L'ennemi dans la place

LE JUIF RÈGNE SANS PARTAGE dans la province de Québec comme il le fait dans le monde entier. Capitalisme et démocratie rendent possible sa dictature économique et politique sur le peuple canadien-français. Les chiffres les plus invraisemblables illustrent ce double joug, ce qui ne gêne guère les locuteurs, blindés qu'ils sont contre la réalité. Le Juif ne serait jamais parvenu à exercer pareille domination sans la complaisance du Traître, du politicien. Les droits politiques des citoyens de religion juive sont superflus, puisque ces derniers sont bien traités au pays, souligne l'Action nationale. De plus, ils nuisent à la majorité catholique et écorchent douloureusement sa dignité. Il convient tout simplement de les leur retirer.

Le Juif est responsable de tous les avatars de la modernité: Montréal ressemble à Varsovie, où des quartiers entiers sont pourris par la présence juive. Le Juif colonise la ville et expose la population au contact dissolvant de son matérialisme. L'impudence du Juif ne connaît aucune limite: il ose encombrer les tramways. Presse, publicité, théâtre, cinéma, jazz, l'ignoble musique des restaurants de danse et mode vestimentaire sont l'œuvre du Juif qui propage ainsi le chancre de l'américanisme.

Même la dénatalité au Canada français est le fait du Juif: c'est le «matérialisme à base de sensualité», fréquent chez la race juive, nous dit-on, qui entraîne cet «excès d'immoralité funeste».

Le capitalisme est illégitime puisqu'il mène fatalement à la dictature économique et à la «civilisation inhumaine» qui est la nôtre. Que le Juif soit le responsable et l'incarnation de ce régime économique le rend doublement illégitime. «Le monde sans âme» où nous vivons est payé pour savoir que toute dictature de caractère économique constitue un danger et un mal social. Que les Juifs ne soient pas les seuls à constituer de ces sortes de dictature ne change rien à l'affaire[1].»

La cible de l'attaque demeure le Juif malgré le malhabile distinguo avancé par Groulx. «Puis, à quoi tend cette accumulation de privilèges absolument injustifiables, sinon à favoriser, dans la province de Québec, et tout d'abord dans Montréal, l'établissement d'une véritable dictature commerciale juive, dictature que l'internationalisme d'Israël rend de création singulièrement facile et redoutable[2]?»

La mainmise d'Israël sur le capitalisme en fait le meurtrier du peuple canadien-françaisselon Lambert Closse. «Voilà une tranche du régime économique qui n'a pas pu nous tuer depuis trente ans; régime économique injuste, antisocial, antinational; création juive, internationale, antichrétienne, et meurtrière. Voilà nos maîtres, et cependant, nous sommes chez nous[3]!»

Anatole Vanier écoute fidèlement la voix de son maître: les Juifs, dévorés par l'ambition, «désirent les premières places en Allemagne, aux États-Unis, au Canada, dans le Québec, partout.» Comment y parviennent-ils? «Et pour atteindre leurs buts, ils s'appuient, au besoin, sur les «principes» du libéralisme, dont se targuent quelques-uns des nôtres, naïfs et sans nationalisme, qu'ils exploitent[4].»

Le libéralisme renvoie au Juif et au Traître, ce dernier faisant la courte échelle au premier afin qu'il s'installe confortablement aux premières loges de la dictature économique. C'est le libéralisme, répète Ana-

tole Vanier, qui exerce une action corrosive, «dissolvante» sur le «nationalisme élémentaire» qui devrait
animer les Canadiens français. «On ne trouve sans
doute sans effort que le libéralisme, ici jugé «superbe»
ou là, simplement commode, mais dissolvant toujours[5].»

Les méfaits de l'Anglo-Saxon et du Juif remontent à
la conquête. Si l'exploitation des richesses naturelles
revient aux Américains, «...le reste est allé aux Juifs et
aux Anglo-Saxons de la rue Saint-Jacques. C'est depuis
la conquête qu'ils nous tiennent le pied sur la gorge,
ceux-là.» Ils font leurs choux gras sur le dos des Canadiens français: «Que nous ne soyons qu'un peuple de
bons manœuvres et de larbins dociles, tant mieux, si
cela les sert.» L'avilissement national aux mains du
duo Anglo-Saxons/Juifs a fait «que Montréal souffre
aujourd'hui de gigantisme et que tout l'équilibre démographique est chez nous si tragiquement rompu[6].»

Le commerce des eaux gazéifiées n'échappe pas à
l'emprise des Anglais et des Juifs. «Il était autrefois entre les mains des nôtres. (...) Les Anglais, puis les Juifs
les ont[les compangies] peu à peu détrônées. C'est le
règne du Coca-Cola[7].»

Un Jeune-Canada tente de traduire en chiffres la
dictature juive[8]. Sans indiquer la provenance de ses
données, et sans s'émouvoir de leur invraisemblance,
il affirme que «formant les deux septièmes de la population, nous ne possédons, nous, qu'un septième de la
richesse canadienne, les Juifs, au nombre de 150,000
environ, possèdent un quart de la fortune du Domi-
nion.» Le «commerce juif» totalise à Montréal «une valeur de 150 à 200 millions». Rien d'étonnant à cela
puisque le Juif a fait main basse sur «les produits de la
ferme, sur le marché du poisson, de la viande, des

boissons et de l'épicerie». L'industrie compte ses fiefs juifs. «Le Juif s'est solidement implanté dans l'industrie; il y a engagé un capital de 400 à 600 millions. Les pêcheries, la confection, la laiterie, la pulperie, constituent son fief.» L'étendue de la finance juive est telle qu'il est impossible de commencer à la décrire.«Ne parlons pas de la finance juive; elle est si active qu'il est impossible de l'apprécier à sa juste valeur.» Le Juif ne connaît qu'une seule occupation, selon l'expert improvisé: «cent pour cent de la population s'adonne aux affaires. Le Juif n'est ni ouvrier, ni producteur, ni inventeur; il est distributeur et homme d'affaires[9].»

L'absurdité éclate au grand jour: la totalité d'un groupe concentrerait exclusivement ses énergies dans un seul et unique domaine de l'activité économique. Mais un déterminisme essentialiste se rit des chiffres, fussent-ils farfelus. La vocation unique du Juif comme intermédiaire économique est réaffirmée comme une évidence par François-Albert Anger, qui y voit une raison de lui refuser l'entrée au pays. «Le Juif, à travers le monde, exerce une activité parasitaire, artificielle, en ce sens qu'elle se greffe sur le travail d'autrui.» Parasite et malhonnête en plus: «Par sa présence, le Juif abaisse le niveau de moralité; le respect des contrats, la courtoisie en affaires, la confiance la plus élémentaire sont battus en brèche. Aux règles de la probité succèdent les mœurs de la jungle[10].»

Le Juif étouffe l'agriculteur canadien-français par des hypothèques iniques en plus de s'approvisionner exclusivement auprès des producteurs de l'Ontario et de la Californie[11].

Commerce, professions libérales, aucun secteur d'activité n'échappe au contrôle du redoutable Juif. «Ils sont chez nous des concurrents victorieux dans le commerce et l'industrie, où ils apportent des méthodes et des coutumes nouvelles ordinairement si peu favorables à l'équilibre social. (...)Leur nombre dans les universités et les professions libérales commence à dépasser les justes proportions(...), sur les 92 étudiants non-catholiques de cette université, 82 sont juifs[12].»

Et ce n'est pas tout. «La vague juive passe de l'Université aux professions libérales.» Fin observateur, Anatole Vanier constate que «le Palais de Justice de Montréal offre à certains moments un aspect fortement oriental par la présence des nombreux plaideurs juifs et des avocats de leur race qui s'y pressent.» Ce n'est que le début, prédit Vanier en poursuivant son décompte minutieux des étudiants juifs inscrits à l'Université de Montréal: «Et la vague monte toujours; cette année, au mois de mai, sur 42 bacheliers et licenciés de l'Université de Montréal 12 étaient juifs[13].»

Le Devoir répète, avec une touche de ce qu'il croit être de l'ironie, les propos de Groulx, de l'Action nationale et des Jeune-Canada sur la dictature juive[14]. En feuilletant les pages du bottin téléphonique, Paul Poirier s'étonne: «Ce qui m'a surpris, ce n'est pas qu'il y avait des avocats israélites à Montréal. C'est qu'il en reste des canadiens et des anglais.» Le commerce de détail ne se porte guère mieux: sur la rue Saint-Laurent, comme dans la partie est de la rue Sainte-Catherine, les échoppes juives se multiplient.

Ce rédacteur du Devoir y va d'un petit couplet sur la tolérance des Juifs envers «les non circoncis»: «Et l'Israélite est bien tolérant; il permet aux Gentils d'acheter chez lui à tempérament, il condescend à prendre de l'argent de gens qui ne sont pas circoncis.» Même les commerces anglo-canadiens de la rue Sainte-Catherine ouest ont cédé la place à «des échoppes et des bazars fréquentés surtout par ces fanatiques de Canadiens français qui persécutent les Juifs en leur portant leur argent. Cruelle persécution!» Dans le commerce des fruits et légumes, la confection vestimentaire, la grande industrie, celle des alcools en particulier, la finance, on ne compte plus «que des circoncis». Au loustic canadien-français fictif qui rétorque «Je vais te citer une longue liste des nôtres...» Poirier réplique: «Tu prouveras la tolérance des Juifs. Ils consentent encore à n'être pas seuls partout. Rendons-leur en grâce.»

Paul Anger fait avouer à un Juif fictif que «l'avenir est à nous parce que l'argent est à nous, vient vers nous, nous flaire et nous recherche. Nous exerçons sur lui un magnétisme. Et l'argent, ma chère dame, l'argent peut tout, il ouvre toutes les portes, entre avec effraction dans toutes les consciences, énerve toutes les énergies[15].»

Sa pratique malhonnête des affaires rend le Juif invincible, ainsi qu'en témoigne cette courte histoire. Isaac, regrattier sur la rue Craig, avait mis en vente une pelisse sale et nauséabonde. «Entre un client, un bon villageois de Sainte-Emilie-de-l'Energie, tenté par le bas prix de l'affiche.» L'odeur dégagée par la pelisse alerte le client. «Il s'agit de prévenir. Alors Isaac, sublime, s'écrie, en tournant l'index vers sa poitrine: «No, it's not the coat that stinks, it's me.» — Non, ce n'est pas la pelisse qui pue, c'est moi! — À cette époque héroïque, le Juif était invincible en affaires[16].»

Le signe qu'Israël n'est plus invincible, avance Paul Anger, c'est qu'il proteste contre ce refrain d'une chanson publiée par la Tribune postale:

«Mille Juifs mutins,
Cruels assassins,
Crachent à l'entour,

De ce grand Dieu d'amour.»

La susceptibilité d'Israël trahit sa faiblesse. «Le bouclier de son insusceptibilité tombe. Nous sommes à un tournant de l'histoire[17].» Mais la puissance d'Israël n'est pas ébranlée si facilement. La démocratie se fait fort d'assurer la pérennité de la dictature juive. Lionel Groulx lance une salve en appuyant les Jeune-Canada qui «ont dénoncé un autre abus et qui est plus grave.» Cet intolérable abus consiste en «l'élévation au rang de caste privilégiée, d'une minorité ethnique que rien ne recommande spécialement à cette extraordinaire dignité.» Qui compose la caste coupable? «Or telle est bien la condition que l'on est en train de faire au Canada, et dans la province de Québec plus que partout ailleurs, au groupe juif.» Tiens donc... La description du crime commis se poursuit:

> «On lui a taillé, dans Montréal, des fiefs électoraux de tout repos: véritables chasses-gardées où les fils d'Israël peuvent user et abuser à loisir du droit de suffrage, voter, s'il leur plaît, à cent-dix pour cent[sic], sans le moindre risque d'être inquiétés, sans même s'exposer, nous assure-t-on, à la gênante prestation de serment, rigueur ou frein réservé aux seuls «télégraphes» des autres races[18].»

La minorité juive profiterait donc indûment d'un découpage biaisé, en sa faveur, de la carte électorale. Elle constitue l'électorat de circonscriptions où des pratiques criminelles accompagnent inévitablement les élections. Son influence politique, aussi énorme qu'illégitime, est le fruit de sa collusion avec l'inévitable Traître. Si nous en sommes rendus là, c'est bien à cause de «la complaisance des politiciens intéressés, tolérant et admettant presque en principe les fiefs électoraux juifs au sein de notre «démocratie». «Inclinons-nous devant ces ghettos dorés[19].»

La collusion entre le Juif — avec, dans sa valise, le franc-maçon — et le personnel politique a des ramifications étonnantes. «Appuyés par des «politiciens aveugles, le Juif et le franc-maçon ont pu transformer la province de Québec! Nous n'aurions qu'à demander à l'ancien Régime. Mais entre Juifs on se protège! Vous allez trop loin, direz-vous.» Lambert Closse étouffe l'objection naissante en attribuant la longévité du gouvernement libéral d'Alexandre Taschereau à l'action de la judéo-maçonnerie:

> «Comment un homme peut-il maintenir sans l'aide de puissances mystérieuses un régime qui a fait la pluie et le beau temps pendant plus de quinze ans, abusant de tout, autorisant le travail des Juifs le dimanche dans la province la plus catholique du monde, intéressés dans tous les trusts et siégeant à la direction des plus grandes compagnies du pays[20].»

Les politiciens se voilent hypocritement le visage devant le cancer qui détruit la province. «La judéo-maçonnerie est sans contredit le cancer qui nous ronge. Nos politiciens ne veulent pas l'avouer[21].»

Il existerait un parti juif au Canada français, tout comme il existe un esprit juif indépendant de la nationalité et/ou de la religion juive. Roger Duhamel, de l'Action nationale, cite et commente un extrait d'une lettre publiée dans Le Canada. N'aurait-il pas existé, dans notre brave province, «en marge des deux grands partis, un parti juif sans allégeance politique, uniquement inspiré par les aspirations raciales des Juifs? Ce parti n'est pas à fonder: il a toujours existé.» Ce qui lui tient lieu de programme «se résume en deux points: 1. s'unir pour faire élire un représentant juif; 2. s'arranger pour qu'il soit toujours près du pouvoir[22].»

«Les aubains sont bien traités chez nous, ils jouissent de la plus grande liberté civile. Quel besoin ont-ils des droits politiques?», s'interroge Anatole Vanier. Ces droits apparaissent d'autant plus superflus que les «fiefs juifs» sont les vecteurs de la démocratie au Québec. «Tout le monde sait qu'ils ne servent que l'intérêt de parti.» Les mesures à prendre pour contenir cette engeance sont radicales: «Puisqu'ils nous desservent par ailleurs et qu'ils sont contraires à notre dignité, supprimons-les.» À défaut d'abolir les circonscriptions grouillantes de Juifs, conclut ce commentateur politique éclairé, ces dernières «développeront bientôt chez nous, et plus tôt qu'on ne pense, l'esprit hitlérien[23].»

En clair, il s'agit de priver les citoyens de confession mosaïque des droits politiques normalement dévolus à tous les citoyens et de supprimer toute présence juive à la législature de la province et tout cela sans tarder, sous peine de voir éclore «l'esprit hitlérien». Étant donné les effusions du même Anatole Vanier à l'endroit du «sursaut de l'Allemagne nouvelle» il est difficile de ne pas penser qu'il est à la recherche d'un prétexte facile pour passer aux actes.

De même, André Laurendeau pourfend l'esprit de parti en en faisant porter la responsabilité aux Juifs. Après avoir fustigé «cette nauséabonde maladie dont nous nous languissons depuis trois quarts de siècle, le préjugé de parti», il explique que si des politiciens canadiens ont protesté contre les persécutions des Juifs par le régime hitlérien, s'ils ont participé à «une réunion d'immigrés inassimilés et inassimilables» la raison en est bien simple: «on a suivi la vieille tradition politicienne: on a flatté une puissance électorale(...).» De plus, ces politiciens véreux n'ignoraient pas l'adage aussi bête que vivace selon lequel. «les élections ne se font pas avec des prières». Les Juifs possédant «la puissance économique» et disposant «d'un joli magot», il devenait irrésistible de les courtiser[24].

C'est la démocratie, c'est «l'esprit de parti» qui asservit encore et toujours les Canadiens français. «Il n'y a ici qu'une oppression: nous sommes les victimes de la finance, du trust monstrueux; l'instrument de cette oppression, c'est l'esprit de parti.» Le problème étant posé en ces termes, il devient impérieux de protester contre «des caresses destinées à flatter une puissance électorale[25]».

Le Devoir s'attarde à une forme particulière de «l'esprit de parti» cher aux Juifs: le brigandage électoral. Dans une série d'articles publiés de novembre 1935 à la fin de 1936, ce quotidien relate les manœuvres frauduleuses survenues dans le comté de Saint-Laurent lors des élections provinciales, et il cite de nombreux témoins oculaires des violences physiques perpétrées contre des électeurs[26]. Devant l'amoncellement de preuves accablantes, le député de cette circonscription, Josef Cohen, démissionne, mais pas avant que Le Devoir n'ait répété à maintes reprises qu'il jouissait de l'«entier support» du gouvernement libéral d'Alexandre Taschereau[27].

Ce n'est pas tant les gestes malhonnêtes posés par certains partisans de Josef Cohen que Le Devoir met en cause, que le comportement électoral présumé des citoyens canadiens-français de religion juive dans plusieurs circonscriptions. Dans le comté de Mercier, le candidat libéral Anatole Plante, bon chrétien et bon Canadien français, ne doit sa victoire, soutient Le Devoir, «...qu'aux cinq sous-officiers rapporteurs juifs triés sur le volet(...)[28]», «...qui ont garni les urnes de 705 voix à Plante contre 48 à Cormier[29]», ainsi qu'aux «...faux policiers provinciaux, de mèche avec les représentants juifs du candidat Plante(...)[30]», qui ont fait irruption dans des bureaux de vote et ont bousculé des électeurs, le yiddish devenant, pour l'occasion, «...la langue officielle dans certains polls[31]».

Les fiefs électoraux juifs, terrains privilégiés des pratiques électorales criminelles, ne contiennent, à dire vrai, que peu d'électeurs juifs:

> «L'élément juif paraît dominant dans certains quartiers montréalais. Au vrai il n'est dominant que par l'audace criminelle de certains de ses représentants, non par le nombre. Pour s'en rendre compte, il suffit d'un examen des listes du recensement dans les trois circonscriptions montréalaises que l'on tient pour juives, mais dont la population est en grande majorité chrétienne[32].»

Les «fiefs électoraux juifs», bastion et fleuron de «l'esprit de parti», sont chrétiens! Mais la fiction importe infiniment plus que la réalité, et Émile Benoist, recourant à la métaphore biologique usuelle, s'alarme de ce que «l'audace criminelle» de certains représentants juifs puisse se propager dans tout le corps électoral à la manière de la gangrène dans le corps humain. «Un bobo qu'on laisse se gangrener empoisonne tout le corps», avertit-il avant de rapporter que «d'odieuses manifestations, accompagnées de violences, ont eu lieu dans Maisonneuve» et qu'«au surlendemain du scrutin, des bandes vociférantes et menaçantes manœuvraient dans Laurier. Symptôme révélateur[33].»

Peu importe que les comtés dits «juifs» ne comptent que peu de citoyens de religion juive; peu importe que dans certains comtés de l'Abitibi, de la Gaspésie, de Berthier ainsi que dans «...dix ou quinze autres comtés» le vote ait été trafiqué[34]; peu importe que dans le comté de Mercier, moins de 50 pour cent des électeurs juifs auraient voté et que, ce faisant, ils auraient accordé 60 pour cent de leur suffrage au candidat libéral et 40 pour cent au candidat de l'Union nationale[35]; peu chaut au Devoir que le Congrès juif canadien se répande en excuses pour les actes condamnables attribués à des citoyens de religion juive[36]; Georges Pelletier recommande que le gouvernement prive, à point nommé, toute une «catégorie d'électeurs et de candidats» du droit de vote, et qu'il restreigne l'immigration au Canada des coreligionnaires de la même «catégorie d'électeurs[37]».

C'est le Juif mythique, c'est sa propre construction symbolique que Le Devoir traque sans relâche. Au moment de l'enquête sur les comptes publics, en 1936, qui entraînera la chute du gouvernement libéral provincial, Paul Anger écrit du député libéral Peter Bercovitch, chargé de sortir le gouvernement du pétrin, qu'il «a belle prestance, belle voix, belles manières, une science et une expérience parlementaires remarquables, puisqu'il siège depuis 1916. Mais c'est le rôle même qu'on lui fait jouer qui le rend odieux.»

Jusqu'ici, rien de remarquable. Mais, à la phrase suivante, le mythe rattrape son homme en un tournemain: «D'abord, il est Juif, Juif jusqu'aux tréfonds de l'âme, foncièrement juif par toutes ses fibres(...).» Duplessis comptant sur les émotions de l'auditoire, Bercovitch devient un précieux atout dans sa campagne contre le parti au pouvoir: «Or rien ne les provoque davantage que ce Juif qui essaie d'étouffer la vérité, particulièrement à une époque où les siens souffrent d'une réprobation plus universelle qu'elle ne le fut jamais[38].»

Israël est roi au Québec[39], comme il l'est dans toute l'Amérique[40], ce qui l'autorise à prendre des libertés avec la loi[41]; il s'agit, on l'aura reconnu, d'un thème éculé de l'antisémitisme que vocifèrent les nationalistes fascisants du Québec.

Mais il y a plus: le Juif pousse l'effronterie jusqu'à se sentir chez lui au Canada. Il prend ses aises au point que la Commission fédérale de la Radio nomme un Israélite parmi son équipe de direction[42]; à tel point qu'«en avant donc le yiddish, le tchèque, voire l'espagnol rouge, en attendant que tous les dialectes russes passent à Radio-Canada, une fois Moscou devenu notre allié[43]»; à tel point que «dans plusieurs services [du gouvernement fédéral] des sténographes, des commis et des inspecteurs obtiennent leur emploi à cause de leur connaissance du yiddish[44]»; à tel point que le député libéral fédéral Samuel W. Jacobs représentera la province de Québec à Londres sous le fallacieux prétexte qu'il est «l'élu d'un comté à majorité canadienne-française». Mais, écume Le Devoir, «il n'est déjà pas à sa place à Ottawa, où il tient celle d'un autre. Et ce ne serait pas assez? Il lui faudrait, après Ottawa, Londres? Donnez-lui un pied à l'Israélite, et il en aura bientôt pris quatre[45].»

«Abraham, Isaac et Jacob veulent une dixième province canadienne: la Nouvelle Palestine[46].»

Ne reculant devant absolument rien, les Hébreux vont jusqu'à encombrer les tramways. «À plusieurs reprises, on nous a dit que les Gentils ont, par exemple, beaucoup de peine à prendre place dans le tram de Cartierville, le dimanche, parce que des Hébreux s'y pressent en foule et repoussent tout le monde[47].»

L'invasion juive est telle que Montréal ressemble maintenant à Varsovie, les deux villes submergées par «cette foule juive, ces lévites, ces bottes, ces calottes noires à visière, ces barbes, ces cheveux en tire-bouchons sur les joues, toute cette humanité bizarre qui ne ressemble à aucune autre», avec ce résultat que «si des quartiers entiers de Montréal sont gâtés comme à Varsovie, des petites municipalités comme Plage Laval

se plaignent aussi que les Juifs y ruinent la valeur im-
mobilière[48].»

La ville appartient à l'Autre avait affirmé Groulx.
Observant les passagers d'un tramway montréalais,
Paul Anger ne voit que «pommettes saillantes, teint
olivâtre, yeux perçants, (...)cheveux crépus, teints cho-
colat, lèvres lippues, dents blanches, nez camus,
(...)hommes blonds, posés, raides, le teint rose, les
gestes rares, (...)Chinois, doigts noircis, yeux de ve-
lours dans une face brûlée par le soleil et le vent, exha-
lant une odeur d'ail et parlant italien, moustache cirée,
cheveux oints à la vaseline, le parfum de quatre sous,
(...)type douteux, sordide des bas-fonds de quelque ville
européenne» sans oublier, bien sûr, «nez en banane,
mains qui gesticulent, pieds plats, bouche qui crache
avec volubilité des syllabes étranges, où il perce de
temps à autre des mots de mauvais anglais, yeux qui
vous regardent durement, voilà le type sémitique[49].»

Pierre Dagenais, lui, fond immigrants et ville dans
une seule et même menace: «Où sont donc les descendants des dix mille colons français qui ont créé notre
pays?... Ils sont là, dans la mêlée, presque engloutis
par les autres races qui leur marchent sur les pieds, et
qui sont à la veille de les écraser, s'ils ne s'en défendent
pas[50].»

Ignorant la menace qui les guette, «...nos bons habitants des campagnes, fascinés par le mirage des villes,
se laissent entraîner à y venir tenter fortune. Ils y ren-
contrent dans les quartiers qu'ils habitent la contagion
communiste, qui nous fut importée du sud de l'Europe[51].»

Il n'y a pas que le communisme qui puisse détruire
le Canadien français; le matérialisme propre aussi à
l'urbanisation — donc à l'Autre, et surtout au Juif —

peut en faire autant: «La destruction de notre caractère ethnique par l'urbanisation à outrance et par le contact dissolvant d'une population juive toute au matériel, n'aura pas été le moindre inconvénient des derniers cinquante ans[52].» La ville, c'est le Juif, répète Le Devoir sans jamais se lasser. «Détail à noter, précise Georges Pelletier, la prédilection des Juifs pour les grandes villes. Plus de la moitié d'entre eux y vivent[53].» «Au Canada, le Juif colonise les villes. Déjà, trop de nos gens pratiquent la même colonisation pour que nous y ajoutions l'étranger en masse[54]», écrit le Grincheux, formulant une des raisons pour refuser l'immigration de réfugiés juifs au pays. Montréal, répète-t-il après les autres, est sur le point de devenir une ville juive. «Encore un peu et pour embellir Montréal quelqu'un ira proposer de transporter de Jérusalem au carré Saint-Louis le mur des lamentations[sic][55].»

La vie quotidienne dans une société industrialisée, largement urbanisée, créerait la proximité avec l'Autre et favoriserait l'éclosion de nombreux chancres sociaux, a déjà prévenu Groulx. L'Action nationale opine et identifie plus spécifiquement le coupable:

> «La presse et les réclames, le théâtre ou le cinéma font souvent preuve de tendances frivoles ou indécentes qui empoisonnent l'âme des populations chrétiennes jusqu'en ses plus intimes profondeurs, et c'est encore le monde juif qui est le principal inspirateur et le plus zélé colporteur de ces manifestations[56].»

André Laurendeau, encore membre des Jeune-Canada, appuie les mêmes dires de chiffres, compléments jugés indispensables de toute crédibilité:

> «Cette inviolabilité sacramentelle des Juifs, par exemple, en un pays dont ils forment à peine le 30e de la popula-

tion parce que ces mêmes Juifs sont riches, que 55 pour cent à 70 pour cent des annonces commerciales sont contrôlées par eux et qu'ils dominent le cinéma international, est-ce encore de la liberté[57]?»

«M. Harry Bernard a démontré, dans une étude publiée en août 1924 par l'Action française, que les Juifs sont les vrais maîtres du cinéma. Quatre-vingt pour cent des entreprises cinématographiques leur appartient[58].»

Louis Dupire cite un expert américain qui affirme que, «À l'heure actuelle, le plus grand nombre d'images animées sont productrices de crimes et sème la graine du vice et de la perfidie[59].»

L'ire de certains journalistes du Devoir s'adresse à ce qu'ils appellent «les journaux jaunes», la presse à sensation, qu'ils considèrent être des «complices du crime[60]». Ce sont des poisons. «Cependant, dans la plupart des foyers (...), ces journaux entrent et opèrent leur malfaisance[61].» Si les parents et les éducateurs ne réagissent pas, le chancre de l'américanisme infectera l'âme entière de la jeunesse «...avec une rapidité foudroyante, chez nous, l'enfance s'américanisera d'un américanisme profond, incurable. Ce ne sera pas seulement le chancre de la langue, mais la jeunesse sera atteinte aux sources mêmes de sa vitalité[62].»

Acoquinés à la presse jaune sont «...les grossiers exploiteurs de publicité, très liés avec les intérêts judéo-américains. L'annonce du théâtre, et surtout du cinéma, est l'une des principales sources de revenus des quotidiens[63].»

Tous les amusements et tous les divertissements en Amérique du Nord appartiennent au Juif. Nous devons savoir que «les Juifs ont la main sur le théâtre au Canada et dans le monde entier. Ce sont eux qui règnent sur Broadway, eux qui règnent à Hollywood.» Mais là ne s'arrête pas leur sphère d'influence selon le journaliste: «les amusements sous presque toutes leurs formes(...) sont entre les mains des Israélites. Ils contrôlent directement ou indirectement la radio aux États-Unis. Ils la contrôlent au Canada, à moins qu'elle ne soit étatisée.» Par la radio ils propagent un genre musical honni par Le Devoir. «Déjà, par la radio, ils font du recrutement pour les salles où l'on joue du jazz qui a très souvent des Juifs pour auteurs. On connaît universellement le plus célèbre d'entre eux, Irving Berlin, mais il y en a d'autres et en grand nombre[64].» S'il n'y avait que le jazz[65], mais non! Par l'entremise de sa vieille alliée, l'enjuivée par excellence, La Presse, le Juif diffuse un autre genre musical. «Si vous écoutez vers les onze heures la radio de la Presse, journal des familles et défenseur des intérêts catholiques, vous constaterez qu'elle transmet l'ignoble musique des restaurants de danse.» L'éducation morale de la nation pâtit durement de la mainmise du Juif sur les divertissements de masse poursuit le journaliste. «La puissance des amusements sur l'éducation morale d'une nation est indéniable. Or, comme nous l'affirmions au début, ils sont en grande partie, sinon en totalité, aux mains d'Israël[66].»

«Chut! Ne prononcez pas le mot juif: vous allez faire fermer tous les postes de radio[67].»

Après que la Sûreté du Québec ait procédé à l'arrestation pour indécence des membres d'une troupe d'opérette française, Georges Pelletier se déchaîne contre les métèques et les circoncis qui dénaturent l'art français. « (...) hélas! des Français et des Françaises jouent cela — quand un circoncis n'en est pas l'auteur, ou un Grec, ou un Juif allemand francisé, ou un métèque qui ne savait pas, il y a dix ans, un mot de français, mais parlait le russe, le yiddish ou le petit nègre mêlé de mots du ghetto[68].»

Dramaturges français de confession juive[69] et cinéastes juifs allemands établis à Paris[70] ne peuvent produire d'œuvres françaises. Le cinéma français se trouve entre les mains «...d'aventuriers, de métèques ou de gens tarés, exploiteurs et de naturalisation française très fraîche[71]».

L'emprise du Juif ne se limite pas à tous les médias et à toutes les formes de divertissements; elle s'exerce aussi sur la mode vestimentaire où elle encourage l'indécence, celle-ci n'ayant «jamais été souhaitée comme telle par le monde féminin». Un retour à la décence semble se dessiner. «Aujourd'hui les quelques Israélites qui font la mode, désirent revenir aux robes longues. Ce n'est pas le souci de la décence qui les préoccupe. Ils ne connaissent qu'une norme pour juger toutes choses. Il y a ce qui est mauvais parce que ça ne paye pas; il y a ce qui est bon, parce que ça paye.» Comment des robes plus longues vont-elles combler la passion du lucre juive? «Comme la robe avait tendance à s'abréger sans cesse, il était facile aux femmes de ressources modestes de s'y adapter. On peut toujours diminuer une robe. C'est toute une autre affaire que de l'allonger ou l'amplifier.(...)» Elles vont donc devoir renouveler leur garde-robe! L'indécence n'a pas disparu pour autant. «La part à l'indécence qui doit donner du piquant à la toilette sera contenue dans la légèreté et la transparence des étoffes et dans l'effronterie du décolleté, en arrière surtout[72].»

Le Juif se livre à la même exploitation sexuelle dans la publicité. «La réclame, où sont les grands maîtres, les Judéo-Américains, ont décidé que le sex appeal est le facteur le plus lucratif. Et ils l'emploient à gogo, sans le moindre à propos apparent[73].»

Ils n'ont aucune décence concernant leurs propres personnes. Un journaliste du Devoir raconte avoir croisé à Sainte-Agathe, pour la toute première fois dans les campagnes de la province, «deux femmes faisant leur promenade, puis leur marché chez l'épicier du coin, en costume de bain — et un costume trop peu habillé ou trop peu habillant, même pour le bain. Les deux dames étaient juives. À cela, nous n'avons rien à redire, puisque ce n'est pas de leur faute.» Il revient aux conseils municipaux de «voter un règlement contre ces exhibitions répugnantes. Nous les en prions au nom du sentiment religieux de notre peuple, de la dignité de la race et de nos traditions de pudeur et de modestie[74].»

Le mot de la fin appartient à René Monette, pour qui la «sensualité juive» a entraîné une baisse du taux de natalité chez les Canadiens français. «Le matérialisme à base de sensualité, qui a atteint une grande partie de la race juive, se reflète dans notre milieu, par un excès d'immoralité funeste. Notre taux de natalité, qui était, à la fin du XVIIIième siècle, de 41 pour cent, est tombé à 21.7 pour cent[75].»

Références

1. Jacques Brassier (pseudonyme de Lionel Groulx): «Pour qu'on vive.», *Action nationale*, (juin 1933), p. 364-365.

2. *Ibid.*

3. Lambert Closse : *La réponse de la race.*, p.35

4. Anatole Vanier: «Les Juifs au Canada.», *Action nationale*, (septembre 1933), p.7; 5. *Ibid.*, p.16; René Monette: *Commerce juif et commerce canadien-français*, dans: Les Jeune-Canada: *Politiciens et Juifs*, pp.47-48; François-Albert Angers: «La conquête économique.»,

Action nationale, (fév. 1939), p.162; Arthur Laurendeau: «Education nationale.», *Action nationale*, (mars 1936), p.182.

6. Maurice Tremblay: «Régionalisme.», *Action nationale*, (mai 1937), pp.276-277; E.M.: «Si l'on voyait clair.», *Action nationale*, (avril 1933), p.248; Dominique Beaudin: «Capitalisme étranger et vie nationale.», *Action nationale*, (juin 1933) p.324; «Montréal, ville...française.», *Action nationale*, (juin 1937), p.345.

7. La vie courante., *Action nationale*, (décembre 1933), p.272.

8. René Monette: *op.cit.*, p.45.

9. *Ibid.*, p.46.

10. François-Albert Anger: «Quo vadis Israël.», *Action nationale*, (janvier 1939), p.50.

11. *Ibid.*, p.43.

12. Anatole Vanier: *op.cit.*, pp.8-9.

13. *Ibid.*, p.9.

14. Paul Poirier: «Il a raison.», *Le Devoir*, 9 juillet 1935, p.1; «Ils ne connaissent qu'une norme pour juger toutes choses. Il y a ce qui est mauvais parce que ça ne paye pas; il y a ce qui est bon parce que ça paye.» Paul Anger: «Mussolini triomphera-t-il?», *Le Devoir*, 10 octobre 1929, p.1; Sur les articles du Devoir portant sur Le Juif et le commerce, voir annexe C.

15. Paul Anger: «Ainsi parlait Abraham..», *Le Devoir*, 4 août 1934, p.1.

16. Paul Anger: «Israël faillit.», *Le Devoir*, 31 décembre 1934, p.1.

17. *Ibid.*

18. Jacques Brassier(pseudonyme de Lionel Groulx): «Pour qu'on vive.», *Action nationale*, (juin 1933), pp.363-364.

19. Anatole Vanier: «Les Juifs au Canada.», *Action nationale*, (septembre 1933), pp.11-12.

20. Lambert Closse: *op. cit.*, p.539

21. *Ibid.*

22. Roger Duhamel: «Quand Israël est candidat.», *Action nationale*, (décembre 1938), p.327.

23. Anatole Vanier: *op. cit.*, pp.13-14; «La décence la plus élémentaire exige cependant que ceux qui adoptent le Canada comme domicile définitif, avec l'intention de conserver leurs traditions, leur foi religieuse, leur langue — c'est le cas des Juifs — s'abstiennent

de participer à la vie politique.» Roger Duhamel: *op. cit.*, p.328.

24. André Laurendeau : Partisannerie politique.: *op.cit.*, pp.58-59.

25. *Ibid.*, p.61.

26. Cf. annexe D.

27. Cf. Annexe E.

28. «Cinq polls cuisinés à l'ouest de Saint-Denis, ont à peu près élu Plante.», *Le Devoir*, 11 janvier 1936, p.1.

29. *Ibid.*

30. «Il y a eu jusqu'à des faux policiers provinciaux.», *Le Devoir*, 20 janvier 1936, p.1.

31. «Le yiddish était la langue officielle dans certains polls.», *Le Devoir*, 22 janvier 1936, p.1; Sur cette affaire: «Comment les vrai électeurs juifs de Mercier ont voté.», *Le Devoir*, 10 janvier 1936, p.1; «Plante, tout comme Cohen, eût plus de voix qu'il y avait d'électeurs inscrits.», *Le Devoir*, 13 janvier 1936, p.1; Le Grincheux: Carnet d'un grincheux, *Le Devoir*, 23 janvier 1936, p.1; Le Grincheux: Carnet d'un grincheux, *Le Devoir*, 2 mars 1936, p.1; «La journée du 25 novembre sur le front Plante.», *Le Devoir*, 4 juillet 1936, p.1.

32. E.B.: «Mœurs électorales.», *Le Devoir*, 14 décembre 1935, p.1. Georges Pelletier: «Cette majorité.», *Le Devoir*, 24 mars 1936, p.1.

33. *Ibid.*

34. G.Pelletier: «Cette majorité.», *Le Devoir*, 24 mars 1936, p.1.

35. «Comment les vrais électeurs juifs de Mercier ont voté.», *Le Devoir*, 10 janvier 1936, p.1.

36. «Déclaration du «Canadian Jewish Congress» au sujet de la corruption électorale.» *Le Devoir*, 26 décembre 1935, p.1; G. Pelletier: «Cette déclaration.», *Le Devoir*, 30 décembre 1935, p.1.

37. G. Pelletier: «Six mois et l'amende.», Le Devoir, 22 mars 1939, p.1.

38. Paul Anger: «Maladresses.», *Le Devoir*, 2 juin 1936, p.1.

39. Pamphile: Carnet d'un grincheux, *Le Devoir*, 21 juin 1933, p.1.

40. Pamphile: Carnet d'un grincheux, *Le Devoir*, 13 juin 1933, p.1.

41. Pamphile: Carnet d'un grincheux, *Le Devoir*, 21 septembre 1934, p.1; Le Grincheux: Le carnet du grincheux, *Le Devoir*, 2 août 1939, p.1.

42. Louis Dupire: «Pourquoi M. King retardait.», *Le Devoir*, 12 septembre 1936, p.1; Le Grincheux: Carnet d'un grincheux, *Le Devoir*, 11 septembre 1936, p.1.

43. Le Grincheux: Le carnet du grincheux, Le Devoir, 2 juil. 1939, p.1.

44. Albert Rioux: «Encore le Service civil.», *Le Devoir*, 24 mars 1936, p.1, éditorial.

45. Le Grincheux: Le carnet du grincheux, *Le Devoir*, 1 avril 1937, p.1; Le Grincheux: Le carnet du grincheux, *Le Devoir*, 6 avril 1937, p.1.

46. Le Grincheux: Carnet d'un grincheux, Le Devoir, 10 mars 1936, p.1.

47. Le Grincheux: Le carnet du grincheux, *Le Devoir*, 2 août 1939, p.1.

48. Anatole Vanier: «Les Juifs au Canada.», *op. cit.*, pp.10-11.

49. Paul Anger: «Cosmopolis.», *Le Devoir*, 7 septembre 1934, p.1.

50. Pierre Dagenais: *L'immigration au Canada et le communisme.*, dans: Les Jeune-Canada: *Politiciens et Juifs*, pp.24-25.

51. *Ibid.*, p.30.

52. René Monette: *Commerce juif et commerce canadien-français*, dans: Les Jeune-Canada: *Politiciens et Juifs*, p.38.

53. Omer Héroux: «M. Jacobs aussi.», *Le Devoir*, 26 octobre 1933, p.1, éditorial; «Quelle sorte d'immigrants entrent au Canada?», *Le Devoir*, 12 mai 1936, p.2; Omer Héroux: «Où?», *Le Devoir*, 18 novembre 1938, p.1; Georges Pelletier: «Les Juifs d'Allemagne font déraisonner le Star.», *Le Devoir*, 26 novembre 1938, p.1, éditorial; Georges Pelletier:«Combien sont-ils?», *Le Devoir*, 21 décembre 1938, p.1; Le Grincheux: Le carnet du grincheux, *Le Devoir*, 9 mars 1939, p.1; Georges Pelletier: «Etrangers.», *Le Devoir*, 5 avril 1939, p.1.

54. Le Grincheux: Carnet d'un grincheux, *Le Devoir*, 17 avril 1936, p.1.

55. Pamphile: Carnet d'un grincheux, *Le Devoir*, 9 déc. 1933, p.1; Le Grincheux: Carnet d'un grincheux, *Le Devoir*, 5 mars 1936, p.1.

56. Mgr. Gfœllner: «L'internationalisme juif.», *Action nationale*, (juin 1933), p.381

57. André Laurendeau: Partisannerie politique, *op. cit.*, pp.60-61.

58. Joseph-Papin Archambault, s.j. : «Le cinéma et les enfants.», Action nationale, (jan.1933), p.58; «Le Juif Crémieux l'avait dit en France, et Northcliff devait le réaliser pendant la grande guerre: «Emparons-nous de la presse et nous aurons tout le reste.», Abbé Ph. Perrier: «Vingt-cinq années de journalisme.», Action nationale, (fév. 1933), p.86.

59. Louis Dupire: «M. Roger Bason et le cinéma populaire.», *Le Devoir*, 13 avril 1929, p.1, éditorial.

60. Roch: «Journaux jaunes, complices du crime.», *Le Devoir*, 8 jan. 1932, p.1; Paul Anger: «Logique.», *Le Devoir*, 1 juin 1936, p.1.

61. Louis Dupire: «L'oiseau bleu.», *Le Devoir*, 23 déc. 1931, p.1.

62. *Ibid*.

63. Paul Anger: «La taxe des divertissements.», *Le Devoir*, 22 janvier 1932, p.1; Georges Pelletier: «Le jaunisme l'a tué.», *Le Devoir*, 28 février 1931, p.1; Georges Pelletier: «Les «funny papers.», *Le Devoir*, 13 février 1935, p.1; Georges Pelletier: «Un roi de presse.», *Le Devoir*, 22 février 1936, p.1; E.B.: «Problème juif et antisémitisme.», *Le Devoir*, 29 novembre 1938, p.1; Le Grincheux: Le carnet du grincheux, *Le Devoir*, 3 décembre 1938, p.1; Le Grincheux: Le carnet du grincheux, *Le Devoir*, 18 août 1939, p.1;

64. Paul Anger: «Il y a compensation.», *Le Devoir*, 30 mai 1930, p.1; Alvarez Vaillancourt: «L'industrie du cinéma.», *Le Devoir*, 20 oct. 1937, p.10; ;G. Pelletier: «Cinéma.», *Le Devoir*, 10 juillet 1934, p.1; P. Anger: «Cinéma pourri.», *Le Devoir*, 13 juillet 1934, p.1; G. Pelletier: «Leur départ.», *Le Devoir*, 30 jan. 1936, p.1.

65. «...de la musique américano-judaïque, (...), de la «...Rotten Music!» Le Grincheux: Le carnet du grincheux, *Le Devoir*, 12 août 1937, p.1.

66. Paul Anger: «Il y a compensation.», *Le Devoir*, 30 mai 1930, p.1.

67. Pamphile: Carnet d'un grincheux, *Le Devoir*, 4 avril 1934, p.1.

68. G. Pelletier: «Si c'est cela l'art français.», *Le Devoir*, 28 fév. 1930, p.1, éditorial; Sur la controverse autour de l'opérette Phi-Phi: G. Pelletier: «Bonne presse et francophobie.», *Le Devoir*, 10 mars 1930, p.1; G. Pelletier: «Le théâtre d'exportation.», *Le Devoir*, 23 avr. 1931, p.1, éditorial

69. G. Pelletier: «Porto-Riche.», *Le Devoir*, 8 septembre 1930, p.1; G. Pelletier: «Du travail.», *Le Devoir*, 24 novembre 1934, p.1.

70. Paul et Jean: «Censure.», *Le Devoir*, 12 octobre 1932, p.1.

71. Jean Labrye: «Serait-ce la crise?», *Le Devoir*, 20 juil. 1934, p.1.

72. P. Anger: «Mussolini triomphera-t-il?», *Le Devoir*, 10 oct. 1929, p.1.

73. P. Anger: «M. Savignac sait-il cela?», *Le Devoir*, 17 août 1936, p.1.

74. Fr. Lemarc: «Nos villes d'eaux.», *Le Devoir*, 19 fév. 1930, p.1.

75. René Monette: *Commerce juif et commerce canadien-français*, op. cit., p.39

Chapitre 11

Des surhommes et des dieux

«*Consciousness of right bred a righteousness which excesses could never destroy, but only confirm. Terrorism became the hallmark of purity:* «*There is nothing, exclaimed St-Just, which resembles so much virtue as a great crime.*» *It seemed, indeed, as tough great crimes were the only way to ensure justice:* «*There is something terrible,*» *St-Just also said:* «*in the sacred love of the fatherland; it is so exclusive as to sacrifice everything to the public interest, without pity, without fear, without respect for humanity...What produces the general good is always terrible* [1]»

LA DIMENSION ESCHATOLOGIQUE de l'idéologie de Groulx apparaît dans toute sa sinistre splendeur. Le Canada français vit ses derniers instants, agneau pascal sacrifié sur l'autel de la démocratie, grande prêtresse des forces de mort. Faut-il abandonner tout espoir pour autant? Groulx, prestidigitateur idéologique de première classe, tire une dernière carte de sa manche: celle du millénarisme fasciste. À la pourriture et à la lèpre dans lesquelles baigne le Canada français, il oppose un projet utopique où règne une pureté absolue. Ce dernier est le contrepoids au nihilisme, au désespoir destructeur qui imprègne le nationalisme de Groulx.

Les thèmes et le vocabulaire du fascisme se trouvent à tous les détours. Dans le projet utopique, le Canada français sera réconcilié avec la terre et les morts, et réunira ses forces en un puissant faisceau. La logique du projet utopique est totalitaire: la mystique que Groulx et ses séides voudraient voir animer le Canada français est celle du fascisme aussi bien que du communisme. L'important en cette matière étant d'abattre la démocratie. Les exemples d'incarnation terrestre de cette mystique sont invariablement des dictatures, d'extrême droite parfois, comme c'est le cas du Portugal et de l'Irlande, fascistes la plupart du temps, Mussolini remportant la palme des éloges. Hitler reçoit sa quote-part de louanges pour son œuvre éducatrice et pour son programme politique. Le dictateur emprunte la tenue d'un véritable sauveur de la nation qui arrache cette dernière, in extremis, au néant et à la mort. Que le fascisme est loin de nos misérables petites démocraties, s'exclame douloureusement Groulx.

État français, corporatisme, éducation nationale, mystique, révolution organique, peu importe la formule, l'intention est la même: l'établissement d'une utopie qui soit le contrepied de la société libérale.

Le paradis terrestre exige pour sa réalisation l'exclusion irrémédiable du Juif. Point de pogroms, avertit André Laurendeau, puisqu'ils sont inefficaces. Rétablissement des ghettos, numerus clausus dans les établissements d'enseignement, retrait de leurs droits politiques, leur envoi forcé en Palestine, passeport obligatoire pour ceux qui demeureront en pays chrétiens, appauvrissement économique par l'Achat chez nous devraient suffire pour régler la «question juive». Les solutions proposées par Groulx, l'Action nationale, les Jeune-Canada et Le Devoir ne se trouvent-elles pas dans certaines des législations nazies sur la race? En avril 1933, il y a imposition «...d'une limitation du nombre des lycéens et étudiants juifs au pro-rata de la population juive d'Allemagne[2]»; et en 1935, les lois de

Nuremberg réservent aux seuls citoyens du Reich —
opposés à ceux qui ne deviennent que de simples res-
sortissants — la plénitude des droits politiques[3].
Le Traître sera admis à fouler le sol du Paradis après
avoir traversé une rééducation nationale et politique
complète. Puisqu'il n'y a d'humanité possible que dans
l'appartenance à une nation, le Canadien français, en
devenant une nation, recouvrera son statut d'être humain. Mais les vertus de la rééducation ne s'arrêtent
pas là: d'insulte à l'humanité dans la société libérale, il
deviendra un surhomme et un dieu.
Le Canada français oscille entre la vie et la mort.
Isolé sur le continent nord-américain, il lutte pour «vivre, au sens le plus obvie du mot et qui est d'abord la
défense de sa vie contre les puissances de mort[4].»
Sur l'opposition vie-mort, se surimposent les dicho-
tomies du bien et du mal, de la nation et du parti, du
patriote et du traître. La démocratie, que Groulx appelle «la souveraineté de l'opinion», met en scène «une
gigantesque bataille entre les forces du bien et du mal,
entre les puissances de la vérité et de l'erreur.» Le Traître chevauche allègrement les forces du mal et de l'erreur: «Aux yeux des déracinés et des apathiques, les
patriotes feront toujours figure de sonneurs de trom-
pette et de Catons grincheux.» Un espoir subsiste:
«Notre devoir est d'accepter cette longue bataille et de
vouloir que l'esprit de nation finisse par l'emporter sur
l'esprit de parti[5].»
Hermas Bastien constate l'ampleur de la contamination libérale: «D'autre part, le libéralisme a contaminé
absolument tout: notre foi, notre enseignement, notre
droit, nos institutions, notre charité» et il réalise: «quel
effort exige le redressement d'un régime dont les forces de
mort apparaissent plus grandes que les forces de vie[6].»

«Ta vie, voilà soixante ans qu'on la fait tourner autour d'une boîte à scrutin. Et pourtant, avant d'être ceci qui est si petit: une tourbe de partisans politiciens, tu es ceci qui est grand: une race d'hommes, une race de Français et de catholiques[7].»

Puisque «l'heure est venue de s'éveiller ou de mourir[8]», répète Groulx, «...nous rassemblerons toutes nos forces en un faisceau[9].»

André Laurendeau récite le même verset du psaume du salut national. «Plus de politique de parti; les intérêts du peuple canadien-français avant ceux d'un groupe d'individus.» Anticipant le slogan cher au gouvernement de Vichy, il termine par ces mots: «Et nous ajoutons: Le Canada français aux Canadiens français[10].»

Ce nationalisme se désintéresse des problèmes terre-à-terre. Groulx le reconnaît volontiers, lui qui y entrevoit, dans la phrase la plus sibylline de sa carrière:

«(...)une ascension de l'esprit, non pour chercher la solution pratique de chacun de nos problèmes nationaux, mais pour atteindre, comme dirait Maritain, un «ciel doctrinal», c'est-à-dire, au-dessus des contingences, un faisceau de vérités maîtresses, saisies à leur point de jaillissement, éminemment propres par conséquent, à éclairer notre route et tous les problèmes qui s'y pressent[11].»

Une mystique nationale, «faisceau de vérités maîtresses», comprend aussi «l'instinct secret, le sang et les traditions qui courent en nos veines, les ancêtres qui vivent en chacun de nous[12].»

Il revient aux «chefs intellectuels et professeurs d'université» de diffuser la mystique nationale, ces «raisons fortes, raisons invincibles de vivre[13]». Si, grâce à une éducation nationale toute imprégnée de mysticisme, «d'autres peuples plus affligés que lui, partis de plus bas, connaissent aujourd'hui la résurrection et la volonté de puissance», que n'accomplirait-elle pas pour le Canada français? Cette «mystique de l'effort» qui, en rivant dans la tête des étudiants «ce mot d'ordre, ce leitmotiv obsédant[11]*être maître chez nous*», au moyen d'«une éducation volontaire, virile», sonnerait le glas des «bibelots de salon» qui fourmillent dans «les écoles, les couvents et les collèges[14]» de la province.

Partant du simple constat que seul peut vivre «le Canadien français de volonté, de réaction», l'Action nationale jette l'anathème contre l'école qui faillit à sa mission de sauver la nation de l'anéantissement. «Une école qui ne nationalise point est déjà une école qui dénationalise, qui trahit[15].»

Plus qu'aux éducateurs eux-mêmes, l'infusion d'une mystique dans le corps national dépend de l'action providentielle du chef, du dictateur d'obédience résolument fasciste. Un an après la prise du pouvoir par le parti national-socialiste en Allemagne, Lionel Groulx se répand en louanges sur les talents pédagogiquess des dictateurs contemporains. «Les dictateurs actuels de peuples le savent bien dont le premier souci est de s'emparer des maîtres et des écoles, et non pas tant, comme l'on sait, pour des fins d'enseignement que pour des fins d'éducation.» Les chefs d'Allemagne ne font pas la besogne à moitié, s'émeut Groulx dans le paragraphe suivant:

> «N'est-ce pas au cours des vacances qui viennent de finir que les instituteurs d'Allemagne, mobilisés en des camps spéciaux comme pour de grandes manœuvres pédagogiques, ont entendu exprimer la volonté des chefs du pays sur la formation nationale des jeunes allemands[16]?»

Les écoles de l'Italie fasciste lui procurent des frissons analogues. «Dans les écoles d'Italie, au-dessus de la porte de chaque classe, on peut lire le nom d'un héros national.(...) Ancien instituteur, le Duce sait comme [sic] l'on pétrit la grande pâte humaine[17].» Comme tout cela est loin des misérables petites démocraties! «Heureux pays où l'école a une âme! Heureux pays à qui la Providence a donné un chef!», s'exclame Groulx. Malgré quelques timides réserves: «Certes, loin de nous de tout admirer en l'œuvre mussolinienne comme en la pédagogie italienne.» Quel incommensurable progrès sur la démocratie.

> «Mais quand l'on observe la médiocrité en nos misérables petites démocraties, le peu de hauteur dans les discours publics, comment se persuader qu'il suffit à un peuple, pour être heureux et grand, d'être gouverné par quelques centaines de parlementaires creux et bavards[18]?»

Groulx perçoit, dans les exemples de l'Italie fasciste et de l'Union soviétique, deux mystiques révolutionnaires portées par un chef et diffusées par l'école. À noter la reprise du procédé qui consiste pour Groulx à se citer lui-même sous couvert d'un pseudonyme: «Le conférencier [Lionel Groulx] avait pourtant cité le cas de l'Italie; il avait montré comment, à l'aide de l'école en particulier, un homme à poigne n'avait pas eu besoin de dix ans pour faire une nouvelle race d'Italiens.» Le Duce se voit attribuer un mérite supplémentaire: «Il aurait pu ajouter que si, à l'heure actuelle, le régime du Duce offre quelque consistance, il le doit à une jeune génération d'Italiens formés selon les méthodes du fascisme.» L'U.R.S.S. apparaît comme la digne émule de l'Italie fasciste. «Et, de même, faut-il être un si grand observateur pour se rendre compte que l'extraordinaire et mystérieuse durée du régime des Soviets est dûe, pour la grande part, à la mystique révolutionnaire que toute une armée de maîtres a versée comme une ivresse à la jeunesse russe[19]?»

Le Canada français ferait bien, au chapitre de la mystique, de s'inspirer du communisme. «Voyez, sur ce point, l'exemple du communisme. Son matérialisme grossier ne l'a pas empêché de comprendre que, pour exalter, méduser les masses prolétariennes, il lui fallait se fabriquer une mystique de la vie et de l'avenir.» Il n'en tient qu'au Canada français d'en faire autant. «Nous faudra-t-il faire appel à l'esprit, à l'âme profonde de notre peuple, trouver les impulsions immatérielles qui déclenchent victorieusement les puissances d'action[20]?»

Le fascisme promet la renaissance aux peuples qui entendent son appel. «Les esprits faibles qui croient à la démocratie comme ils ne croient ni à l'Église ni au Christ, n'éprouvent qu'horreur pour le fascisme, quelque forme qu'il revête. Il n'empêche que certains peuples sont bien heureux qui, à cette heure, retrouvent, par cette forme politique, la plus magnifique renaissance[21].»

Les exemples des dictatures d'Italie, d'Autriche et du Portugal devraient clouer le bec aux parlementaires bavards. «Sur les moyens de relever un peuple de sa misère, de son anarchie morale, nos bavards de parlementaires pourraient avec profit aller prendre des leçons en Italie, en Autriche, ou au Portugal[22].» Quelles leçons n'apprendraient ces esprits faibles et ces ineptes parlementaires de l'Italie de Mussolini — encore lui! «Au pays de Mussolini, pour ne parler que de celui-là, ils verraient comment un vrai chef d'État s'y prend pour inculquer à une nation mourante, décadente, le goût, la passion de la grandeur, de la résurrection[23].»

Le chef, le dictateur arrache sa nation à la hantise de la mort. «Des hommes, des chefs, ont fait passer, sur leur pays, un souffle de grandeur. Et, tout de suite, l'on a vu ces pays, qu'on disait décadents et finis, s'arracher à la hantise de la mort, retrouver le sens de leur destinée, puis la passion de vivre et de se refaire[24].»

Groulx s'émerveille encore de ce que le Duce et Dollfuss, de «vrais éveilleurs nationaux», aient extirpé à grand peine leurs peuples de l'abjection morale où ils croupissaient en invoquant la grandeur passée du sang coulant dans leurs veines. «Un Mussolini crie aux Italiens en 1922 leur abjection sociale et politique; mais il leur rappelle aussi qu'ayant dans les veines le sang des Césars, ils pourraient encore s'animer aux souffles du Palatin», écrit Groulx d'une plume fébrile. Dollfuss ne demeure pas en reste, poursuit le chanoine, lorsqu'«il rappelle à la petite Autriche qu'elle fut de longs siècles le cœur et le cerveau d'un grand empire et d'une grande civilisation.» Usant du mythe des origines pour contrecarrer la mort possible et l'abjection présente, Groulx termine en rappelant «au peuple de froussards que sont aujourd'hui les Canadiens français qu'ils descendent pourtant, en droite ligne, des conquistadors de notre Amérique septentrionale[25].»

Comme le Canada français aurait besoin d'un chef! Un chef lui indiquant la voie de la résurrection! Groulx multiplie les suppliques: «Un homme! un chef! va-t-il nous venir? Car la crise ne nous a pas apporté, comme à d'autres peuples, la grande fortune de faire surgir de la foule un homme, un vrai, qui aurait pu nous tirer du gâchis où nous sombrons. (...) On serait presque tenté de dire: «Heureux les peuples qui se sont trouvé des dictateurs[26]!». Il va jusqu'à s'adresser à la Providence :

«Qui sera ici le moteur, le suprême distributeur d'élan, de volonté? Qui sera le chef national? le Valera, le Mussolini, dont on peut discuter la politique, mais qui, en dix ans, ont refait psychologiquement une nouvelle Irlande, une nouvelle Italie, comme un Dollfuss, un Salazar, sont en train de refaire une nouvelle Autriche, un nouveau Portugal? Hélas, vaut mieux nous l'avouer: ce chef national, nous ne l'avons pas. L'aurons-nous jamais?

«Que faire? Nous résigner à une démission sans grandeur? À Dieu ne plaise, nous le demanderons, le cœur étreint, à la Providence[27].»

La Providence n'abandonnera pas le Québec, assure Groulx. «Nous pouvons aussi compter sur la Providence, car notre péril est extrême.» Comment pourrait-elle se désintéresser du Canada français quand elle a tendu une main secourable au Portugal en faisant advenir Salazar au pouvoir? «On me dit parfois: «La Providence, le Portugal l'a attendue trois cents ans. Isolé, en bordure de l'océan, voisin d'une civilisation de même essence que la sienne, le Portugal pouvait attendre.» À deux doigts de la mort, évoluant dans un environnement voué à sa perte, le Canada français mérite bien que la Providence lui tende une main secourable. «Nous, nous ne pouvons faire comme lui, logés où nous le sommes, menacés comme nous le sommes[28].»

Le peuple canadien-français mérite-t-il la rédemption? Groulx, pourfendeur inégalé de traîtres, hésite à le croire. «Ce miracle d'un sauveur nous fût-il, au reste, accordé aujourd'hui ou demain — ce que nous souhaitons et demandons à la Providence — il resterait à peser les chances d'une politique nationale auprès d'un peuple qui ignore tout du national, pauvre peuple qui a du cœur, certes, mais qui n'a jamais entendu que des appels faits à son estomac[29].»

L'Action nationale reprend, avec sa fidélité coutumière, les propos de Groulx. L'image des faisceaux inspire l'abbé Albert Tessier. «Nous serons un peuple sain, respecté, quand nous nous déciderons à mettre en action, comme de puissants faisceaux solidement soudés entre eux, nos énergies éparses[30].» L'équipe de la revue implore la Providence de faire surgir «un chef, un vrai chef, pétri de nos traditions, d'esprit clair, à la volonté ferme, au cœur ardent[31]», calqué sur le modèle de Salazar, qui fait revivre le passé[32], ou de Mussolini, dont l'abbé Tessier écrit que «...son grand œuvre est la rénovation de l'âme même du peuple italien[33].» Seul le chef, animé d'une «volonté ardente», peut délivrer la province du «joug étranger qui pèse sur elle» et qui « lui enlève cette personnalité ethnique qui atteste une volonté de vivre[34].»

André Laurendeau se désole: «Non, j'ai beau scruter l'horizon, ce sauveur de la nation, je ne le vois pas (...). Mais ce maître de haute taille, l'homme qui incarnerait nos aspirations, qui leur donnerait leur expression à la fois héroïque et définitive, je le cherche en vain[35].» Davantage enclin à l'optimisme, Paul Simard, aussi des Jeune-Canada, croit avoir déniché le Sauveur. Il existerait «un homme qui, par sa fierté, son indépendance, a su faire passer un frisson d'amour dans l'âme de notre jeunesse», «un homme qui cristallise dans sa personne toutes les aspirations, tous les désirs, toutes les espérances de notre peuple et qui vit pour lui.» Qui est cet homme? «Cet homme, vous l'avez reconnu... L'abbé Lionel Groulx! Pourquoi pas[36]?»

Le dictateur/sauveur crée des heures d'une nature particulière pour son peuple.

«Comme moi aussi, j'en suis sûr, vous songez parfois à tous ces pays, grands et petits, qui ont connu, en ces derniers temps, leurs heures de réveil, d'exaltation, d'enivrante reconstruction. Vous pensez à l'Italie, à l'Irlande, au Portugal, à l'Autriche, à d'autres. Et vous vous dites: ces heures, notre province, notre race, les verront-elles jamais[37]?»

Ces heures correspondent à une révolution organique, totale, fruit d'«un effort presque désespéré pour ressaisir l'âme de notre peuple, refaire son orientation, redresser la ligne de son destin[38].»

Qui dit mystique française, dit révolution organique, dit État français. «Point d'État français, point de peuple français sans une mystique française. Cessons de demander à notre peuple des actes dont il n'a ni l'idée, ni le sentiment[39].»

L'histoire justifie la destinée — évidente pour Groulx, mais discutable pour ses contemporains — qui conduit le Canada français vers la souveraineté politique. «Si notre histoire a un sens et elle a un sens, notre seul destin légitime et impérieux, l'aboutissant logique de notre effort de 177 ans» est de constituer en Amérique du Nord un «chef-d'œuvre d'un splendide effort humain: un État catholique et français[40].»

Son nihilisme transparaît à nouveau: se peut-il que le passé soit dissocié du présent? Qu'il se résume à une série d'actions ponctuelles isolées du présent? Que les générations ne se succèdent que chronologiquement, sans que ne soit transmise une vision de l'avenir? Groulx a créé une nation mythique qu'il destine à la formation d'un État français pour conjurer le néant qui sous-tend son idéologie. Avec l'État français, l'histoire trouve sens et finalité, tout comme avec l'histoire, l'État français trouve sa justification et sa légitimité.

Cet État, qu'il baptise Laurentie, André Laurendeau en prédit l'émergence au moment de l'inévitable désintégration des États-Unis. «Les États-Unis se désagrégeront (car ces gens-là n'ont pas d'âme, et sans âme on ne vit pas longtemps) alors ce pays désiré, cette puissance dont nous poursuivons l'élaboration surgira du monde des désirs[41].»

L'État français ne correspond pas à la notion conventionnelle d'un État de langue française. «Que cet idéal ne soit pas seulement la conservation de la langue, mais la formation d'un climat spirituel, d'une culture française, d'un État français[42].» Groulx insiste: «Prenons garde qu'à tant exalter la langue, l'on ne rétrécisse la question essentielle, qui est la question nationale.» Il y va plutôt de la fidélité «au sang, à l'histoire, à la culture[43]».

L'État français, conséquence inéluctable de l'histoire, constitue le «destin naturel, légitime[44]», d'une collectivité qui aspire à la réalisation de ses «fins naturelles, nationales[45]». Existera-t-il à l'intérieur ou à l'extérieur de la Confédération canadienne? Groulx est catégorique. «Le devoir certain (...) c'est de travailler à la création d'un État français dans le Québec, dans la Confédération si possible, en dehors de la Confédération si impossible[46].» Un Jeune-Canada rêve de la «sécession», de la «possession sans partage de l'autonomie politique» tout en avouant qu'il s'agit pour le moment d'«une solution chimérique[47]».

Si le droit du Québec à la sécession apparaît indiscutable aux Jeune-Canada, l'entité géographique à laquelle ils assignent ce but demeure floue. «Comment repérer géographiquement la Laurentie? Voici où nous entrons dans l'inconnu(...).» Les Jeune-Canada tentent de circonscrire ainsi l'objet de leur désir: «Laurentie: pays mal déterminé ayant pour cœur le Québec actuel, rayonnant alentour dans l'Ontario-nord, le Nouveau-Brunswick, la Nouvelle-Angleterre[48].» Cet État n'est pas tant un territoire que la réverbération d'«une mentalité suffisamment définie[49]».

L'Action nationale a une idée plus claire de l'État français. «La province de Québec constitue à l'heure actuelle un État. Elle possède un territoire. Elle réunit près de trois millions d'hommes qui y vivent en association permanente sous une même autorité[50].» La ligue d'Action nationale, éditrice de l'Action nationale, travaille à faire adopter la fête de la Saint-Jean-Baptiste, le 24 juin, comme fête nationale[51] et le fleurdelisé comme drapeau national. «L'adhésion de tous nos compatriotes à un même emblème national serait pourtant, au milieu de nos folles divisions, le signe d'un commencement d'unanimité spirituelle[52].»

Le but qu'assigne Groulx à l'État national consiste à réconcilier «le pays légal avec le pays réel», leitmotiv copié mot à mot à Charles Maurras et à son Action française. «Au surplus, désirez-vous savoir ce que j'entends, au juste, par un État français? (...) J'entends un rétablissement de l'accord ou de l'identité entre le «pays légal» et le «pays réel». Les Canadiens français cesseraient d'être «une race de serviteurs et de parias». Cet État pourrait «arrêter la déchéance de nos classes moyennes, rétablir un juste équilibre entre notre population urbaine et rurale, empêcher l'exploitation de la masse par une poignée d'exploiteurs, enrayer l'effroyable gaspillage de notre capital humain.». De plus, qu'on se le dise, les métèques du même acabit sauraient se tenir à leur place. «Les nationaux pourraient parler partout leur langue, sans s'exposer à se faire toiser de haut par les fonctionnaires des utilités publiques, par les nègres des chars salons et par des métèques, des passants de la rue, qui n'ont même pas eu le temps de se faire naturaliser[53].»

Cet État n'est ni neutre, ni cosmopolite; il se préoccupe «de gouverner pour les nationaux de cette province, pour la majorité de la population qui est canadienne-française[54].»

Quelle place cet État accorderait-il aux minorités? Groulx devient menaçant à l'endroit «d'une minorité d'exploiteurs formant peut-être six pour cent de la population — car tous les anglophones ne sont pas des exploiteurs —» qui s'est arrogé «le droit d'empêcher un peuple de 2,500,000 âmes, soit quatre-vingts pour cent de la population de la province, de vivre librement et dignement.» Il vaudrait donc mieux

«dans l'intérêt même de la minorité profiteuse, de se prêter à une solution de justice, par les voies pacifiques, plutôt que de laisser venir infailliblement une autre solution, s'il est vrai qu'un peuple n'accepte pas longtemps un régime inacceptable, un régime qui menace même de le frustrer de son destin[55].»

Groulx réitère son avertissement aux Anglais et aux Juifs:

«Je ne suis, ai-je besoin de le dire, ni anti-anglais, ni anti-juif. Mais je constate que les Anglais sont pro-anglais et les Juifs pro-juifs. Mais alors je me demande pourquoi, et dans la même mesure, les Canadiens français seraient tout, excepté pro-Canadiens français.»

Le mouton s'apprête à rugir et il serait bon que la minorité prenne note de la transformation.

«Du reste, j'oserai même demander s'il est bien dans l'intérêt de la minorité qu'un redressement tarde à s'opérer? La question qui se pose est bien celle-ci: la situation économique qui prévaut actuellement dans la province de Québec, notre peuple la subira-t-il et peut-il la subir indéfiniment[56]?»

Juifs et étrangers, s'ils persistent à faire la sourde oreille, pourraient affronter un adversaire arborant un symbole aussi costaud que la croix gammée, s'exclame Lambert Closse, en rappelant auparavant de quelle étoffe étaient faits nos ancêtres. «Rappelez-vous que nos ancêtres ont ouvert le pays avec la hache française dont ils savaient si bien se servir au besoin contre un ennemi dangereux.» La leçon ne sera pas perdue: «N'ayons pas peur de déterrer la hache culturelle française. Elle vaut avantageusement une croix gammée; si les Juifs ou les autres étrangers ne le savent pas, ils l'apprendront à leurs dépens[57].»

La campagne d'Achat chez nous constitue une tentative pour créer une solidarité chez les Canadiens français qui soit aussi inébranlable et hermétique que celle prêtée par Groulx aux Anglais et surtout aux Juifs. «Et voilà que, par miracle, notre mot d'ordre fut compris et exécuté, et, dans six mois, dans un an, le problème juif serait résolu, non seulement dans Montréal, mais d'un bout à l'autre de la province.» La province de Québec aurait fait table rase — ou presque — du problème juif. «De Juifs, il ne resterait plus que ce qui pourrait subsister entre soi. Le reste aurait déguerpi, se serait forcément dispersé, pour chercher sa vie en d'autres occupations que le commerce[58].»

Comme il arrive souvent avec Groulx, certaines expressions n'ont pas leur sens évident et l'Achat chez nous ne se borne pas à inciter les gens à acheter exclusivement, ou même principalement, chez des commerçants canadiens-français. L'Achat chez nous ne doit pas se limiter «à des opérations de comptoir», mais «s'inspirer d'une franche éducation du sens national». L'éducation mettra fin à la trahison de la consommation chez l'étranger. «S'il y a toujours de l'incohérence et du désordre en bas, c'est d'abord qu'il y a du désordre et de la trahison dans les esprits[59].»

C'est bien de trahison dont il s'agit: la masse des Canadiens français courent les aubaines ou achètent tout bonnement sans prendre garde à l'origine ethnique du commerçant.

L'Action nationale, au premier abord, n'y met pas tant de formes et se prononce en faveur de l'Achat chez nous en quoi elle voit «une autre forme efficace de lutte contre les trusts étrangers[60].»

Le problème prend rapidement une tournure plus sophistiquée qu'il n'y paraissait à première vue: faut-il encourager les producteurs canadiens-français de boissons gazéifiées qui font appel à la solidarité nationale? Prudence, ordonne l'Action nationale. «Est-il une seule de ces maisons où vous ne lisiez Ginger Ale ou Cream Soda alors que Gingembre et Crème feraient si bien?» Les noms de la maison de commerce et de la rue, bien que français, sont entachés d'anglicisation. «Eh bien on trouvera moyen quand même d'y mettre de l'anglais. Et on écrira de Lanaudière St.[61]!» La solidarité économique ne doit pas s'exercer de manière si aveugle qu'elle encourage le Traître, aussi triviale soit la trahison.

Le Devoir, sous la plume d'Omer Héroux, se lance à corps perdu dans la campagne de l'Achat chez nous. L'exclusion du Juif est impérative pour fortifier le nationalisme anémique des Canadiens français. «Dans un pays mixte normal, les clientèles se répartiraient, en gros, d'après les affinités de langue, de mœurs, de relations habituelles. Chacun, en règle générale encouragerait les siens.» Mais le Canada français n'est pas un pays normal, car «la maison est à l'envers et [que] les Canadiens français ne disposent pas de l'influence économique qui devrait être la leur.» Ils sont absents de la haute finance et du haut commerce, et le petit commerce leur échappe «sous la poussée du commerce étranger — particulièrement du commerçant juif». Les petits commerçants canadiens-français se laissent ainsi bousculer parce que leurs compatriotes «ne suivent point dans l'ordinaire de la vie l'exemple de leurs concitoyens d'origine non française — à commencer par les Juifs — qui, et personne ne songera à les blâmer, pratiquent habituellement, et sans même y penser la plupart du temps, l'entraide économique.» L'instinct de race défaillant des Canadiens français sera renforcé par la publication d'annuaires de fournisseurs canadiens-français, sans que cette mesure — bien sûr! — «ne s'inspire d'une pensée hostile[62]».

Relayée par Outaouais et Clarence Hogue, la polémique sur l'Achat chez nous ne sera modifiée ni dans l'argumentation, ni dans le ton. Clarence Hogue somme le secrétaire général du Congrès juif canadien, H.M. Caiserman, qui avait nié la pratique de l'Achat chez nous par les Juifs[63], de rendre compte de ses habitudes personnelles de consommation. «M. Caiserman lui-même achète-t-il beaucoup chez les marchands canadiens-français et même anglo-canadiens de Montréal?» Le justicier improvisé, véritable Zorro du petit commerce, continue sur sa lancée: «Peut-il nous citer un seul cas de Canadien français ou d'Anglo-Canadien établi dans un milieu exclusivement israélite ou ailleurs et qui prospère en ayant exclusivement des clients juifs[64]?»

M. Caiserman s'interroge sur ce qui adviendrait du pays si «chacun des trente-trois groupes religieux qui se partagent le Canada» congédiait ses employés canadiens-français «non pas pour cause d'incompétence, mais simplement pour faire de la place à d'autres employés de même nationalité que leurs patrons[65].»

Clarence Hogue fournit cette réponse à peine croyable: « N'est-ce pas ce qui existe dans une large mesure? Des employés canadiens-français envers lesquels M. Caiserman voudrait se montrer menaçant, ne sont-ils pas dans nombre de cas tenus en fonction parce qu'on considère que leurs services sont essentiels?» Un Canadien français employé par un Juif comme commis ou «pour lui prêter son nom afin de faire croire au public qu'une entreprise n'est pas juive, mais bien canadienne-française», remplit «un rôle parfois déshonorant» pour la seule raison «qu'il lui faut manger lui et sa famille» et que le Juif a «absolument besoin des services de cet homme de chez nous[66].»

Inlassable, Caiserman revient à la charge: «Je ne peux nommer les magasins français ou anglais qui réussissent parmi les groupes compacts de Juifs parce qu'on ne peut trouver d'information authentique sur ce sujet[67].» Bien décidé à ne pas lâcher le morceau, Clarence Hogue lui répond qu'il aurait dû admettre tout simplement «que l'élément juif prospère grâce à l'encouragement que les autres races lui accordent[68].»

En plus de promouvoir l'Achat chez nous, l'Action nationale imagine élever des digues contre lesquelles reflueraient les capitaux étrangers: «élevons-leur des digues et reconstruisons dans le cadre intime de la paroisse et de la région la matière même de notre édifice économique[69].» Le conseil prodigué par Mgr Gfœllner de rétablir le ghetto tombe à point:

«Autrefois, notamment dans les villes italiennes, on assignait à la population juive un quartier spécial, le «Ghetto», afin d'entraver autant que possible l'esprit et l'influence du judaïsme; notre époque, à vrai dire, n'a point l'habitude de proscrire les Juifs hors d'un pays; elle ferait pourtant bien, par sa législation et sa manière de gouverner, d'opposer une puissante digue à toute cette fange intellectuelle, à ce flot d'immondices qui, venant surtout du judaïsme, menace de submerger le monde[70].»

André Laurendeau, en citant Jacques Maritain, se prononce contre les pogroms, lesquels «n'ont jamais résolu aucune question, bien au contraire» et accorde sa faveur à des mesures gouvernementales. «D'ailleurs l'antisémitisme est international, comme les Juifs. Leur présence cause partout un angoissant problème, qu'il faudra résoudre par «des mesures d'autorité gouvernementale[71].»

Anatole Vanier se montre plus précis quant aux mesures gouvernementales à édicter contre les Juifs; bon prince, il concède qu'ils «ont certes droit à la liberté religieuse et à tous les privilèges des aubains» sans qu'il faille pour autant se laisser emporter par une générosité de mauvais aloi. «Mais les peuples qui les reçoivent ne sont pas obligés de leur accorder une liberté absolue dans le domaine politique, surtout si une telle liberté met en péril leur propre indépendance civile ou économique.» Les peuples ainsi menacés «peuvent alors les considérer et les traiter comme des citoyens à part[72].»

Parmi les autres mesures destinées à rogner les droits civils et politiques des Juifs au Canada, l'Action nationale mentionne l'instauration d'un numerus clausus dans les universités, comme cela se fait en Europe, et aussi «...bien avant l'avènement d'Hitler, dans un bon nombre d'universités, comme il en existe d'ailleurs à la frontière des États-unis. Pour protéger notre atmosphère catholique et notre essor canadien-français, il nous faudra peut-être le pratiquer dans nos institutions d'enseignement supérieur et ailleurs[73].»

Cette mesure en amène une autre, plus radicale, émise par Le Saint-Laurent de Trois-Rivières, «non sans justesse», commente l'Action nationale qui la fait sienne. «Du train où vont les choses, il est certain que beaucoup de Juifs vont être forcés de se «déclasser», de laisser le bureau et le comptoir pour les travaux manuels.» D'eux-mêmes, les Juifs résolvent le problème en gagnant la Palestine. «On rapporte que chaque jour, deux ou trois cents Israélites s'adressent aux bureaux sionistes de Berlin afin d'obtenir d'être envoyés en Palestine comme ouvriers agricoles. Voilà la bonne direction à suivre, et pour le pays et pour le travail à accomplir[74].»

Mesures gouvernementales, ghettos, numerus clausus, peu importe les moyens «curatifs» employés, l'organisme canadien-français triomphera tôt ou tard du microbe juif, prédit avec un optimisme inhabituel l'Action nationale. «Quelle sera au juste pour notre peuple la réaction curative qui commence à se manifester?» Nul ne le sait, avance Anatole Vanier, point désarçonné par si peu, «mais l'élément juif provoque visiblement dans l'organisme de notre peuple une inflammation naturelle qui finira par la victoire du plus fort sur le plus faible[75].»

Le Devoir opte aussi pour l'envoi forcé des Juifs canadiens en Palestine, et la remise d'un passeport obligatoire pour ceux qui persisteraient à habiter les pays chrétiens. Georges Pelletier, dans un éditorial, explique la nécessité de telles mesures par l'existence d'un complot juif mondial, fomentateur de révolutions. L'antisémitisme, par la faute, par la très grande faute des Juifs eux-mêmes, «a éclaté dans maints pays, tels l'Allemagne, la Pologne, la Roumanie» et, qui pis est, «il s'est accru du fait que les Juifs ont gagné ailleurs beaucoup trop d'influence, de puissance. Ainsi en Russie soviétique comme dans la France du Front commun[76].»

Georges Pelletier assied sa démonstration du péril juif sur «l'auteur d'un livre tout récent, de ton modéré, bourré de citations authentiques, aussi curieuses qu'effarantes, du Talmud et de nombreux auteurs israélites», étant bien entendu que les Juifs règlent leur conduite collective sur le Talmud comme sur du papier à musique. L'étude du Talmud et de cette brochette d'auteurs israélites fait écrire au dénommé H. de Vries de Heeklingen que ce n'est ni la religion juive, ni la puissance économique juive qui est en cause. «Ce qui inquiète surtout les non-Juifs, ce n'est plus la religion des Israélites, ce n'est même pas toujours la puissance économique juive(...).» Qu'est-ce alors? «C'est le sentiment d'héberger des fractions d'un autre peuple inassimilable, d'une nation qui vise à la domination mondiale et dont plusieurs membres fomentent des révolutions...Les Juifs deviendront de plus en plus les sous-officiers de tous les partis subversifs, s'ils n'en deviennent pas les généraux.» Qu'adviendra-t-il de ce peuple inassimilable qui vise à la domination mondiale? «Les non-Juifs, exaspérés, auront recours à des atrocités ou à des expulsions. (Israël, son passé, son avenir, par H. de Vries de Heekelingen, pages 3 et 4.)» Sardonique prémonition...

Il faudra bien en venir là, puisque toutes les «solutions» du passé ont échoué. «Ni la persécution, ni l'expulsion, ni l'émancipation, ni la tolérance, non plus que les tentatives d'assimilation des Juifs répandus à travers le monde n'ont jamais abouti à la solution, même partielle, du problème juif», constate-t-il. Eh non! Le Juif demeure irrémédiablement, «biologiquement» juif, même s'il donne tous les signes — trompeurs sauf pour les esprits avertis — de l'assimilation:

«Et le Juif apparemment assimilé(...) reste juif dans son for intérieur. Il reste juif avant tout, à tel point que si, à un moment de sa vie, il doit choisir entre son pays d'adoption et sa nationalité juive, son sang juif l'obligera à préférer la nationalité qui date de trente siècles à celle qui date de quelques dizaines d'années. (Israël, son passé, son avenir, p.7.)»

Un Canadien naïf conteste cette assertion en demandant: «Mais les Juifs de France ne sont-ils pas devenus tout-à-fait [sic] des Français, à cause de la part qu'ils ont prise à la guerre dans vos armées mêmes, où il en est mort des milliers de 1914 à 1918, au champ d'honneur?» Il se voit instruire sur la réalité biologique et religieuse du Juif par un professeur du Collège de France, «dépourvu de tout préjugé de race, comme tant d'intellectuels d'Europe», comme le précise, sans rire, Georges Pelletier. «Les plus intelligents et les plus dénués de passion raciste ont beau faire, ils restent tout au fond des Juifs. Je coudoie au Collège de France des collègues israélites d'esprit remarquable.» Mais leur volonté pèse bien peu face au déterminisme biologique et religieux qui les accable:

> «Ils croient sincèrement n'avoir plus d'attaches à leur race, ils ne pratiquent plus aucun culte, ils sont agnostiques; mais, à un certain moment, alors que vous raisonnez avec eux, leur esprit ne saisit plus, ne voit plus, ne comprend plus comme un esprit français, voire un esprit de formation chrétienne. Quoiqu'ils veuillent, quoiqu'ils pensent, leur esprit reprend sa pente séculaire: c'est bien l'esprit judaïque.»

Il existe pourtant des solutions propres à éliminer cette engeance. La première est l'envoi en Palestine de tous les Juifs. Hors d'Israël, tous les Juifs seront considérés comme des étrangers. «La solution du problème (...), c'est l'existence de l'État sioniste, la reconnaissance de l'État, de la nation d'Israël, nation à part dont tous les Juifs devront être et seront les nationaux; ce qui veut dire que partout, hors de cet État, le Juif sera un étranger.» Ce qui veut dire, en détail: «Le rapatriement volontaire des uns, l'incorporation obligatoire des autres, l'établissement d'un passeport juif imposé à tous ceux qui voudront habiter des pays extérieurs où au vrai des étrangers, de quelque origine que ce soit.»

Le Juif a-t-il vraiment le choix? «Le Juif choisira «ou bien le sionisme intégral et correct, ou bien la lutte contre les forces aryennes qui se réveillent et tendent à s'organiser sur le terrain international...» (Israël, son passé, son avenir, p.240). L'antisémitisme ne cessera que le jour où les Juifs auront disparu afin de laisser les chrétiens vivre entre eux. «Cela et cela seul aboutirait à l'apaisement du sentiment antisémite, danger «qui ne disparaîtra que le jour où les Juifs seront chez eux.» (Israël, son passé, son avenir, p.242). À ces mots l'on doit ajouter: «Et nous, seuls chez nous, entre chrétiens».

Le Grincheux souscrit à cette proposition sans détour. «On suggère à Toronto de déporter trois jeunes juifs [sic]. Pourquoi rien que trois[77]?» «Vladimir Jabotinsky, chef sioniste, veut placer 7 millions de juifs en Palestine. S'il lui en manque, Baptiste est prêt à lui céder tous les siens[78].»

Riche capitaliste, fervent communiste, différent du reste de la population par la religion, la pensée et le sang, le Juif mythique doit disparaître pour que se réalise le projet, peut-être pas si utopique, d'une province où seuls les chrétiens seront citoyens de plein droit. Les citoyens juifs en chair et en os paieront pour les crimes du Juif mythique.

Un jour viendra où le type canadien-français, «émondé de ses végétations étrangères[79]» et dépouillé de «tous les emprunts faits à l'étranger» connaîtra «l'épanouissement de l'âme héréditaire[80]».

L'attitude de Groulx envers le Traître, comparse inévitable de l'Autre, s'inspire d'une formule devenue une des pratiques les plus sinistres des régimes totalitaires. Groulx réitère d'abord le caractère antagoniste de tout le peuple envers ses dévoués libérateurs: «Les pires ennemis de l'État français, les plus hostiles, vous pouvez déjà le constater, ce ne seront pas ceux que vous auriez pensé; ce seront vos propres compatriotes canadiens-français.» Il en va ainsi parce qu'«un long asservissement politique, puis national, nous a pliés, habitués à la servitude, a fait de nous une nationalité hésitante, pusillanime.» Il s'ensuit donc qu'«**avant d'avoir le simple courage d'accepter son avenir, notre peuple a besoin d'une rééducation politique et nationale.**[81]»

La route sera longue et ardue, prévient André Laurendeau. À ce point que, «ce qu'il faudrait, c'est un entraînement martial, presque un entraînement militaire[82]» pour créer un nouveau Canadien-français.

L'Autre est exclu à tout jamais de l'État français. Le Traître n'y accéde qu'après avoir subi une transformation radicale: cela seul distingue le premier du second.

État français ou éducation nationale, il s'agit toujours de lutter contre les méfaits de l'Autre et du Traître. Ainsi, Bernard Hogue des Jeune-Canada ne jure que par l'éducation nationale pour mettre fin aux «vingt-cinq années d'américanisation» qui ont dangereusement lézardé «l'édifice moral édifié par des siècles de vertu et de courage». L'éducation nationale possède des vertus aussi meurtrières que purificatrices.

> «C'est la seule arme à tir précis que nous possédions et c'est avec celle-là seulement que nous pourrons abattre certains préjugés idiots, certains termites étrangers et certains politiciens pour qui l'échafaud est une élévation à laquelle ils ne sont pas dignes d'accéder[83].»

Tous les maux et chancres sociaux attribués à l'action de ces deux figures disparaîtront dans l'État français. «Notre mal économique, notre mal social, maux si menaçants pour notre vie française, périls mortels» seront «écartés, guéris[84]», prophétise Groulx.

«La saine opinion s'inquiète dans notre pays, écrit l'Action nationale. On sait avec quelle énergie nous réprouvons les abus d'un capitalisme jouisseur et cupide[85].» Il engendre «...le désordre des sociétés modernes[86].» L'Action nationale croit la solution à portée de la main. S'inspirant des encycliques Rerum Novarum et Divini Redemptoris[87], elle affirme que «le corporatisme chrétien s'oppose à l'économie libérale[88].» Le corporatisme réléguera la machine aux oubliettes. «Autant le libéralisme, par le jeu de la concurrence, favorise l'à-peu-près, rendant nécessaire le recours à la machine, qui travaille mieux, autant la corporation élève la production du plus humble objet au niveau d'une œuvre[89].»

Le corporatisme, véritable potion magique, saura mater les puissances d'argent en délivrant la province de la discipline de part.: «L'odieuse discipline de parti, sinon toujours la corruption, a fait de la plupart de nos représentants des chiens muets(...).» Mais les méchants ne perdent rien pour attendre: «la voix énergique et expérimentée des corporations» saura «faire échec aux menées occultes et antisociales des puissances d'argent[90]».

Dans un État corporatiste, s'émerveille Anatole Vanier, la refrancisation se ferait d'elle-même. «Les mots d'ordre pour la refrancisation ne seraient plus nécessaires»; les Canadiens français deviendraient riches et compétents. «La conquête des positions stratégiques et lucratives qui nous appartiennent de droit dans le domaine administratif serait assurée, un grand désir de compétence et de supériorité nous tourmenterait»; l'Achat chez nous et la religion seraient scrupuleusement honorés. «L'achat chez nous se ferait tout seul, nos dimanches et fêtes d'obligation auraient le caractère reli-

gieux que réclame notre dignité ethnique autant que
notre foi»; et, mieux que tout, miracle d'entre les mira-
cles, les fiefs juifs seraient abolis, «les fiefs juifs dispa-
raîtraient. Et que sais-je encore[91]?»
André Laurendeau rêve à haute voix. «Les artistes
nous donneront un art laurentien» et, comme au
temps de la Nouvelle-France, la race sera belle et forte.
«Les médecins, les hygiénistes, les gymnastes aideront
à bâtir une race de beaux jeunes gens et de belles
jeunes filles, forts et chastes[92].»
Est-il possible d'établir réalité à ce point paradisia-
que en ce bas monde? Esdras Minville, de l'Action nationale, voit dans l'Allemagne nazie l'incarnation des
aspirations de Lionel Groulx, de l'Action nationale et
des siennes. Il débute son article en citant Gonzague
de Reynold:

«Si les nationaux-socialistes entendent remettre en honneur, sauver, cultiver, exalter même tout ce qui est allemand, s'ils entendent ramener l'Allemagne à ses
traditions et à son esprit, lui restituer la conscience de
soi-même, le sens de son génie propre, la foi dans ses destinées; s'ils entendent lui rendre sa dignité, sa fierté, son
indépendance, sa joie de vivre la vie allemande, alors ils
font œuvre saine, une œuvre d'intelligence et de volonté.(...) Je veux espérer que j'interprète justement leurs intentions[93].»

Minville y va ensuite de commentaires de son cru
assimilant les intentions du parti national-socialiste
allemand à celles de Lionel Groulx et de l'Action nationale. «Ce que, en 1933, Gonzague de Reynold ne
faisait qu'espérer d'Hitler et de ses chemises brunes, il
aurait pu dès lors, il pourrait encore aujourd'hui l'é-
crire en toute vérité de M. l'abbé Groulx et des direc-
teurs de l'Action nationale.» On n'aurait pu exprimer
plus justement nos aspirations répète Esdras Minville,

qui n'en revient pas de la bonne fortune qui lui tombe dessus:

> «Impossible en moins de lignes de résumer plus exactement leur pensée: «Remettre en honneur, sauver, cultiver, exalter (peut-être n'irions-nous pas jusque-là) tout ce qui est canadien-français; ramener le Canada français à ses traditions et à son esprit; lui substituer la conscience de soi-même, le sens de son génie propre, la foi dans ses destinées... sa dignité, sa fierté sa joie de vivre la vie canadienne-française...»

Minville ne peut résister à la tentation de répéter pour la troisième fois sa joie d'avoir trouvé l'âme sœur idéologique tout en envoyant paître ceux qui se formalisent de cette innocente accointance entre les deux idéologies. «Eh! bien, quoique prétende certain lanceur d'excommunications, cela épuise nos ambitions. Quiconque a suivi l'Action nationale depuis ses débuts s'en est rendu compte ct quiconque méditera le dernier ouvrage de M. l'abbé Groulx [Orientations] achèvera de s'en convaincre[94].»

Lionel Groulx revient sur l'idée que, de l'appartenance à une nation, assez développée pour avoir droit à un État, dépend l'appartenance à l'humanité:

> «Car enfin toute nationalité n'a pas le droit de s'ériger en un État. Celle-là seule peut prétendre à cette dignité qui possède assez de ressources matérielles et spirituelles, un capital politique et moral assez riche, pour assurer à ses ressortissants ou nationaux, le développement de leur personnalité humaine et l'obtention de leurs fins de citoyens[95].»

Il revient à l'homme politique de faire «...ce qui dépend de lui pour assurer l'efflorescence de la culture nationale, en vue de permettre aux nationaux de réaliser leur pleine humanité[96].» Une éducation «vraiment nationale», dispensée dans le cadre de l'État français

rendra les Canadiens français, déchus de l'humanité
par l'action corrosive du libéralisme, du Traître et de
l'Autre, à la dignité d'êtres humains:

«Nous posséderons un art, une littérature, le jour où, par
l'amélioration de notre enseignement et de notre éducation, par une prise de possession vigoureuse, résolue, de
notre culture, **nous aurons cessé d'être une ombre de
peuple, une ombre de Français, une ombre humaine,
pour devenir puissamment de grands Canadiens français, c'est-à-dire de grands humains**[97].»

L'État français marquera l'avènement de la première
génération de Canadiens français vivants, laissant à sa
porte la génération des morts, celle des gens d'âge
mûr. «Qu'on le veuille ou qu'on ne le veuille pas, notre
État français nous l'aurons(...)» et ce, en dépit des em-
pêcheurs-de-résurrection-en-rond, «les snobs, les
bonne-ententistes, les défaitistes», à qui Groulx lance:
«Je leur réponds, avec toute la jeunesse: «Nous
sommes la génération des vivants. Vous êtes la dernière génération des morts[98]!».

C'est de la jeunesse que seront issus «les rédemp-
teurs[99]» de demain, «les artisans de la résurrection nationale[100]». La bourgeoisie pourra s'amender en
traversant «...une renaissance religieuse, une renaissance totale où, dans la vue de tous ses devoirs, elle
aura la chance d'apercevoir le devoir national[101].» Le
peuple attend d'elle «...des directives rédemptrices[102]».

La nation canadienne-française de l'avenir, s'exclame Paul Simard en citant le cardinal Villeneuve, sera, «en un mot, au milieu de la Babylone en formation,
l'Israël des temps nouveaux, la France d'Amérique, la
nation lumière et la nation apôtre[103]!».

Lionel Groulx promet à la génération des vivants,
travaillant à la résurrection d'une race élue, un destin

«nietzchéen», délivrés qu'ils seront de la gangue humaine:

> «A des jeunes hommes et à des jeunes filles épris d'un idéal absolu, ambitieux de pousser jusqu'à l'ultime développement de leur personnalité, il serait montré que leur naissance dans un milieu et dans la foi catholiques leur vaut cet incomparable privilège d'avoir devant les yeux, pour idéal moral, l'infinie perfection du Christ, et, pour terme de leur développement spirituel, **cette élévation de la personnalité qui peut faire d'eux, s'ils le veulent, des surhommes et des dieux**[104].»

Références

1. Élie Kedourie: *Nationalism*, p.18.

2. François de Fontette: *op. cit.*, p.83.

3. *Ibid.*, p.84.

4. Lionel Groulx: *Orientations*, pp.16-17; *Ibid.*, pp.52-53; Lionel Groulx: *Directives*, p.104.

5. Lionel Groulx: *Notre maître le passé*, tome 1, p.22.

6. Hermas Bastien: «Corporatisme et liberté.», *Action nationale*, (avril 1938), p.313.

7. Lionel Groulx: *Notre maître le passé*, tome 2, pp.19-20.

8. Lionel Groulx: *Directives*, p.87; *Ibid.*, p.135 et p.213; Lionel Groulx: *Orientations*, p.219; Lionel Groulx: «L'éducation nationale et les écoles normales.», *Action nationale*, (septembre 1934), p.25.

9. Lionel Groulx: *Orientations*, p.116.

10. André Laurendeau: *Partisannerie politique*, dans: Les Jeune-Canada: *Politiciens et Juifs*, p.61; Pierre Dansereau: *Politiciens et Juifs*, dans: Les Jeune-Canada: *Politiciens et Juifs*, pp.6-7

11. Lionel Groulx: *Notre mystique nationale*, p.1.

12. Lionel Groulx: «Notre destin français.», *Action nationale*, (mars 1937), pp.130-131; Lionel Groulx: *Notre mystique nationale*, p.2, pp.6-7; Lionel Groulx: *Orientations*, p.18, p.208 et p.260.

13. Lionel Groulx: *op. cit.*, p.184; Sur les éducateurs et la mystique: *Ibid.*, pp.267-268, p.299, p.301.

14. *Ibid.*,pp.104-105; Lionel Groulx: *La déchéance incessante de notre classe moyenne*, p.16; Lionel Groulx: *Directives*, p.94; Lionel Groulx: *Notre maître le passé*, tome 2, p.20.

15. «L'éducation nationale», *Action nationale*, (novembre 1936), p.154, éditorial.

16. Lionel Groulx: «L'éducation nationale et les écoles normales.», *Action nationale*, (septembre 1934), p.15.

17. André Marois (pseudonyme de Lionel Groulx): «Pour vivre», *Action nationale* (mai 1937)., p.313.

18. *Ibid.*, p.313-314; Lionel Groulx: *Orientations*, p.232.

19. Jacques Brassier(pseudonyme de Lionel Groulx): «Pour qu'on vive.», *Action nationale*, pp.204-205.

20. Lionel Groulx: *Directives*, pp.161-162.

21. André Marois (pseudonyme de Lionel Groulx): «Pour vivre.», *Action nationale*,(mai 1937), p.311.

22. *Ibid.*

23.*Ibid.*

24. Lionel Groulx: *op. cit.*, p.221.

25.Lionel Groulx: «Vivre.», *Action nationale*, (novembre 1934), pp.175-176.

26. Jacques Brassier (pseudonyme de Lionel Groulx): «Pour qu'on vive.», *Action nationale*, (janvier 1934), p.52.

27. Lionel Groulx: *Orientations*, p.218; Sur le chef: Lionel Groulx: *L'enseignement français au Canada*, tome 1, p.265; Lionel Groulx: *Orientations*, p.296-299; Lionel Groulx: *Notre maître le passé*, tome 1, p.11; Jacques Brassier (pseudonyme de Lionel Groulx): «Pour qu'on vive.», *Action nationale*, (octobre 1934), p.139.

Sur Louis-Hippolyte Lafontaine: Lionel Groulx: «Un chef de trente-trois ans.», *Action nationale*, (mai 1935), p.266-276. Reproduit dans: Lionel Groulx: *Notre maître le passé*, tome 1, p.180-187.

Sur la construction romanesque du chef: Lionel Groulx: *L'Appel de la race*, p.95-97, p.100-102, pp.108-109, pp.114-115, p.137, p.155, p.158, p.160, p.162; Alonié de Lestres (pseudonyme de Lionel Groulx): *Au Cap Blomidon*, p.1, p.14, p.19, pp.24-25, pp.27-28, p.30.p.32, p.40, pp.92-93, pp.114-115.

28. Lionel Groulx: *Directives.*, p.249.

29. Jacques Brassier (pseudonyme de Lionel Groulx): «Pour qu'on vive.», *Action nationale*, (novembre 1934), p.205; Lionel Groulx: *La bourgeoisie et le national*, p.125.

30. Albert Tessier, abbé: «Pour une politique nationale.», *Action nationale*, (mai 1937), p.260.

31. *Action nationale*, (janvier 1935), p.4, éditorial.

32. Arthur Laurendeau: «La situation est-elle acceptable?», *Action nationale*, (février 1937), p.73.

33. Albert Tessier, abbé: *op. cit.*, p.259.

34. *Action nationale*, (janvier 1935), p.3, éditorial.

35. André Laurendeau: *Qui sauvera Québec?*, dans: Les Jeune-Canada: *Qui sauvera Québec?*, p.52.

36. «Les Jeune-Canada au Monument national.», *Le Devoir*, 9 avril 1935, p.8.

37. Lionel Groulx: *Directives*, p.86; Lionel Groulx: *Orientations*, p.212.

38. Lionel Groulx: *Ibid*, p.85; Guy Frégault: «Où est la révolution?», *Action nationale*, (février 1937), p.82-89.

39. Lionel Groulx: *Orientations*, p.266-267.

40. *Ibid.*, p.215; *Ibid.*, p.48; Lionel Groulx: *Directives*, pp.128-129, p.204; Lionel Groulx: «Notre destin français.», *Action nationale*, (mars 1937), p.138.

41. André Laurendeau : *Notre nationalisme*, pp.50-51; Lionel Groulx: *Notre maître le passé*, tome 2, p.304.

42. Lionel Groulx: *Orientations.*, p.233.

43. Lionel Groulx: *Directives*, p.216.

44. *Ibid.*, p.165.

45. *Ibid.*, p.167.

46. *Ibid.*, pp.121-122.

47. Les Jeune-Canada: *Qui sauvera Québec?*, pp.3-4, avant-propos; «Laurentie, nous autres qui avons vingt-cinq ans, allons-nous voir ta maturité? Avant que nos yeux ne se ferment ici-bas, deviendras-tu une unité politique, un État?» André Laurendeau: *Notre nationalisme*, p.50; Paul Simard: *Notre idéal politique*, dans: Les Jeune-Canada: *Qui sauvera Québec*, p.23; Gilbert Manseau: «État et nation.», *Le Devoir*, 10 juillet 1933, p.2.

48. André Laurendeau: *op. cit.*, p.45.

49. André Laurendeau: *Qui sauvera Québec?*, dans: Les Jeune-Canada: *Qui sauvera Québec?*, p.56; «En effet, la nationalité est inséparable de la personne humaine, que l'État est censé développer toute entière.» Gilbert Manseau: *Les Canadiens français et le régime anglais.*, dans: Les Jeune-Canada: *Sur les pas de Cartier.*, p.34.

50. Maximilien Caron: «Pour une politique nationale.», *Action nationale*, (janvier 1937), p.5; Hermas Bastien: «Politique et éducation.», *Action nationale*, (juin 1937), p.322.

51.Anatole Vanier: «L'État du Québec», *Action nationale*,(décembre 1939), p.262; «La Saint-Jean-Baptiste.», *Action nationale*, (mai 1933), pp.3-4.

52. «Pour le drapeau national.», *Action nationale*, (mars 1936), p.3, éditorial; «Arborons notre drapeau national.», *Action nationale*, (juin 1935), pp.3-4, annonce publicitaire; «Le scandale des drapeaux.», *Action nationale*, (mai 1937), p.3, éditorial.

53. Lionel Groulx: *Directives.*, pp.169-170.

54. *Ibid.*, pp.109-110; *Ibid.*, pp.242-243.

55. *Ibid.*, p.111-112; *Ibid.*, pp.217-218.

56. *Ibid.*, pp.65-66.

57. Lambert Closse: *La réponse de la race.*,p.498

58. Jacques Brassier(pseudonyme de Lionel Groulx): «Pour qu'on vive.», *Action nationale*, (avril 1933), pp.242-243.

59. Lionel Groulx:*op. cit.*, p.105.

60. Anatole Vanier: «Discours en l'air», *Action nationale*, (janvier 1935), p.122; E.M.: «Si l'on voyait clair.», *Action nationale*, (avril 1933), pp.248-249; «Un devoir patriotique», *Action nationale*, (novembre 1934), pp.2-4, éditorial; Les Jeune-Canada: Thuribe Belzile: *Nos déficiences, conséquences, remèdes.*, p.27

61. «La vie courante», *Action nationale*, (décembre 1933), p.272.

62. Omer Héroux: «La maison est à l'envers.», *Le Devoir*, 19 janvier 1934, p.1, éditorial ; Omer Héroux: «M. Joseph Cohen et la Saint-Jean-Baptiste», *Le Devoir*, 5 janvier 1934, p.1, éditorial ; Omer Héroux: «De quoi donc se plaint M. Joseph Cohen?», *Le Devoir*, 17 janvier 1934, p.1, éditorial.

63. H. M. Caiserman, Lettre du lecteur, *Le Devoir*, 3 juillet 1935, p.2.

64. Clarence Hogue: «Politique de suicide.», *Le Devoir*, 6 juillet

1935, p.8; Le complot juif mondial étant ce qu'il est est, la même situation prévaut à Ottawa: Outaouais: «Le procès Freiman-Tissot.», *Le Devoir*, 25 juin 1935, p.1.

65. H. M. Caiserman, Lettre du lecteur, *Le Devoir*, 3 juillet 1935, p.1.

66. Clarence Hogue: «Politique de suicide.», *Le Devoir*, 6 juillet 1935, p.10.

67. H. M. Caiserman, Lettre au lecteur, *Le Devoir*, 26 juillet 1935, p.3.

68. Clarence Hogue: «Nos prétendus sophismes.», *Le Devoir*, 27 juillet 1935, p.6; Sur la polémique Caiserman-Hogue: Clarence Hogue: «Nos prétendus sophismes.», *Le Devoir*, 29 juillet 1935, p.6; Clarence Hogue: «Nos prétendus sophismes.», *Le Devoir*, 30 juillet 1935, p.6; Clarence Hogue: «Pour clore un débat.», *Le Devoir*, 10 août 1935, p.8; Clarence Hogue: «Pour clore un débat.», *Le Devoir*, 12 août 1935, p.6.

Sur la campagne d'Achat chez nous dans le Devoir, voir annexe F.

69. Maurice Tremblay: «Régionalisme.», *Action nationale*, (mai 1937), p.277.

70. Mgr Gfœllner: «L'internationalisme juif.», *Action nationale*, (juin 1933), pp.381-382.

71. André Laurendeau: *Notre nationalisme*, pp.26-27.

72. Anatole Vanier: «Les Juifs au Canada.», *Action nationale*, (septembre 1933), p.19.

73. *Ibid.*, p.9.

74. «Encore les Juifs.», *Action nationale*, (décembre 1933), pp.277-278.

75. Anatole Vanier: «L'antisémitisme.», *Action nationale*, (février 1934), p.87.

76. Georges Pelletier: «L'antisémitisme, péril grandissant.», *Le Devoir*, 17 avril 1937, p.1, éditorial. Les citations des trois prochains paragraphes proviennent du même éditorial.

77. Le Grincheux: Carnet d'un grincheux, *Le Devoir*, 4 septembre 1936, p.1.

78. Le Grincheux: Le carnet du grincheux, *Le Devoir*, 8 février 1938, p.1.

79. Lionel Groulx: *Notre doctrine*, p.8.

80. Lionel Groulx: *Méditation patriotique*, pp.15-16.

81. Lionel Groulx: *Directives*, p.122. Les caractères gras sont de nous.

82. André Laurendeau: *Qui sauvera Québec?*, dans: Les Jeune-Canada: *Qui sauvera Québec*, pp.64-65.

83. Bernard Hogue: *Comment chacun de nous fera de l'éducation nationale.*, dans: Les Jeune-Canada: *Qui sauvera Québec?*, p.72.

84. Lionel Groulx: *op. cit.*, p.241.

85. *Action nationale*, (mai 1933), p.307, éditorial.

86. *Action nationale*, (janvier 1938), pp.24-25, introduction.

87. *Ibid.*, p.25; Gérard Picard: «Association professionnelle et corporation.», *Action nationale*, (mai 1938), pp.386-387; Wilfrid Lebon: «Corporatisme social et corporatisme politique.», *Action nationale*, (septembre 1938), p.43.

88. Hermas Bastien: « Corporatisme et liberté.», Action nationale, (avril 1938), p.307.

89. *Ibid.*,p.310.

90. Maurice Tremblay: «Régionalisme.», *Action nationale*, (mai 1937), p.280.

91. Anatole Vanier: «La méthode anglaise.», *Action nationale*, (avril 1935), p.244.

92. André Laurendeau: *op. cit.*, p.48; Lionel Groulx: *Directives*, pp.225-227; Lionel Groulx: *Notre maître le passé*, tome 1, p.10.

93. Esdras Minville: «Ce que nous voulons.», *Action nationale*, (octobre 1935), pp.96-97.

94. *Ibid.*, p.97.

95. Lionel Groulx: *Orientations*, p.249; *Ibid.* p.63.

96. Lionel Groulx: *Directives*,p.107.

97.*Ibid.*, p.98. Les caractères gras sont de nous; Ibid., pp.159-160; Lionel Groulx: *Orientations*, pp.265-266; Lionel Groulx: *La bourgeoisie et le national*, pp.124-125; André Marois (pseudonyme de Lionel Groulx): «Pour qu'on vive.», *Action nationale*, (juin 1935), p.372.

98. Lionel Groulx: *Directives.*, pp.222-223.

99. *Ibid.*, p.225, p.227, p.243.

100. *Ibid.*, p.249.

101. Lionel Groulx: *La bourgeoisie et le national*, p.119.

102. *Ibid.*

103. Paul Simard: *Notre idéal politique.*, dans: Les Jeune-Canada: *Qui sauvera Québec?*, p.30.

104. Lionel Groulx: *Orientations*, p.113.

Triste épilogue

LA PLUS GRANDE FORTUNE qui puisse échoir à un étudiant au doctorat est de voir certaines de ses hypothèses infirmées. Trébucher est vraiment le sel de la recherche! Au tout début de mes études, à partir de théories sur le racisme et d'études sur l'antisémitisme, j'avais émis l'hypothèse que le Juif et le Canadien français étaient antithétiques l'un à l'autre, c'est-à-dire que l'un est le contraire de l'autre, une fiction définissant l'autre. À mesure que j'analysais le matériel, il devenait évident que ma confortable hypothèse coulait par le fond. Le Canadien français était bel et bien une figure honnie, exécrée, vitupérée au même titre que le Juif et pour les mêmes raisons. Leur identification à la totalité maléfique était totale et complète.

La totalité maléfique a constitué la seconde surprise de cette recherche. Je l'avais bien sûr anticipée, mais sans prévoir l'intensité de la fureur nihiliste qui s'y exprimerait. Cet univers peuplé de sous-humains et ravagé par les chancres, les microbes et les virus, ainsi que les locuteurs dépeignent la société libérale, évoque sans contredit l'idéologie nazie. Alors que j'avais cru ne trouver que des éléments du nationalisme d'extrême droite selon le modèle maurrassien, j'ai rencontré aussi Maurice Barrès, le fascisme et le national-socialisme.

L'idéologie nazie, par l'entremise de la publication de Julius Streicher «Der Stürmer», n'assimilait-elle pas le Juif à un redoutable microbe[1], procédé dont les mêmes locuteurs ne se privent pas? L'affirmation que «presse, art, littérature, cinéma, théâtre sont des domaines où le jeune Hitler repère les Juifs qui «agissent comme les pires des bacilles et empoisonnent les âmes[2]» ne nous semble-t-elle pas familière? Ce Juif, d'une saleté repoussante, d'une puanteur écœurante, avec son gros nez et ses doigts crochus, qui salit les parcs publics, ne sort-il pas tout droit de l'iconographie nazie? N'avons-nous pas constamment rencontré l'opposition ville-campagne, à propos de laquelle Pierre Sorlin écrit dans son livre sur l'antisémitisme allemand: «L'opposition banale entre monde urbain et monde rural prend ainsi une autre coloration: d'un côté règne la santé, de l'autre, la maladie[3].»?

Hitler n'adressait-il pas cette mise en garde à la «juiverie mondiale»: «Le 30 septembre 1939, il promet un châtiment à la «juiverie internationale» pour le cas où elle parviendrait, «en Europe ou ailleurs, à précipiter les peuples dans une guerre mondiale[4]» ainsi que le redoutent Groulx, les Jeune-Canada et Le Devoir?

Associer le Juif au capitalisme et au communisme, ce que font tous les locuteurs, n'était-il pas un des procédés les plus populaires du nazisme comme du nationalisme d'extrême droite?

> «La réduction opérée par le nazisme entre démocratie d'une part et communisme ou «juiverie» d'autre part, fut l'une des «idées» les plus populaires du national-socialisme. Elle entre sans doute pour une part dans l'identification faite par certains (Ernst Nolte en particulier) de l'Action française à un fascisme[5].»

Et toutes ces références «au sursaut de l'Allemagne nouvelle», aux forces qu'il faut de toute urgence mettre «en faisceau», afin de contrer les forces «dissolvantes» à l'œuvre; toute cette sympathie exprimée à l'endroit d'Hitler et de Mussolini, qui tentent vaillamment de mettre les Juifs au pas? Afin que résonne enfin la voix de la terre et des morts? Lionel Groulx, l'Action nationale, les Jeune-Canada et Le Devoir reprennent, à des degrés divers, les thèmes et les mots de passe non seulement du nationalisme d'extrême droite, mais aussi du fascisme et du national-socialisme. La ligne de démarcation entre ces trois idéologies n'est pas toujours très claire: j'ai bâti mon interprétation à partir des travaux existants et mes incertitudes sont largement celles de la recherche actuelle. Cela aussi compte parmi les gratifications de la recherche.

Abordé sous l'angle de la totalité maléfique et de ses deux suppôts, le Traître et le Juif, le nationalisme de Lionel Groulx, de l'Action nationale, des Jeune-Canada et du Devoir cesse d'apparaître comme un mécanisme de défense d'une identité catholique et française menacée en terre d'Amérique du Nord, ainsi que le veut l'interprétation conventionnelle. Cette identité leur importe peu, si ce n'est comme prétexte à houspiller leurs compatriotes lorsqu'ils boudent la messe du dimanche au profit des séances de cinéma ou lorsqu'ils affichent des raisons sociales anglaises. Ils consacrent l'essentiel de leur énergie à dénoncer et à peindre des maux et des péchés indéfinissables: l'américanisation qui n'a rien à voir avec les États-Unis, l'urbanisation qui n'a rien à voir avec la ville, l'anglicisation qui n'entretient que de très lointains rapports avec la langue anglaise, et tout cela au nom d'une identité également indéfinissable, être Canadien français n'ayant rien à voir avec le fait d'être né dans la province de Québec de parents francophones et catholiques. Leur discours n'est pas une symphonie pastorale typique du terroir, sympathique par son anachronisme: c'est une tautologie nihiliste et délirante. Le Traître et le Juif sont les complices veules et les maîtres cruels d'un univers en pleine déliquescence, ravagé par les fièvres et les poisons.

Il n'y a pas de crimes, aussi triviaux fussent-il, qu'on ne puisse leur imputer.

L'influence indéniable des idéologies européennes de contestation radicale du libéralisme sur le discours de Groulx, de l'Action nationale, des Jeune-Canada et du Devoir achevait, à mes yeux, d'abattre un autre mythe courant au Québec, selon lequel, avant 1960, régnait en cette province une période appelée la «grande noirceur», où l'innocente bourgade nord-américaine évoluait en vase clos, dans une ignorance virginale des tourments de la planète et du siècle. Il y a plusieurs années, alors que je bramais cette ânerie sans réfléchir, mon futur directeur de thèse de doctorat, le professeur Jacques Zylberberg avait passé la remarque suivante: «Et les milliers de missionnaires canadiens-français qui sillonnaient le monde? Ils n'écrivaient jamais à leurs familles, à leurs amis, pour relater les événements dont ils étaient témoins? Les luttes politiques, les renversements de gouvernements en Afrique et ailleurs, ils n'en parlaient jamais? Allons donc!» avait-il terminé en rugissant. Bien sûr. Lionel Groulx et consorts savent qui est Salazar, Dolfuss, Mussolini, Hitler et les autres dictateurs contemporains qui les charment; Georges Pelletier se rend en Europe afin d'étudier «la question juive»; dans les années vingt, Le Devoir reproduit de larges extraits de La Libre Parole, le journal du plus célèbre antisémite français, Edouard Drumont. Autrement dit, ils connaissent les mouvements idéologiques européens et ont fait leur nid.

À l'instar des idéologies dont le fascisme calquera certains aspects, Groulx, l'Action nationale et les Jeune-Canada réclament l'établissement d'une dictature et font appel à un chef qui soit un sauveur de la nation.

«The onslaught on bourgeois society went hand in hand with the wholesale condemnation of liberal democracy and parliamentarian government, for one of the ideological tenets common to this whole vast protest movement was the reforming of all institutions in the authoritarian mould. The call for a leader, a saviour embodying all the virtues of the race, was to be heard throughout Europe, at the end of the century[6].»

Et l'idéologie de Groulx ne partage-t-elle pas avec les fascismes européens «a nietzschean ecstasy[7]»? N'en va-t-il pas de même de son millénarisme?

«The fascist revolution built upon a deep bedrock of popular piety and, especially in Germany, upon a millenarianism that was apt to come to the fore in times of crisis. The myths and symbols of nationalism were surimposed upon those of Christianity- not only in the rythms of public rites and ceremonies (even the Duce's famed dialogues with the masses from his balcony are related to Christian «responses»)- but also in the appeal to apocalyptic and millenarian thought. Such appeals can be found in the very vocabulary of Nazi leaders. Their language grew out of Christianity; it was after all, a language of faith. In 1935, at Munich's Feldhernhalle, where his putsch of 1923 had resulted in a bloody fiasco, Hitler called those who had fallen earlier «my apostles», and proclaimed that «with the third Reich you have risen from the dead.» Many other examples spring to mind, as when the leader of the Labor Front, Robert Ley, asserted that «we have found the road to eternity». The whole vocabulary of blood and soil was filled with Christian liturgical and religious meanings — the «blood» itself, the «martyrdom», the «incarnation[8]».

Pierre Milza mentionne «... la volonté de rompre par la «coutume fasciste» avec le modèle «négatif» incarné par les anciennes élites, et suggère de lui substituer celui de l'homme nouveau, «dynamique et viril», porteur des espoirs millénaristes du fascisme[9]». La race saine formée par les hygiénistes canadiens-français reléguera aux oubliettes les politiciens bedonnants aux lèvres ruisselantes de scotch.

N'est-ce pas alors, seulement alors, que le paradis perdu reviendra?

> «This mystical, romantic, anti-rationalist fascism was as much a moral and aesthetic system as a political philosophy; it constituted a complete vision of man and the community. Usurping the place occupied by revealed religion, its aims were to create a world of fixed criteria, a world freed from doubt and purged of all foreign accretions; to give back their authenticity to man and the community; and reestablished the compromised unity of the nation. Once all this had been achieved, all the members of the national community, being of one body with it and existing through it alone, would react as one man and respond identically to the problems confronting it; and once this unanimity had been forged, political and social problems would be reduced to matters of details[10].»

Cette unanimité mystique, dérivée d'une métaphysique catholique qui avait le bon sens de la réserver à l'au-delà, caractérise le projet utopique de Groulx, de l'Action nationale et des Jeune-Canada. Si Le Devoir se montre moins loquace sur ce chapitre, ses attaques contre «l'esprit de parti» et ses applaudissements aux nationalistes extrémistes qui pensent «nationalement», son enthousiasme pour les dictateurs qui s'en prennent au complot juif mondial et sa campagne pour l'Achat chez nous qui réduirait les boutiquiers juifs à la portion congrue, ses attaques virulentes contre un capitalisme, une démocratie et une modernité qui laissent libre cours à l'action destructrice du Juif, son désir de ne vivre qu'entre chrétiens, tout cela laisse croire qu'il ne se serait guère objecté à l'établissement d'une société d'une pureté absolue, habitée par des surhommes et des dieux. Au fond, tous les locuteurs expriment le même espoir: par la dictature, par la rééducation du Traître et/ou par l'exclusion du Juif, le chaos et la pourriture actuelles prendront fin.

C'est un truisme d'écrire que des flots de sang ont abreuvé cette mystique séculière au vingtième siècle. Dans son désespoir frénétique de parvenir à un état social incandescent de pureté, Groulx n'hésite pas à lorgner du côté du communisme. Le philosophe Isaiah Berlin écrivait ceci dans son dernier livre:

> «(...)the search for perfection does seem to me a recipe for bloodshed, no better even if it is demanded by the sincerest of idealists, the purest of hearts. No more rigorous moralist than Immanuel Kant has ever lived, but even he said, in a moment of illumination: "Out of the crooked timber of humanity no straight thing was ever made." To force people into the neat uniforms demanded by dogmatically believed-in schemes is almost always the road to inhumanity[11].»

La perfection recherchée par Groulx et compagnie ne repose pas tant sur une série de dogmes que sur la ligne de tension de leur délire. Les Canadiens français, tout juste une insulte à l'humanité dans la société libérale, deviendraient des surhommes dans le projet utopique. Mais puisque le Mal était indéfinissable, la perfection l'était aussi. Il n'est pas difficile d'imaginer, dans ces conditions, une rééducation sans fin en vue, de nouveaux crimes venant compromettre une perfection sans cesse retardée. C'est une logique infernale qui ne cesse que faute de victimes. Il n'est pas difficile non plus d'imaginer que des êtres en chair et en os auraient fait les frais d'un délire qui se serait institutionnalisé si Groulx et ses satellites idéologiques avaient pris le pouvoir. Parqués dans des ghettos, privés de leurs droits politiques, déportés en Palestine, munis de passeports spéciaux, rassemblés dans des camps de rééducation, soumis à la dictature, Juifs et Canadiens français auraient expié les crimes imputés à leurs doubles maudits.

La dernière bonne fortune qui puisse être accordée à un étudiant au doctorat est de mesurer, au terme de sa recherche, le chemin qui demeure à parcourir. Si, au sujet du totalitarisme, du national-socialisme, du fascisme, du nationalisme d'extrême droite, de l'antisémitisme et du racisme, beaucoup a été écrit, encore plus reste à comprendre. Je ne plaide que pour une chose: la pluralité d'interprétations. La mienne possède ses forces et ses faiblesses. Un jour, quelqu'un d'autre reprendra le même sujet, l'élargira ou le restreindra, y apportera un éclairage différent, y verra ce qui m'a échappé, y apportera les connaissances d'études qui n'étaient pas encore réalisées du temps où je bâtissais la mienne. Cette dernière a bénéficié de celles qui l'ont précédée, ne serait-ce que pour les contester. C'est la règle du jeu et, appliquée selon les règles de l'art, elle devrait flatter l'auteur soumis au feu du chercheur impertinent.

Un dernier mot: une recherche n'a d'autre but que d'assouvir la curiosité intellectuelle de celui ou celle qui l'entreprend. Si changer le monde est le principal motif de l'hurluberlu, ce désir ne le soutiendra pas au long des milliers d'heures passées à éplucher les microfilms ou à explorer les étagères des bibliothèques. Aucune vocation à la prophétie ne résiste à l'exercice. Il n'empêche qu'il m'arrive de songer que si ma recherche avait cet effet indirect et imprévu de faire en sorte qu'il n'y ait plus ni Traître ni Juif au Québec, j'en éprouverais quelque satisfaction.

Références

1. Pierre Sorlin: *L'antisémitisme allemand.*, Paris Flammarion, 1969, p.79 (Coll. Questions d'histoire)

2. François de Fontette: Le racisme., Presses universitaires de France, 1984, p.74, (Coll. Que sais-je?)

3. Pierre Sorlin: *op. cit.*, p. 79
«Anti-urbanism, or at least anti-metropolitanism is not found in all fascist movements but is often an important element.» Juan J. Linz: *A comparative Study of Fascism.*, dans: Walter Laqueur, ed.: *Fascism: A Reader's Guide.*, Berkeley and Los Angeles, University of California Press, 1976, p.20

4. Pierre Sorlin: *ibid.*, p.77

5. Colette Peter-Capitan: *Op. cit.*, p.166

6. Zeev Sternhell: *Fascist ideology.*, dans: Walter Laqueur, ed.: *op. cit.*, p.323.

7. George L. Mosse: *Masses and Man. Nationalist and Fascist Perceptions of Reality*, New York, Howard Fertig, 1980, p.175.

8. *Ibid.*, p.167.

9. Pierre Milza: *op. cit.*, p.279.

10. Zeev Sternhell: *op. cit.*, p.349.

11. Isaiah Berlin: *The Crooked Timber of Humanity. Chapters in the History of Ideas.* New York, Alfred A. Knopf, 1991, pp.18-19.

Annexes

Annexe A

Sur les Juifs et l'immigration

«Ce paradis des Juifs» que d'aucuns voudraient créer ici est inimaginable. Le Canada n'est même pas un paradis pour les Canadiens. Et l'on en ferait un, ici, pour les fils d'Israël? Idée folichonne.» Le Grincheux: Le carnet du grincheux, *Le Devoir*, 14 novembre 1938, p.1.

Pamphile: Carnet du grincheux, *Le Devoir*, 13 août 1933, p.1.

Pamphile: Carnet d'un grincheux, *Le Devoir*, 28 août 1933, p.1.

Georges Pelletier: «Immigration.», *Le Devoir*, 12 septembre 1933, p.1.

«Le Canada ne recevra pas les Juifs expatriés allemands.», *Le Devoir*, 6 oct. 1933, p.3.

Pamphile: Carnet d'un grincheux, *Le Devoir*, 11 oct. 1933, p.1.

Pamphile: Carnet d'un grincheux: *Le Devoir*, 12 oct. 1933, p.1.

Pamphile : Carnet d'un grincheux, *Le Devoir*, 17 jan. 1934, p.1.

Georges Pelletier: «Ces requêtes.», *Le Devoir*, 8 février 1934, p.1.

Pamphile: Carnet d'un grincheux, *Le Devoir*, 6 mars 1934, p.1.

Georges Pelletier: «Invasion.», *Le Devoir*, 12 février 1935, p.1.

Omer Héroux: «À propos d'immigration.», *Le Devoir*, 21 septembre 1935, p.1.

«Prépare-t-on un exode de 1900 Juifs allemands au Canada?», *Le Devoir* 5 mars 1936, p.1.

Omer Héroux: «Ils s'y attendent.», *Le Devoir*, 7 mars 1936, p.1.

Le Grincheux: Carnet d'un grincheux, *Le Devoir*, 20 mars 1936, p.1.

Le Grincheux: Le carnet du grincheux, *Le Devoir*, 25 janvier 1938, p.1.

Jean Labrye: «Nouveaux venus.», *Le Devoir*, 27 mai 1938, p.1.

Le Grincheux: Le carnet du grincheux, *Le Devoir*, 16 juin 1938, p.1.

«L'immigration en masse des Juifs d'Allemagne.», *Le Devoir*, 28 juillet 1938, p.1.

«Vient-il beaucoup de Juifs au Canada?», *Le Devoir*, 30 août 1938, p.1.

G. Pelletier: «L'immigration juive.», *Le Devoir*, 7 sept. 1938, p.1.

Le Grincheux: Le carnet du grincheux, *Le Devoir*, 21 octobre 1938, p.1.

Émile Benoist: «Papier à cigarette.», Le Devoir, 14 nov. 1938, p.1.

«L'immigration juive au Canada.», *Le Devoir*, 16 novembre 1938, p.1.

Le Grincheux: Le carnet du grincheux: *Le Devoir*, 18 nov. 1938, p.1.

Léopold Richer: «L'excellente humeur de M. King.», *Le Devoir*, 21 novembre 1938, p.1.

Omer Héroux: «Les manifestations antihitlériennes.», *Le Devoir*, 21 novembre 1938, p.1.

Omer Héroux: «L'éternelle question des réfugiés juifs.», *Le Devoir*, 22 novembre 1938, p.1.

«Seize maires se prononcent contre l'immigration juive.», *Le Devoir*, 27 janvier 1939, p.3.

Le Grincheux: Le carnet du grincheux, *Le Devoir*, 21 février 1939, p.1.

G. Pelletier: «Que M. Crerar parle.», *Le Devoir*, 7 mars 1939, p.1.

Omer Héroux: «Ces immigrants.», *Le Devoir*, 9 mars 1939, p.1.

G. Pelletier: «Signez-vous cela?», *Le Devoir*, 17 mars 1939, p.1.

Omer Héroux: La main tendue.», *Le Devoir*, 5 avril 1939, p.1.

G. Pelletier: «Ne pas se gêner.», *Le Devoir*, 27 avril 1939, p.1.

E.B.: «L'affaire Bata et ses conséquences.», *Le Devoir*, 10 août 1939, p.1.

G. Pelletier: «Encore d'autres.», *Le Devoir*, 11 mai 1939, p.1.

Omer Héroux: «Pour l'immigration juive.», *Le Devoir*, 12 mai 1939, p.1.

L'Action nationale et l'immigration juive:

André Marois (pseudonyme de Lionel Groulx): «Pour vivre.», *Action nationale*, (février 1937), pp.114-115.

Annexe B

Sur les Juifs et le repos dominical:

Omer Héroux: «Est-il vrai?», *Le Devoir*, 19 avril 1933, p.1.

«Les Juifs et le dimanche.», *Le Devoir*, 20 septembre 1930, p.3.

Omer Héroux: «Les Juifs et le dimanche.», *Le Devoir*, 5 juillet 1934, p.1.

Omer Héroux: «Et le dimanche?», *Le Devoir*, 13 sept. 1934, p.1.

Omer Héroux: «Pourquoi?», *Le Devoir*, 24 septembre 1934, p.1.

«Les Juifs et le dimanche.», *Le Devoir*, 13 décembre 1934, p.2.

Omer Héroux: «Le privilège juif.», *Le Devoir*, 3 mai 1935, p.1.

Alexis Gagnon: «Les Juifs et le dimanche.», *Le Devoir*, 3 mai 1935, p.1.

Omer Héroux: «Ce privilège juif.», *Le Devoir*, 22 mai 1935, p.1.

Omer Héroux: «Le travail du dimanche.», *Le Devoir*, 5 septembre 1935, p.1.

«La législature de Québec a le droit d'abroger l'article 7 de la loi du dimanche.», *Le Devoir*, 3 décembre 1935, p.1 et p.3.

«L'arrêt de la Cour d'appel au sujet du privilège juif de travailler le dimanche.», *Le Devoir*, 4 décembre 1935, p.2.

O. Héroux: «Le dimanche et les Juifs.», *Le Devoir* 5 déc. 1935, p.1.

«La question du travail des Juifs le dimanche.», *Le Devoir*, 5 décembre 1935, p.5.

«L'arrêt de la Cour d'appel au sujet du privilège juif de travailler le dimanche.», *Le Devoir*, 9 décembre 1935, p.10.

Annexe C

Paul Anger: «À propos de la mort d'un vieux négociant.», *Le Devoir*, 13 janvier 1932, p.1.

P. Anger: «Savons-nous annoncer?», *Le Devoir*, 14 jan.1932, p.1.

Pamphile: Carnet d'un grincheux, *Le Devoir*, 27 juil. 1933, p.1.

Pamphile: Carnet d'un grincheux, *Le Devoir*, 11 nov. 1933, p.1.

Paul Anger: «À moins de changer cela!», *Le Devoir*, 18 août 1934, p.1.

Le Grincheux: Carnet d'un grincheux, Le Devoir, 15 nov. 1934, p.1.

Le Grincheux: Carnet d'un grincheux, Le Devoir, 30 nov. 1934, p.1.

Alceste: «Ministre des escaliers.», *Le Devoir*, 15 déc. 1934, p.1.

Le Grincheux: Carnet d'un grincheux, *Le Devoir*, 14 février 1935, p.1.

Le Grincheux: Le carnet d'un grincheux, *Le Devoir*, 25 septembre 1935, p.1.

Le Grincheux: Le carnet d'un grincheux, *Le Devoir*, 3 février 1936, p.1.

Clarence Hogue: «Producteurs exploités.», *Le Devoir*, 23 novembre 1937, p.10.

Le Grincheux: Le carnet du grincheux, *Le Devoir*, 6 juil. 1938, p.1.

Le Grincheux: Le carnet du grincheux, *Le Devoir*, 8 sept.1939, p.1.

Annexe D

Sur «l'affaire Cohen.»

Pamphile: Carnet d'un grincheux, *Le Devoir*, 20 mai 1933, p.1.

J.A. Thomas: «Les remaniements au provincial.», *Le Devoir*, 23 mai 1933, p.1

Pamphile: Carnet d'un grincheux, *Le Devoir*, 9 jan. 1934, p.1.

Pamphile: Carnet d'un grincheux, *Le Devoir*, 10 jan. 1934, p.1.

Pamphile: Carnet d'un grincheux, *Le Devoir*, 12 jan. 1934, p.1.

Pamphile: Carnet d'un grincheux, *Le Devoir*, 1 mars 1934, p.1.

Pamphile: Carnet d'un grincheux, *Le Devoir*, 4 avril 1935, p.1.

«Ce qui s'est passé sur le front Cohen, le 25.», *Le Devoir*, 30 novembre 1935, p.1.

«L'entier support du gouvernement à Josef Cohen.», *Le Devoir*, 4 décembre 1935, p.1.

«Les électeurs doivent avoir le dernier mot.», *Le Devoir*, 5 décembre 1935, p.1.

E.B.: «Mœurs électorales. Le front Cohen.», *Le Devoir*, 14 décembre 1935, p.1.

«Combien d'Israélites ont voté légalement pour Josef Cohen?», *Le Devoir*, 20 décembre 1935, p.1.

«Des télégraphes qui «doivent retourner à l'ouvrage» votent en bloc.», *Le Devoir*, 26 décembre 1935, p.1.

«La garcette remplace le manche de hache.», *Le Devoir*, 27 décembre 1935, p.1.

Le Grincheux: Carnet d'un grincheux, *Le Devoir*, 30 déc.1935, p.1.

Le Grincheux: Carnet d'un grincheux, *Le Devoir*, 4 janvier 1936, p.1.

«Du front Cohen au front Plante.», *Le Devoir*, 8 jan. 1936, p.1.

Georges Pelletier: «Pour la propreté des élections à venir.», *Le Devoir*, 25 janvier 1936, p.1.

Omer Héroux: «M. Cohen et la loi Dillon à quinze cent milles d'ici.», *Le Devoir*, 31 janvier 1936, p.1.

Paul Anger: «M. Taschereau promet: Cohen accomplira.», *Le Devoir*, 9 mars 1936, p.1.

Le Grincheux: Carnet d'un grincheux, *Le Devoir*, 16 mars 1936, p.1.

Le Grincheux: Carnet d'un grincheux, *Le Devoir*, 19 mars 1936, p.1.

Le Grincheux: Carnet d'un grincheux, *Le Devoir*, 25 mars 1936, p.1.

Nemo: «La «Cohenversion» de M. Taschereau.», *Le Devoir*, 30 mars 1936, p.1.

Le Grincheux: Carnet d'un grincheux, *Le Devoir*, 31 mars 1936, p.1.

Le Grincheux: Carnet d'un grincheux, *Le Devoir*, 1,3,4,6,11 avril 1936.

Le Grincheux: Carnet d'un grincheux, *Le Devoir*, 2 mai 1936, p.1.

Georges Pelletier: «Tricherie revient à son maître -avec les intérêts.», *Le Devoir*, 13 juin 1936, p.1.

Le Grincheux: Carnet d'un grincheux, *Le Devoir*, 13 juin 1936, p.1.

Omer Héroux: «M. Josef Cohen s'en va.», *Le Devoir*, 2 juillet 1936, p.1.

Omer Héroux: «Pour Me. Charles-Auguste Bertrand.», *Le Devoir*, 3 juillet 1936, p.1.

«La journée du 25 novembre sur le front Cohen.», *Le Devoir*, 3 juillet 1936, p.1.

Omer Héroux: «Est-ce que M. Godbout va les fourrer en prison?», *Le Devoir*, 6 juillet 1936, p.1.

Omer Héroux: «Quand allumera-t-il son fanal?», *Le Devoir*, 20 juillet 1936, p.1.

Omer Héroux: «Un coup d'œil rétrospectif sur le front Cohen.», *Le Devoir*, 19 août 1936, p.1.

Le Grincheux: Le carnet du grincheux, *Le Devoir*, 11 avril 1938, p.1.

Le Grincheux: Le carnet du grincheux, *Le Devoir*, 10 novembre 1938.

Annexe E

Le Grincheux: Carnet d'un grincheux, *Le Devoir*, 4 janvier 1936, p.1.

Omer Héroux: «M. Cohen et la loi Dillon à quinze cents milles d'ici.», *Le Devoir*, 31 janvier 1936, p.1.

Paul Anger: «M. Taschereau promet, Cohen accomplira.», *Le Devoir*, 9 mars 1936, p.1.

Le Grincheux: Carnet d'un grincheux, *Le Devoir*, 16 et 19 mars 1936, p.1.

Nemo: «La «Cohenversion» de M. Taschereau.», *Le Devoir*, 30 mars 1936, p.1.

Le Grincheux: Carnet d'un grincheux, *Le Devoir*, 24 mai 1936, p.1.

Annexe F

Sur la polémique Caiserman-Hogue.

Clarence Hogue: «Nos prétendus sophismes.», *Le Devoir*, 29 juillet 1935, p.6.

Clarence Hogue: «nos prétendus sophismes.», Le Devoir, 30 juillet 1935, p.6.

Jean-Paul Rouillard: «Réponse à M. Caiserman.», *Le Devoir*, 1 août 1935, p.3.

J. Foisy: «Réponse de M. Foisy à M. Caiserman.», *Le Devoir*, 2 août 1935, p.3.

P. Venne: «Autre réponse à M. Caiserman.», *Le Devoir*, 7 août 1935, p.3.

H.M. Caiserman: «Autre lettre de M. Caiserman.», *Le Devoir*, 8 août 1935, p.3.

H.M. Caiserman: «Une nouvelle lettre de M. Caiserman.», *Le Devoir*, 10 août 1935, p.3.

Clarence Hogue: «Pour clore un débat.», *Le Devoir* 10 août 1935, p.6.

C. Hogue: «Pour clore un débat.», *Le Devoir*, 12 août 1935, p.6.

Jean Tissot: «M. Jean Tissot répond à M. Caiserman.», *Le Devoir*, 14 août 1935, p.3.

J. Foisy: «Mis en cause par M. Caiserman.», *Le Devoir*, 16 août 1935, p.3.

Demetrius Baril: «La propriété et les Juifs.», *Le Devoir*, 17 août 1935, p.2.

Clarence Hogue: «Sur une lettre.», *Le Devoir*, 17 août 1935, p.8.

Clarence Hogue: «Enseignons la solidarité nationale.», *Le Devoir*, 28 novembre 1936, p.10.

Paul Anger: «L'achat chez nous.», *Le Devoir*, 17 déc. 1937, p.1.

Bibliographie

LE RACISME

Banton, Michael: *Race Relations*. London, Sydney, Toronto, Tavistock Publications, 1967.

Knight De Reuck, Julie: *Caste and Race. Comparative Approaches*. London, J. and A. Churchill Ltd., 1968.

Dumont, Louis: *Homo hierarchicus*. Chicago, The University of Chicago Press, 1970.

Delacampagne, Christian, Girard, Patrick Poliakov, Léon: *Le racisme*, Paris, Seghers, 1976, Coll. «Point de départ.»

Delacampagne, Christian: *L'invention du racisme*. Antiquité et Moyen-Age.

Duchet, Claude, de Cormarmond, Patrice (publié sous la direction de): *Racisme et société*. Paris, Maspéro 1969.

Flem, Lydia: *Le racisme*, Paris, M.A. éditions, 1985, Coll. «Le monde de...»,no.5

Gabel, Joseph: *Sociologie de l'aliénation*. Paris, Presses Universitaires de France, 1970. Bibliothèque de sociologie contemporaine.

Guillaumin, Colette: *Idéologie raciste: Genèse et langage actuel*, Paris, La Haye, Mouton éditeurs, 1972.

Guiral, Pierre , Temime, Émile: *L'idée de race dans la pensée politique contemporaine*. Paris, Éditions du C.N.R.S., 1977.

Memmi, Albert: *Le racisme*, Paris, Gallimard, 1982, Coll. «Idées.»

Mosse, George L. : *Toward the Final Solution. A History of European Racism*. New York, Harper and Row, 1978.

Olender, Maurice (édité par) : *Pour Léon Poliakov. Le racisme, mythes et.sciences*. Bruxelles, Éditions Complexes 1981.

Poliakov, Léon: Le mythe aryen. *Essai sur les sources du racisme et des nationalismes*. Paris, Calmann-Lévy, 1971.

Poliakov, Léon: *Hommes et bêtes. Entretiens sur le racisme*. Paris, La Haye, Mouton éditeurs, 1975.

Poliakov, Léon: *Ni Juif ni Grec. Entretiens sur le racisme*. Paris, La Haye, Mouton éditeurs, 1978.

Poliakov, Léon: *Le couple interdit. Entretiens sur le racisme*. Paris, La Haye, Mouton éditeurs, 1980.

Simpson, George Eaton, Yinger, Milton J.: *Racial and Cultural Mi-*

norities: An Analysis of Prejudice and Discrimination. New York, Harper and Brothers, 1953.

Snyder, Louis L. : *The Idea of racialism.* Princeton, Van Nostrand, 1962.

Taguieff, Pierre-André: *La force du préjugé. Essai sur le racisme et ses doubles.* Paris, Éditions La Découverte, 1988.

Van des Bergh, Pierre: *Race and Racism. A Comparative Perspective.* New York, John Wiley and Sons, 1967

Wagar, Warren W.: *European Intellectual History since Darwin and Marx.* New York, Evanston and London, Harper Torchbook, 1967.

Zylberberg, Jacques: «Fragments d'un discours critique sur le nationalisme.», Anthroplogie et Société, vol.2, no.1, Québec, 1978.

Zylberberg, Jacques: *La régulation étatique des minorités religieuses.* Dans: Pierre Guillaume, Michel Lacroix, Réjean Pelletier, Jacques Zylberberg: *Minorités et État.* Bordeau, Presses Universitaires de Bordeaux, 1986.

L'ANTISÉMITISME

Abella, Irving, Troper, Harold,: *None is too many.* Toronto, Lester and Orpen Dennys, 1983.

Arendt, Hannah: *The Origins of Totalitarianism.* New York and London, Harcourt Brace Jovanovitch, 1973.

Bernstein, Peretz: *Jew-Hate as a Sociological Problem.* New York, Philosophical Library, 1951.

Byrnes, Robert: *Antisemitism in Modern France. Prologue to the Dreyfus Affair,* Vol. 1, New Brunswick, Rutgers Univ. Press, 1950.

Chevalier, Yves: *L'Antisémitisme. Le Juif comme bouc-émissaire.* Paris, Éditions du Cerf, 1988, Coll. «Sciences humaines et religion.»

Cohn, Norman: *Warrant for Genocide.* N.Y., Harper and Row, 1966.

De Fontette: *Histoire de l'antisémitisme,* Paris, Presses Universitaires de France, 1982, Coll. «Que sais-je?»

De Fontette, François: *Sociologie de l'antisémitisme,* Paris, Presses

Universitaires de France, 1984, Coll. «Que sais-je?»

Faye, Jean-Pierre: *Migrations du récit sur le peuple juif.* Paris, Belfond, 1974, Coll. «Eléments.»

Friedländer, Saul: *L'Antisémitisme nazi. Histoire d'une psychose collective.* Paris, Éditions du Seuil, 1971.

Girardet, Raoul: *Mythes et mythologies politiques.* Paris, Éditions du Seuil, 1986, Coll. «L'Univers historique.»

Glock, Charles Y., Stark, Rodney,: *Christian Beliefs and Anti-Semitism,* New York and London, Harper and Row, 1966.

Graeber, Isaacque, Britt, Stewart Henderson: *Jews in a Gentile World. The Problem of Anti-Semitis.*, New York, MacMillan, 1942.

Herszlikowicz, Michel: *Philosophie de l'antisémitisme.* Paris, Presses Universitaires de France, 1985.

Hertzberg, Arthur: *The French Enlightenment and the Jews. The Origins of Modern Anti-Semitism.* N.Y., Schocken Books, 1968.

Isaac, Jules: *Genèse de l'antisémitisme.* Paris, Calmann-Lévy, 1985, Coll. «Agora».

Katz, Jacob: *From Prejudice to Destruction. Anti-Semitism 1700-1933.* Cambridge, Massachussetts, Harvard University Press, 1980.

Katz, Jacob: Out of the Ghetto. *The Social Background of Jewish Emancipation 1770-1870.* New York, Schocken Books, 1978.

Langmuir, Gavin I. : *Anti-Judaism as the Necessary Preparation for Anti-Semitism.* Viator, vol.2, 1971.

Leschnitzer, Adolf: *The Magic Background of Modern Anti-Semitism. An Analysis of the German-Jewish Relationship.* New York, International Universities Press, 1956.

Lovsky, François: *L'Antisémitisme chrétien.* Paris, Éditions du Cerf, 1970.

Massing, Paul W.: *Rehearsal for Destruction. A Study of Political Anti-Semitism in Imperial Germany.* New York, Howard Fertig, 1967.

Montuclard, Maurice: *Conscience religieuse et démocratie.* Paris, Éditions du Seuil, 1965.

Morin, Edgar: *La rumeur d'Orléans.* Paris, Éditions du Seuil, 1969.

Mosse, George L. : *The Nationalization of the Masses*. New York and Scarborough, New American library, 1977.

Nikiprowetzky, Valentin: *De l'antijudaïsme antique à l'antisémitisme contemporain*. Lille, Presses Universitaires de Lille, 1980.

Parkes, James: *Antisemitism*. Chicago, Quadrangle, 1963.

Parkes, James: *The Emergence of the Jewish Problem. 1878-1939*. Westport Connecticut, Greenwood Press Publishers, 1970.

Pierrard, Pierre: *Juifs et Catholiques français. De Drumont à Jules Isaac*. Paris, Fayard, 1970.

Pinson, Koppel(edited by): *Essays on Antisemitism*. New York, Conference on Jewish Relations, 1946.

Poliakov, Léon: *The Weapon of Anti-Semitism*. Dans: Beaumont, Maurice (éditeur): *The Third Reich*. N.Y., Frederick A. Praeger, 1955.

Poliakov, Léon: *Les Juifs et notre histoire*. Paris, Flammarion, 1973, Coll.«Science.».

Poliakov, Léon: *Histoire de l'antisémitisme*. Tomes 1 et 2. Paris, Calmann-Lévy, 1981, Coll. «Pluriel.».

Poliakov, Léon: *Bréviaire de la haine*. Bruxelles, Éditions Complexes, Bruxelles, 1986.

Pulzer, Peter: *The Rise of Political Anti-Semitism in Germany and Austria*. New York, London, Sydney, John Wiley and Sons, 1964.

Reichmann, Éva G.: *Hostages of Civilization. The Social Sources of National Socialist Anti-Semitism*. Westport Connecticut, Greenwood Press, 1970.

Rodinson, Maxime: *Peuple juif ou problème juif?* Paris, Maspéro, 1981.

Sartre, Jean-Paul: *Réflexions sur la question juive*. Paris, Gallimard, 1954, Coll. «Idées».

Sorlin, Pierre: *La Croix et les Juifs*. Paris, Grasset, 1967.

Sorlin, Pierre: *L'Antisémitisme allemand*. Paris, Flammarion, 1969, Coll. «Questions d'histoire.»

Sternhell, Zeev: *Maurice Barrès et le nationalisme français*. Paris, Fondation nationale de science politique, 1976.

Sternhell, Zeev: *La droite révolutionnaire*. Paris, Éditions du Seuil, 1978, Coll. «Histoire.»

Trachtenberg, Joshua: *The Devil and the Jew. The Medieval Conception of the Jew and its Relation to Modern Antisemitism*. Cleveland and New York, Meridian books and The Jewish Publication Society of America, 1963.

Verdès-Leroux, Jeannine: *Scandale financier et antisémitisme catholique. Le krach de l'Union générale*. Paris, Le Centurion, 1969, Coll. «Sciences humaines.»

Weber, Eugen: *The European Right. A Historical Profile*. Berkeley and Los Angeles, University of California Press, 1966.

Weber, Eugen: *The Nationalist Revival in France*. Berkeley and Los Angeles, University of California Press, 1968.

Wilson, Stephen: *Ideology and Experience. Antisemitism in France at the Time of the Dreyfus Affair*. Rutherford, Madison, Teneck, Fairleigh Dickenson University Press, London and Toronto Associated Press, 1982.

Winock, Michel: *Edouard Drumont et Cie. Antisémitisme et fascisme en France*. Paris, Éditions du Seuil, 1982.

Winock, Michel: *Nationalisme, antisémitisme et fascisme en France*. Paris, Éditions du Seuil, 1990, Coll. «points Histoire.»

Whiteside, Andrew G.: *The Socialism of Fools. Georg von Schlnrer and Austrian Pan-Germanism*. Berkeley, Los Angeles, London, University of California Press, 1975.

NATIONALISME ET ANTISÉMITISME AU CANADA FRANÇAIS

Anctil, Pierre: *Le Devoir, les Juifs et l'immigration. De Bourassa à Laurendeau*. Québec, Inst québécois de recherche sur la culture, 1988.

Anctil, pierre: *Les Juifs de Montréal face au Québec de l'entre-deux guerres. Le rendez-vous manqué*. Québec, Institut québécois de recherche sur la culture, 1988.

Bélanger, André-J.: *L'Apolitisme des idéologies québécoises. Le grand tournant 1934-1936*. Québec, Presses Univ. Laval, 1974.

Brunet, Michel: *Trois dominantes de la pensée canadienne-française*. Dans: *La présence anglaise et le Canada*. Études sur l'histoire des deux Canada. Montréal, Beauchemin, 1964.

Caldwell, Gary: *L'Antisémitisme au Québec*. Dans: Anctil, Pierre et Caldwell, Gary: *Juifs et réalités juives au Québec*. Québec, Institut québécois de recherche sur la culture, 1984.

Dumont, Fernand,Hamelin, Jean, Montminy, Jean-Paul (sous la direction de): *Les idéologies au Canada-français 1930-1939*. Québec, Presses Universitaires de Laval, 1978.

Linteau, Paul-Andre, Robert, Jean-Claude: *Histoire du Québec contemporain. De la Confédération à la crise. (1867-1929.* Montréal, Boréal Express, 1979

Linteau, Paul-André, Robert, Jean-Claude, Falardeau, Jean-Charles (édités par): *Essais sur le Québec contemporain*. Québec, Presses Universitaires de Laval, 1953.

Felteau, Cyrille: Histoire de La Presse. Tome 1, Le Livre du peuple, 1884-1916, Les Éditions La Presse.

Fortin, Gérald-Adélard: *An Analysis of the Ideology of a French-Canadian Nationalist Magazine: 1917-1954.* A Contribution to Sociology of Knowledge. Ph. D. Thesis, Cornell University, 1956.

Frégault, Guy: Lionel Groulx tel qu'en lui-même., Mtl, Leméac, 1978.

Gaboury, Jean-Pierre: *Le nationalisme de Lionel Groulx. Aspects idéologiques*. Ottawa, Éditions de l'université d'Ottawa, 1970.

Gingras, Pierre-Philippe: *Le Devoir.* Montréal, Libre Expression, 1985.

Groulx, Lionel : *Mémoires*. Tomes 1 et 2, Montréal, Fides, 1972 et 1973.

Groulx, Lionel : *Mémoires*. Tomes 3 et 4, Montréal, Fides, 1974.

Hamelin, Jean,Gagnon, Nicole: *Histoire du catholicisme québécois. Le XXième siècle 1898-1940,* Tome 2, Montréal, Boréal Express, 1984.

Handler, Richard: *Nationalism and the Politics of Culture in Quebec.* Madison, The University of Wisconsin Press, 1988

Pelletier, Réjean, Hudon, Raymond (sous la direction de): *L'engagement intellectuel. Mélanges en l'honneur de Léon Dion.* Sainte-Foy, Presses de l'Université Laval, 1991.

Hughes, Everett C.: *Rencontre de deux mondes.* Montréal, Boréal Express, 1972.

Jones, Richard: *L'Idéologie de l'Action catholique. (1917-1939).* Québec, Presses Universitaires de Laval, 1974.

Langlais, Jacques: *Juifs et Québécois français, 200 ans d'histoire commune.* Montréal, Fides, 1976, Coll. «Rencontre des cultures.»

Laurendeau, André: *Ces choses qui nous arrivent. Chronique des années 1961-1966.* Montréal, HMH, Collection aujourd'hui 1970

Monière, Denis: *Le développement des idéologies au Québec. Des origines à nos jours.* Montréal, Éditions Québec-Amérique, 1977.

Monière, Denis: *André Laurendeau et le destin d'un peuple.* Montréal, Québec/Amérique, 1983

Oliver, Michael Kelway: *The Social and Political Ideas of French Canadian Nationalists. 1920-1945.* Ph. D. Thesis, September 1956, McGill University.

Robertson, Susan (Mann): *L'Action française. L'Appel à la race.* Thèse de doctorat, Février 1970, Université Laval.

Sherrin, Phyllis: *The Devil, the Word and the Flesh.* Ph. D. Thesis, York University 1975.

Téboul, Victor: *Antisémitisme: Mythe et images du Juif au Québec.* Dans: Voix et Images du pays, Montréal, Pr. de l'Un. du Québec, 1980.

Wade, Mason: *Les Canadiens-français de 1760 à nos jours.* Tome 2, Ottawa, Cercle du livre de France, 1963.

Wade. Mason: *The French-Canadian Outlook. A Brief account of the Unknown Americans.* Westport, Conn., Greenwood Press, 1974.

Wilhelmy, Jean-Pierre: *Les mercenaires allemands au Québec du XVIIIième siècle et leur apport à la population.* Beloeil, Maison des Mots, 1984

NATIONALISME D'EXTRÊME-DROITE, FASCISME ET NAZISME.

Ayçoberry, Pierre: *La question nazie. Les interprétations du national-socialisme 1922-1975.* Paris, Seuil, 1979, Coll. «Points Histoire.»

Bernstein, Serge: *Le nazisme.* Paris, MA Éditions, 1985, Coll. «Le monde de...»

De Felice, Renzo: *Interpretations of Fascism.* Cambridge, Massachusetts and London, England, Harvard University Press, 1977.

Gregor, A. James: *The Ideology of Fascism. the Rationale of Totalitarianism.* New York, The Free Press, 1969.

Hamilton, Alastair: *The Appeal of Fascism. A Study of Intellectuals and Fascism 1919-1945,* New York, Macmillan, 1973.

Hobsbawn, Eric, Ranger, Terence (edited by): *The Invention of Tradition.* Cambridge, London,Cambridge University Press, 1983.

Kedourie, Élie: *Nationalism.* N.Y., Frederick A. Praeger, 1960.

Laqueur, Walter (edited by): *Fascism: A Reader's Guide.* Berkeley, University of California Press, 1976.

Michel, Henri: *Les fascismes.* Paris, Presses universitaires de France, 1983, Coll. «Que sais-je?».

Milza, Pierre: *Les Fascismes.* Paris, Imprimerie nationale, 1985, Coll. «Notre siècle.»

Mosse, George L. : *Masses and Man. Nationalist and Fascist Perceptions of Reality.* New York, Howard Fertig, 1980.

Nolte, Ernst: *Les mouvements fascistes. L'Europe de 1919 à 1945.* Paris, Calmann-Lévy, 1969.

Nolte, Ernst: *Three Faces of Fascism. Action française, Italian Fascism, National-Socialism.* N.Y., Holt, Rinehart & Winston, 1966.

Peter-Capitan, Colette: *Charles Maurras et l'idéologie d'Action française.* Paris, Éditions du Seuil, 1972, Coll. «Esprit.»

Sternhell, Zeev: *Ni droite, ni gauche. L'idéologie fasciste en France.* Paris, Éditions du Seuil, 1983.

Weber, Eugen: *Peasants into Frenchmen.The Modernization of Rural France 1870-1914.* Stanford, Cal., Stanford Univ. Press, 1976.

RECONSTRUCTION THÉORIQUE

Boudon, Raymond: *Dictionnaire critique de la sociologie.* Paris, presses Bourricaud, François Universitaires de France, 1982.

Gabel, Joseph: *Réflexions sur l'avenir des Juifs.* Paris, Méridiens Klinsieck, 1987.

Tajfel, Henri: *Differentiation Between Social Groups.* London, New York and San Francisco, Academic Press, 1978.

Tajfel, Henri: *Human Groups and Social Categories*. Studies in Social Psychology. Cambridge, Cambridge University Press, 1981.

Weber, Max: *Economy and Society*. Vol. 1. Berkeley, Los Angeles, London, University of California Press, 1978.

MÉTHODOLOGIE

Bordeleau, Yvan: *Comprendre et développer l'organisation*. Montréal, Les Éditions Agence d'Arc, 1987.

Yvan Bordeleau: *Comprendre l'organisation*. Agence d'Arc, 1982.

Freund, Julien: *Sociologie de Max Weber*. Paris, P.U.F., 1968.

Gauthier, Benoît (sous la direction de): *Recherche sociale*. Montréal, Presses de l'Université du Québec, 1984.

Grawitz, Madeleine: Méthodes des sciences sociales. Paris, Dalloz, 1984.

Holsti, Ole R. : *Content Analysis for the Social Sciences and Humanities*. Massachusetts, California, London, Don Mills, Ontario, Addison-Wesley Publishing Company, 1969.

Krippendorf, Klaus: *Content Analysis. An Introduction to its Methodology*. Beverley Hills, London, Sage Publication, 1980. Coll. «The Sage Commtext Series.

Weber, Max: *Essais sur la théorie de la science*. Paris, Plon, 1965.

Weber, Robert Philip: *Basic Content Analysis*. Beverley Hills, London, New Delhi, Sage University, 1986.

Table

ACHEVÉ   D'IMPRIMER
EN   SEPTEMBRE   1992
SUR LES PRESSES DE
PAYETTE & SIMMS INC.
À SAINT-LAMBERT, P.Q.